U0605661

江苏教育优质均衡发展研究报告

2016

主编　张为付

汪　栋

南京大学出版社

图书在版编目（CIP）数据

江苏教育优质均衡发展研究报告. 2016 / 张为付，
汪栋主编. —南京：南京大学出版社，2017.8
ISBN 978-7-305-19115-2

Ⅰ．①江… Ⅱ．①张… ②汪… Ⅲ．①地方教育—基
础教育—发展—研究报告—江苏—2016 Ⅳ．①G639.2

中国版本图书馆 CIP 数据核字（2017）第 189284 号

出版发行 南京大学出版社
社　　址 南京市汉口路 22 号　　　　邮　编 210093
出版人 金鑫荣
书　　名 **江苏教育优质均衡发展研究报告（2016）**
主　　编 张为付　汪　栋
责任编辑 王日俊　周　军

照　　排 南京紫藤制版印务中心
印　　刷 江苏凤凰数码印务有限公司
开　　本 787×1092　1/16　印张 12.5　字数 301 千
版　　次 2017 年 8 月第 1 版　2017 年 8 月第 1 次印刷
ISBN 978-7-305-19115-2
定　　价 136.00 元

网址：http://www.njupco.com
官方微博：http://weibo.com/njupco
官方微信号：njupress
销售咨询热线：(025)83594756

＊ 版权所有，侵权必究
＊ 凡购买南大版图书，如有印装质量问题，请与所购
　图书销售部门联系调换

指 导 委 员 会

主　　任　陈章龙　宋学锋

委　　员　徐　莹　赵芝明　鞠兴荣　王开田

　　　　　章寿荣　潘　镇　谢科进　邢孝兵

　　　　　党建兵　张为付　宣　烨

主　　编　张为付　汪　栋

编写人员　汪　栋　方　超　蒋劲杰

本书为江苏高校优势学科建设工程资助项目(PAPD)、江苏高校人文社会科学校外研究基地"江苏现代服务业研究院"、江苏高校现代服务业协同创新中心和江苏省重点培育智库"现代服务业智库"的阶段性研究成果。

书　　名　江苏教育优质均衡发展研究报告(2016)

主　　编　张为付　汪　栋

出 版 社　南京大学出版社

目　录
Contents

第一篇　江苏省教育均衡发展总览

第二篇　各阶段教育均衡发展评述

第三篇　教育均衡发展的对策建议

附录　全书图表索引

目　录

第一篇
江苏省教育均衡发展总览

导论　2014 年全省及各省辖市教育均衡发展概要

一、全省教育事业发展概要

"十二五"以来,全省教育系统认真贯彻《江苏省中长期教育改革和发展规划纲要(2010—2020 年)》,统筹推进教育改革发展稳定各项工作,高标准完成了省规划纲要确定的"率先建成教育强省、率先实现教育现代化"的阶段性任务,各级、各类教育事业发展迈上新台阶,教育事业改革发展取得令人瞩目的成就。

截至 2014 年底,全省学前三年教育毛入园率高达 97.5%,义务教育巩固率稳定在 100.0%,高中阶段教育毛入学率达到 99.0%,高等教育毛入学率达51.0%,各阶段教育的入学率在全国均名列前茅。在建设教育强省的过程中,政府部门的教育财政投入作为物质基础,为江苏省教育事业的发展提供了有力的经费支撑。

(一) 学前教育发展情况

学前教育是基础教育的重要组成部分,是学校教育和终身教育的奠基工程。发展学前教育,对于促进儿童身心健康发展,实现教育均衡发展,全面提高国民素质,具有十分重要的意义。长期以来,江苏省各级政府部门高度重视学前教育事业的发展,2011 年出台《关于加快学前教育改革发展的意见》,在全国率先颁布学前教育地方性法规,将学前教育全面纳入国民教育体系。2012 年 1 月 12 日正式颁布的《江苏省学前教育条例》,首次以法律形式规定学前教育是国民教育体系的组成部分,是重要的社会公益事业。

在各级政府部门的重视和支持下,2014 年江苏省共计幼儿园 5072 所,同比2013 年的 4722 所,新增幼儿园的数量达到 350 所;入园人数为 85.29 万人,较上年同期增长 1.03 万人;在园人数达到 234.05 万人,相较于上年的 231.81 万人,新增招收 2.24 万人,全省学前三年教育毛入园率高达 97.5%。学前教育教师方面,全省专任教师总数由 2013 年的 10.68 万人增长到 2014 年的 11.59 万人,全省新增专任教师达 0.91 万人,如表 0-1 所示。

表 0-1 2014 年江苏省学前教育发展基本概况

年　份	幼儿园数（所）	班级数（个）	入园人数（万人）	在园人数（万人）	离园人数（万人）	专任教师数（万人）
2010	3944	55767	83.31	205.72	65.93	8.11
2011	4250	61535	81.18	217.48	69.23	8.94
2012	4392	60764	79.31	220.45	72.54	9.47
2013	4722	66132	84.26	231.81	78.94	10.68
2014	5072	68290	85.29	234.05	80.98	11.59

（二）义务教育发展情况

作为东部沿海发达省份,江苏省义务教育事业走在全国前列。1996 年,江苏省在全国率先基本普及九年义务教育。江苏省委、省政府历来高度重视推进义务教育均衡发展,2011 年 12 月,江苏省政府办公厅印发《江苏省"十二五"教育发展规划》(苏政办发〔2011〕174 号),要求促进义务教育优质均衡发展,深入推进义务教育优质均衡改革发展示范区建设,努力扩大并均衡配置优质教育资源,全面提高义务教育质量。随后,各级政府通过加大教育财政投入,先后组织实施了农村中小学布局调整工程、农村留守少年儿童食宿条件改善工程、校舍安全工程和农村中小学教师省级培训工程等,全省九年义务教育巩固率长期稳定在 100%。

2014 年,江苏省共计小学 4023 所,相较于上年的 4020 所,增长了 3 所,增幅为 0.075%;共计初中 2077 所,相较于 2013 年的 2073 所,增长了 4 所,增幅为 0.19%;小学、初中两阶段义务教育总计学校数 6100 所,相较于 2013 年的 6093 所,增长了 7 所,增幅为 0.114%。2014 年,全省共计小学毕业人数为 629136 人,相较于 2013 年的 639404 人,减少了 10268 人,初中共计毕业人数达 614553 人,相较于 2013 年的 675206 人,减少了 60653 人;小学、初中两阶段义务教育总计毕业人数达 1236489 人,相较于 2013 年的 1314610 人,减少了 78121 人,降幅为 5.94%。2014 年,江苏省小学招生人数共计 888858 人,相较于上年的 851334 人,增长了 37524 人,增幅为 4.41%;初中共计招生 617739 人,相较于 2013 年的 618597 人,减少了 858 人,降幅为 0.139%;小学、初中两阶段义务教育总计招生 1506597 人,相较于 2013 年的 1469931 人,增长了 36666 人,增幅为 2.49%。江苏省 2014 年小学在校生人数为 4714813 人,相较于 2013 年的 4353694 人,增长了 361119 人,增幅为 8.29%;初中在校生人数为 1852029 人,相较于 2013 年的 1857469 人,减少了 5440 人,降幅为 0.293%;全省义务教育总计在校生数为 6566842 人,相较于 2013 年的 6211163 人,增长了 355679 人,增幅达到 5.73%。2014 年,江苏省小学专任教师总计 270190 人,相较于 2013 年的 258173 人,增长了 12017 人,增幅为 4.65%;共计初中专任教师 174783 人,相较于 2013 年的 176986 人,减少了 2203 人,降幅为 1.24%;全省义务教育专任教师数总计 444973 人,相较于 2013 年的 435159 人,增长了9814人,增幅为2.26％,如表0-2所示。

表0-2　2014年江苏省义务教育发展基本概况

类　　型	2013年			2014年		
	小学	初中	总计	小学	初中	总计
学校数(所)	4020	2073	6093	4023	2077	6100
毕业生数(人)	639404	675206	1314610	621936	614553	1236489
招生数(人)	851334	618597	1469931	888858	617739	1506597
在校生数(人)	4353694	1857469	6211163	4714813	1852029	6566842
教职工数(人)	254395	344331	598726	260548	—	—
专任教师数(人)	258173	176986	435159	270190	174783	444973

（三）高中教育发展情况

高中阶段教育在我国教育体系中占据着重要地位,是连接基础教育和高等教育的桥梁,承担着为高等教育输送合格人才的重要责任。2010年7月,我国发布《国家中长期教育改革和发展规划纲要(2010—2020年)》明确普通高中改革发展的三大任务,即:加快普及高中阶段教育,全面提高普通高中学生综合素质,推动普通高中多样化发展。为促进全省各地市、县(区)政府对普通高中教育发展的重视和投入,江苏省教育厅对普通高中教育的发展采取星级评估的方式,以激励全省普通高中根据星级标准不断升级。"十二五"期间,全省各级政府对发展普通高中教育的重视程度不断提高,对普通高中的投入也明显增加;依托原有省重点高中和国家示范高中,不断扩大优质高中资源,满足了人民群众希望子女接受优质高中教育的需要。

如表0-3所示,2014年,江苏省高中阶段教育毛入学率99％,基本普及高中阶段教育,全省普通高中共计567所,相较于上年的578所,减少了11所,降幅为1.90％;全省共计高中毕业生人数为396668人,相较于2013年的425924人,减少了29256人,降幅为6.87％;全省高中招生人数共计319780人,相较于上年的341417人,减少了21637人,降幅为6.34％;江苏省2014年高中在校生人数为1034205人,相较于2013年的1109899人,减少了75694人,降幅为6.82％;2014年,江苏省普通高中专任教师数总计96540人,相较于2013年的97293人,减少了753人,降幅为0.77％。

表0-3　2014年江苏省普通高中教育发展情况

类　　型	2013年	2014年	增幅(％)
学校数(所)	578	567	−1.90
毕业生数(人)	425924	396668	−6.87

类　　型	2013 年	2014 年	增幅(%)
招生数(人)	341417	319780	-6.34
在校生数(人)	1109899	1034205	-6.82
教职工数(人)	—	345458	—
专任教师数(人)	97293	96540	-0.77

（四）中等职业教育发展情况

"十二五"期间,江苏省中等专业教育以富民强省、实现中等专业教育专业的规范化、特色化和品牌化为发展目标,努力适应经济社会发展的新要求,改革创新,真抓实干,中等专业教育在规模、结构、质量等方面呈现出良好的发展态势。2011 年 9 月,江苏省教育厅印发《江苏省中等职业教育和五年制高等职业教育专业建设标准》(苏教职[2011]39 号),同时颁发了《江苏省中等职业教育专业建设标准》,为"十二五"期间提升全省中等专业教育的内涵发展水平指明了方向。2014 年,受适龄入学人口规模减少等因素的影响,全省中等专业教育规模增速开始放缓,但与高中阶段教育仍保持协调发展的良好局面。

如表 0-4 所示,目前,江苏省普通中等专业学校 174 所,相较于 2013 年的 169 所,新增了 5 所普通中等专业学校,相应增幅为 2.96%;全省共计中等专业学校毕业生人数为 183972 人,相较于 2013 年的 213533 人,减少了 29561 人,降幅达到 13.84%;全省普通中等专业学校供给招生 173987 人,相较于上年的 185157 人,减少了 11170 人,降幅为 6.03%;江苏省 2014 年普通中等专业学校在校生人数共计 539989 人,相较于 2013 年的 566800 人,减少了 26811 人,降幅为 4.73%;江苏省普通中等专业学校教职工数由 2013 年的 36282 人,略微增长到了 2014 年的 36600 人,新增了 318 名教职工,而专任教师数则由 2013 年的 29708 人,增长到 2014 年的 30247 人,新增了 539 名中等专业教育的专任教师,增幅为 1.81%。

表 0-4　2014 年江苏省普通中等专业教育发展情况

类　　型	2013 年	2014 年	增幅(%)
学校数(所)	169	174	2.96
毕业生数(人)	213533	183972	-13.84
招生数(人)	185157	173987	-6.03
在校生数(人)	566800	539989	-4.73
教职工数(人)	36282	36600	0.88
专任教师数(人)	29708	30247	1.81

（五）高等教育发展情况

江苏省是全国高等教育大省,无论是规模数量、普及水平,还是发展质量、社会影响均位于全国前列。"十二五"以来,江苏积极实施"科教兴省"和"人才强省"战略,加大改革力度,加快发展步伐,高等教育事业实现了超常规、跨越式发展,高等教育大众化水平不断提高,办学条件和优质教育资源快速增长,为全省经济社会发展提供了有力的人才支持和知识贡献。目前,全省共有普通高等院校134所,其中,独立学院25所,成人高校9所,民办二级学院14所。在校大学生169.86万人,教育整体水平和综合实力位居全国前列,教育主要发展指标接近中等发达国家水平。

2014年,江苏省共计高等学校134所,相较于2013年的131所,新增了3所普通高等学校,相应增幅为2.29%;全省2014年共计高等学校毕业生人数为520392人,相较于2013年的514130人,增长了6262人,增幅达到1.22%;全省普通高等学校供给招生493991人,相较于上年的487491人,增长了6500人,增幅为1.33%,研究生教育招生4.91万人,在校生15.07万人,毕业生4.17万人,高等教育毛入学率达51.0%,同比提高2.4个百分点;江苏省2014年普通高校在校生人数共计1849326人,相较于2013年的1830402人,增加了18924人,增幅为1.04%;江苏省普通高校的教职工数由2013年的166223人,略微下降到2014年的160471人,减少了5752名高教教职工,降幅为3.46%;而专任教师数也由2013年的108272人,下降到2014年的104549人,减少了3723名高等教育的专任教师,降幅为3.44%。

表 0-5 2014年江苏省高等教育发展情况

类 型	2013 年	2014 年	增幅(%)
学校数(所)	131	134	2.29
毕业生数(人)	514130	520392	1.22
招生数(人)	487491	493991	1.33
在校生数(人)	1830402	1849326	1.04
教职工数(人)	166223	160471	−3.46
专任教师数(人)	108272	104549	−3.44

二、各省辖市教育事业发展概要

长期以来,由于地理区位和宏观政策的影响,江苏省内形成了苏北、苏中和苏南三大区域,区域间经济、教育和医疗卫生等公共服务发展处于非均衡状态。针对省内区域非均衡发展问题,各级政府均给予了高度的关注。1984年,江苏省政府就提出了"积极提高苏南,加快发展苏北"的方针,为区域间协调发展指明了方向。2012年,江苏省政府统筹区域协调发展新格局,在"十二五"规划中明确提出,将"促进城乡、区域协调发展"作为重要方针,积极推动城乡经济社会发展一体化,构建苏北、苏中、苏南三大区域优势互补、互动发展机制,逐步缩小城乡间、区域间发展差距,全面提升均衡协调发展水平。2014 年,在各级政府的高度重视下,江苏省各省辖市教育事业均取得了长足的发展,但区域间仍呈现出了一定的非均衡性。

(一)苏北地区

苏北地区是指行政区划上的徐州市、淮安市、盐城市、连云港市、宿迁市所辖区域,面积共计 52321 平方公里,占全省面积的 51.56%。从地理位置上看,苏北地区是连接华北、西北、长江三角洲,是亚欧大陆桥的东桥头堡,拥有得天独厚的区位发展优势。多年来,在各级政府的共同努力下,苏北地区从解决"一无两有"到普及九年义务教育,从中小学布局调整到"教育促小康"、"三新一亮"、"六有工程",苏北的教育事业发生了巨大的变化,为推进区域社会经济发展作出了巨大贡献,如表 0-6所示。

表 0-6 2014 年苏北地区教育发展情况

省辖市	阶段	学校数(所)	专任教师(人)	招生数(人)	在校生(人)	毕业生(人)
徐州市	高等教育	9	7734	36805	137239	35666
	中等专业教育	10	1648	12647	42389	11260
	高中教育	77	12419	43462	141964	54782
	小学教育	906	38210	164786	754450	73576
淮安市	高等教育	6	3382	18470	67289	18955
	中等专业教育	15	2855	15103	51945	17402
	高中教育	29	6561	24489	79530	31258
	小学教育	283	20370	55323	336624	45575
盐城市	高等教育	5	3023	15176	56080	14376
	中等专业教育	6	1135	8650	25347	9980
	高中教育	54	9384	31628	104217	38946
	小学教育	318	25194	77318	425696	56350
连云港市	高等教育	3	1916	10144	38119	10506
	中等专业教育	9	1604	12067	36268	13667
	高中教育	36	6919	25012	80525	31876
	小学教育	449	21326	74905	384162	50088
宿迁市	高等教育	3	939	4961	17616	4602
	中等专业教育	18	2844	19493	61102	23056
	高中教育	27	6091	25602	90187	36375
	小学教育	166	22106	83440	382558	51673

数据来源:整理自 2015 年《江苏省统计年鉴》。

徐州是江苏省教育大市,2014 年,全市有各级各类学校 1855 所,在校生 178.1

万人。其中:幼儿园 581 所,在园幼儿 39.2 万人;小学 906 所,在校生 75.4 万人;初中 242 所,在校生 21.7 万人;普通高中 77 所,在校生 14.2 万人;特殊教育学校 12 所,在校生 4591 人;中等职业技术学校 28 所(含 2 所师范学校),在校生 9.3 万人;高校 9 所(不含军事院校),在校生 18 万人。全市教育系统教职工 12.4 万人,其中,学前教育 2.64 万人、小学 3.78 万人、中学 4.22 万人、职业技术学校 5588 人、高等院校 1.14 万人。全市学前教育毛入园率达 97.1%,义务教育覆盖率达到 99.6%,高中阶段毛入学率达到 99.1%。

2014 年,淮安市教育事业协调发展,全市共有各级各类学校 787 所,在校生 87.70 万人,教职工 6.37 万人。其中:幼儿园 296 所,在园幼儿 16.72 万人;小学 283 所,在校生 33.66 万人;初中 147 所,在校生 13.59 万人;普通高中 29 所,在校生 7.95 万人;中等职业学校 19 所,在校生 7.67 万人;特殊教育学校 7 所,在校生 0.15 万人;普通高校 6 所,在校生 7.96 万人。全市学前教育毛入园率 98.8%;小学巩固率 100.0%;初中巩固率 100.0%;初中毕业生升学率 98.2%;高中阶段教育毛入学率 98.1%。

2014 年,盐城市共有普通高校 5 所,招生 1.6 万人,在校生 5.6 万人,毕业生 1.4 万人;普通中专在校生 2.5 万人,职业高中在校生 2.7 万人;普通中学 273 所,在校生 27.2 万人;小学 318 所,在校生 42.6 万人。全市初中毕业生升学率 99.3%,在校生年巩固率 99.6%;小学毕业生升学率 98.6%,在校生年巩固率 99.8%。学龄儿童入学率 100%。幼儿园在园幼儿 22.7 万人,学前三年幼儿入园率为 97.5%。全市共有教职工数 8.3 万人,其中,专任教师 6.9 万人。

2014 年,连云港全市共有幼儿园 566 所,学前教育毛入学率达 96.8%。普通小学 479 所,普通中学 181 所(其中,初中 145 所、普通高中 36 所),义务教育阶段小学入学率、巩固率、升学率均达到 100%,初中入学率达到 100%、巩固率达到 99.26%、升学率达到 96.54%,高中阶段教育毛入学率达 96.99%。高考普通类本科达线人数连续五年过万人,毛入学率达 82.49%。中等职业教育与普通高中教育的规模基本相当,有全日制中等职业学校 15 所,创建国家改革发展示范学校 3 所、国家级重点职业学校 12 所、省高水平示范性职业学校 9 所、建设省高水平现代化职业学校 8 所、江苏省四星级中等职业学校 7 所。高等院校 4 所,高职校及成人高校共 14 所。

2014 年,宿迁市将教育摆在优先发展的战略位置,教育现代化整体水平有了明显提高。全市学前教育基本普及,新建、改扩建幼儿园 120 所,新增省优质园 36 所、市优质园 36 所,全市共有省优质园达 225 所,占比 61.6%,学前三年幼儿毛入园率达 97.5%;小学 166 所,在校生 38.26 万人;普通高中 27 所,在校生 9.02 万人;中等职业学校 18 所,在校生 6.11 万人;特殊教育学校 5 所,在校生 0.09 万人;普通高校 3 所,在校生 1.76 万人。小学及初中入学率、巩固率基本达 100%;高中阶段毛入学率达 96.8%;高等教育毛入学率达 43.2%。

(二)苏中地区

苏中地区包括南通、泰州、扬州三个省辖市,共有 22 个县(市、区),该地区东临滩涂、南隔长江、西贯邗沟、北近总渠土地面积为 2.09 万平方公里,占全省总面积的 20%。苏中地区位于沿海和沿江两大经济带的结合处,对实现江苏经济区域协调发展起着"承南启北"的作用,是上海(长三角)都市圈的最直接辐射区域。苏中地区教育历史悠久,教育资源丰富,苏中地区的基础教育在全国范围内都具有良好声誉,其中,南通市更是享有"全国教育看江苏,江苏教育看南通"的美誉,教育事业的高速发展,为苏中地区培养了众多优秀人才,如表 0-7 所示。

表 0-7 2014 年苏中地区教育发展情况

省辖市	阶段	学校数(所)	专任教师(人)	招生数(人)	在校生(人)	毕业生(人)
南通市	高等教育	8	4939	24122	80895	22771
	中等专业教育	5	643	17411	53394	15566
	高中教育	52	9783	26741	90933	36718
	小学教育	321	19289	51286	320425	50226
扬州市	高等教育	6	4883	23260	80955	24598
	中等专业教育	10	1629	13965	47175	15036
	高中教育	35	6147	21920	70500	26555
	小学教育	208	13536	34455	218829	37303
泰州市	高等教育	3	2801	13437	49305	14541
	中等专业教育	9	1742	3895	13742	7044
	高中教育	37	7057	20393	66981	26799
	小学教育	158	14560	35907	219420	35775

数据来源:整理自 2015 年《江苏省统计年鉴》。

2014 年,南通市拥有普通高等学校 8 所,年末在校学生 8.74 万人;成人高校 2 所,在校学生 2.56 万人;中等职业教育学校 21 所(中等专业学校 5 所),在校学生 6.41 万人;普通高中 52 所,在校学生 9.09 万人;普通初中 163 所,在校学生 15.65 万人;小学 321 所,在校学生 32.04 万人;特殊教育学校 9 所,在校学生 0.09 万人;各级、各类幼儿园 396 所,其中,省级优质幼儿园 20 所,全市省优质园占比达到 78.6%,在园儿童共计 15.35 万人。

2014 年,扬州市推进省学前教育改革发展示范区建设,新(改扩)建公办园 6 所,创成省优质园 8 所、市优质园 5 所,省、市优质园占比达 93.7%。全市共有幼儿园 283 所,小学 208 所,普通中学 168 所,普通高校 7 所。在园幼儿 9.61 万人,小学在校生人数 21.88 万人,普通中学在校生人数 18.42 万人,普通高校在校生人数 7.53 万人。全市幼儿园毛入学率为 98.7%,义务教育入学率和高中阶段教育毛入学率达 100%。

2014 年,泰州市学前教育优质资源不断扩大,新增 29 所省优质园,全市省优质园达 191 所,占幼儿园总数的 61.0%,比上年同期提高 10 个百分点。义务教育全面迈向高位优质均衡,近 65.0% 的学校建成义务教育现代化学校。截至 2014 年末,全市拥有小学 158 所,在校学生 21.94 万人;初中 151 所,在校学生 11.05 万人。普通高中教育实现优质特色发展,全市年末拥有普通高中 37 所,在校学生 6.7 万人。2014 年,泰州市高等教育建设不断增强,全市共有普通高校 3 所,在校生人数共计 4.93 万人。

(三)苏南地区

素有"鱼米之乡"美誉的苏南地区,位于江苏省南部,包括南京、苏州、无锡、常州和镇江五个城市,总面积 2.8 万平方公里,是全国城镇化水平最高、城乡居民收入差距最小、发达市县最为集中的区域之一。"十二五"期间,在以南京、苏州、无锡、常州、镇江为代表的苏南地区,经济结构调整和产业升级持续提速,高新技术产业、高端服务业与教育事业也保持快速发展的态势。根据《南京人口问题分析报告》相关数据,南京市 2012 年每万人中大学生人数已位居全国第一。长期以来,苏南地区各级政府对教育事业发展保持高度重视,"东南财赋地,江浙人文薮"侧面反映出苏南地区繁荣的教育发展状况。

表 0-8　2014 年苏南地区教育发展情况

省辖市	阶段	学校数(所)	专任教师(人)	招生数(人)	在校生(人)	毕业生(人)
南京市	高等教育	44	47749	195244	805338	239052
	中等专业教育	24	3553	18033	53615	18233
	高中教育	54	7915	25143	77468	28255
	小学教育	346	21823	65060	339335	47989
苏州市	高等教育	21	11316	61852	209479	52220
	中等专业教育	23	4364	19225	55514	18567
	高中教育	66	9099	26809	78879	27466
	小学教育	383	31985	118166	606251	65982
无锡市	高等教育	12	6053	35371	114240	31270
	中等专业教育	21	3874	14806	42356	15173
	高中教育	45	6780	21400	65702	24260
	小学教育	185	19483	59692	336197	50813

续　表

省辖市	阶段	学校数（所）	专任教师（人）	招生数（人）	在校生（人）	毕业生（人）
常州市	高等教育	9	5256	32493	108557	29432
	中等专业教育	12	2716	12243	36896	13224
	高中教育	34	4824	16789	53291	19611
	小学教育	187	13053	45374	253265	35896
镇江市	高等教育	5	5324	22656	84214	22403
	中等专业教育	12	1667	6449	20246	5764
	高中教育	21	3561	10392	34028	13767
	小学教育	113	9255	23146	137601	20690

数据来源：整理自 2015 年《江苏省统计年鉴》。

2014 年,南京市学前教育机构 774 所,在园幼儿 18.74 万人,专任教师 1.27 万人。全市义务教育阶段人口覆盖率 100%,小学学龄儿童入学率 100%,小学年巩固率 100%。全市普通小学 345 所,招生 6.5 万人,在校学生 33.93 万人,比上年增加 1.79 万人。全市初中 169 所(含九年一贯制学校),招生 4.8 万人,在校生 14.53 万人。全市小学专任教师为 2.18 万人,初中专任教师为 1.44 万。全市普通高中 54 所,招生 2.51 万人,在校生 7.75 万人,专任教师 7915 人。中等职业学校 30 所,招生 2.44 万人,比上年减少 0.1 万人,在校生 7.33 万人,比上年减少 0.74 万人,专任教师 4537 人。2014 年,南京市共有普通高校 44 所,其中,本科院校 34 所,专科院校 19 所,共计招生 19.52 万人,在校生 80.53 万人,专任教师 4.77 万人。

2014 年,苏州深入推进教育现代化,均衡教育、素质教育得到强化,全市拥有各级各类全日制学校(含外来工子弟学校)733 所,在校学生 117.81 万人,毕业生 22.82 万人,专任教师 7.64 万人。2014 年,全市普通小学 383 所,招生 11.82 万人,在校学生 60.63 万人,专任教师为 3.2 万人。全市普通高中 66 所,招生 2.68 万人,在校生 7.89 万人,专任教师 9099 人。中等专业学校 23 所,招生 1.92 万人,在校生 5.55 万人,专任教师 4364 人。2014 年,苏州市共有普通高校 21 所,普通高等学校在校学生 20.95 万人,毕业生 5.22 万人,高等教育毛入学率 66.87%。

2014 年,无锡拥有各级各类学校 424 所,在校学生 73.13 万人,专任教师 51032 人。全市拥有幼儿园 304 所,在校幼儿 15.88 万人,专任教师 9860 人,新建和改扩建幼儿园 36 所,全市 3—6 岁幼儿入园率达到 99%。2014 年,全市普通小学 185 所,招生 5.97 万人,在校学生 33.62 万人,专任教师为 1.95 万人,全市 90% 以上义务教育学校达到省定现代化办学标准,初中毕业生升学率达 99.9%。全市普通高中 45 所,招生 2.14 万人,在校生 6.57 万人,专任教师 6780 人。中等专业学校 21 所,招生 1.48 万人,在校生 4.24 万人,专任教师 3874 人,高中阶段毛入学率达 100%。2014 年,无锡市共有普通高校 12 所,普通高等学校在校学生 11.42 万人,毕业生 3.13 万人。

2014 年,常州市拥有各级各类学校 644 所,在校学生 76 万人,教职工 5.5 万人。全市共有幼儿园 264 所,其中,江苏省优质幼儿园 170 所,占幼儿园总数的 64.39%。2014 年,全市普通小学 187 所,招生 4.54 万人,在校学生 25.33 万人,专任教师为 1.31 万人,普通初中 124 所,市优质初中 105 所,占初中总数的 87.5%。全市普通高中 34 所,招生 1.68 万人,在校生 5.33 万人,专任教师 4824 人。中等专业学校 12 所,招生 1.22 万人,在校生 3.69 万人,专任教师 2716 人。2014 年,常州市共有普通高校 9 所,普通高等学校在校学生 10.86 万人,毕业生 2.94 万人。

2014 年,镇江市共有各类学校 248 所,在校学生 36.7 万人,毕业生 9.8 万人。全市共有幼儿园 207 所,比上年增加 13 所,在园幼儿 6.7 万人,比上年增加 0.3 万人。2014 年,全市普通小学 113 所,招生 2.31 万人,在校学生 13.76 万人,专任教师为 9255 人,九年义务教育巩固率 100%。全市普通高中 21 所,招生 1.04 万人,在校生 3.4 万人,专任教师 3561 人,高中阶段教育毛入学率 100%。中等专业学校 12 所,招生 6449 人,在校生 2.02 万人,专任教师 1667 人。2014 年,镇江市共有普通高校 5 所,普通高等学校在校学生 8.42 万人,毕业生 2.24 万人。

三、全省及各省辖市教育财政投入状况

教育财政投入是支撑经济社会长远发展的基础性、战略性投资,是发展教育事业的物质基础,是公共财政保障的重点。教育财政投入的增加,可以有效推动学校办学条件改善和教育普及水平提升,促进教育公平和教育事业发展,为保障各级各类人才培养提供了有力支撑。为贯彻落实我国长期教育改革发展规划纲要和《国务院关于进一步加大财政教育投入的意见》(国发〔2011〕22 号),江苏省各级政府进一步加大财政教育投入,建立健全教育经费保障机制,加快建设教育强省,努力实现教育现代化。

(一)全省教育财政投入状况

"十二五"期间,江苏省政府部门积极规范政府教育投入,依法增加财政性教育经费,改革经费投入机制,完善各级各类教育拨款制度,努力提高经费使用效益,确保用于教学和人才培养的经费投入。2012 年 1 月,江苏省下发《江苏省政府关于进一步加大财政教育投入的实施意见》,积极落实法定增长和政策规定要求,着力提高财政教育支出占公共财政支出的比重。

表0-9 2014年江苏省教育财政投入情况

项目	公共财政教育支出（亿元）			教育支出占财政支出比重（%）			人均国家财政性教育经费（元）		
江苏省	2013年	2014年	增长率	2013年	2014年	增长率	2013年	2014年	增长率
	1368.86	1485.19	8.5	17.55	17.53	−0.02	1986	2100	5.74

如表0-9所示,2014年,江苏省公共财政教育支出为1485.19亿元,与2013年相比,增加了116.33亿元,增长8.5%,高于同期全国平均水平。从相对指标上来看,江苏省教育支出在财政支出中的占比,呈现出略微降低的态势,由2013年的17.55%小幅下降至2014年的17.53%,占比虽出现负增长,但教育支出仍是全省最大的民生支出。与此同时,2014年江苏省人均国家财政性教育经费为2100元,与2013年的1986元相比,出现了较大幅度的上涨,同比增长了114元,增幅高达5.74%。

（二）苏北地区

苏北地区包括徐州市、淮安市、盐城市、连云港市和宿迁市所辖区域,2014年,苏北地区教育财政投入呈现出多样化趋势,部分城市增速名列同期全省第一位,但个别城市却出现负增长的情况。如表0-10所示。

表0-10 2014年苏北地区教育财政投入情况

项目	公共财政教育支出（亿元）			教育支出占财政支出比重（%）			人均国家财政性教育经费（元）		
徐州市	2013年	2014年	增长率	2013年	2014年	增长率	2013年	2014年	增长率
	56.63	59.63	5.3	23.08	23.01	−0.07	1391	1913	37.53
淮安市	2013年	2014年	增长率	2013年	2014年	增长率	2013年	2014年	增长率
	37.86	39.03	3.09	16.87	15.08	−1.79	1672	1728	3.35
盐城市	2013年	2014年	增长率	2013年	2014年	增长率	2013年	2014年	增长率
	23.12	28.48	23.2	13.93	17.08	3.15	1757	2045	16.39
连云港市	2013年	2014年	增长率	2013年	2014年	增长率	2013年	2014年	增长率
	21.57	21.33	−1.13	15.47	15.29	−0.18	2801	2413	−13.85
宿迁市	2013年	2014年	增长率	2013年	2014年	增长率	2013年	2014年	增长率
	17.45	19.92	14.17	15.2	15.06	−0.14	1438	1388	−3.48

2014年,徐州市公共教育财政支出为59.63亿元,比上年增长了3亿元,同比增长了5.3%,略低于同期江苏省公共教育财政支出增幅,但投入总规模在苏北五个城市中处于第一位。从相对指标上来看,徐州市教育支出在财政支出中的占比,也呈现出下滑的态势,占比由2013年的23.08%下滑至2014年的23.01%,但占比仍远高于同期全省平均水平。2014年,徐州市人均国家财政性教育经费大幅攀升

至 1913 元,同比增长了 522 元,增幅高达 37.53%。

2014 年,淮安市公共教育财政支出为 39.04 亿元,比上年增长了 1.17 亿元,同比增长了 3.09%,低于同期江苏省公共教育财政支出增幅,在苏北各城市中亦排名靠后。从相对指标上来看,淮安市教育支出在财政支出中的占比,也呈现出下滑的态势,占比由 2013 年的 16.87% 下滑至 2014 年的 15.08%,低于同期全省平均水平,降幅为 1.79 个百分点,下滑速度较为显著。2014 年,淮安市人均国家财政性教育经费大幅攀升至 1728 元,同比增长了 56 元,同比增长了 3.35%。

2014 年,盐城市公共教育财政支出为 28.48 亿元,比上年增长了 5.36 亿元,增幅高达 23.2%,远高于同期江苏省公共教育财政支出增幅,在全省诸多城市中增幅排名第一。从相对指标上来看,盐城市教育支出在财政支出中的占比,也呈现出上升态势,占比由 2013 年的 13.93% 提高至 2014 年的 17.08%,与同期全省平均水平基本持平,增幅为 3.15 个百分点,增长速度较为显著。2014 年,盐城市人均国家财政性教育经费大幅攀升至 2045 元,同比增长了 288 元,同比增长了 16.39%。

2014 年,连云港市公共教育财政支出为 21.33 亿元,比上年减少了 0.24 亿元,降幅为 1.13%,成为苏北地区唯一、全省为数不多的教育财政投入负增长城市。从相对指标上来看,连云港市教育支出在财政支出中的占比,也呈现出下滑态势,占比由 2013 年的 15.47% 下滑至 2014 年的 15.29%,远低于同期全省平均水平,降幅为 0.18 个百分点,增长速度出现阶段性下滑。2014 年,连云港市人均国家财政性教育经费大幅下跌至 2413 元,虽然高于全省同期平均水平,但是同比大幅下降了 388 元,降幅高达 13.85%。

2014 年,宿迁市公共教育财政支出为 19.92 亿元,比上年增长了 2.47 亿元,增幅高达 14.17%,远高于同期江苏省公共教育财政支出增幅,在全省诸多城市中增幅名列前茅,处于苏北地区第二位。从相对指标上来看,宿迁市教育支出在财政支出中的占比,出现一定幅度的下滑,占比由 2013 年的 15.2% 下滑至 2014 年的 15.06%,低于同期全省平均水平,降幅为 0.14 个百分点。2014 年,宿迁市人均国家财政性教育经费大幅下跌至 1388 元,同比下降了 50 元,降幅高达 3.48%,人均教育经费水平远低于同期全省平均水平。

(三)苏中地区

苏中地区包括南通、泰州、扬州三个省辖市,2014 年,苏中地区教育财政投入呈现大幅上涨趋势,增幅均远高于全省平均水平,如表 0-11 所示。

2014 年,南通市公共教育财政支出为 45.85 亿元,比上年增长了 4.82 亿元,同比增长了 11.75%,远高于同期江苏省公共教育财政支出增幅,作为全省传统的教育强市,南通市教育财政投入增长十分显著。从相对指标上来看,南通市教育支出在财政支出中的占比,反而呈现出大幅下滑的态势,占比由 2013 年的 27.16% 下滑至 2014 年的 17.58%,虽然与同期全省平均水平持平,但降幅高达 9.58 个百分点,下滑速度较为剧烈。2014年,南通市人均国家财政性教育经费大幅攀升至2409元,同比增长了131元,同比增长了5.75%,与全省同期平均水平持平。

表0-11 2014年苏中地区教育财政投入情况

项目	公共财政教育支出（亿元）			教育支出占财政支出比重（%）			人均国家财政性教育经费（元）		
南通市	2013年	2014年	增长率	2013年	2014年	增长率	2013年	2014年	增长率
	41.03	45.85	11.75	27.16	17.58	−9.58	2278	2409	5.75
扬州市	2013年	2014年	增长率	2013年	2014年	增长率	2013年	2014年	增长率
	32.05	36.1	12.64	16.03	15.47	−0.56	1579	1769	12.03
泰州市	2013年	2014年	增长率	2013年	2014年	增长率	2013年	2014年	增长率
	22.41	25.2	12.43	13.43	14.4	0.97	1895	1872	−1.21

2014年,扬州市公共教育财政支出为36.1亿元,比上年增长了4.05亿元,同比增长了12.64%,远高于同期江苏省公共教育财政支出增幅,在苏中地区各城市中排在首位。从相对指标上来看,扬州市教育支出在财政支出中的占比,同样呈现出下滑的态势,占比由2013年的16.03%下滑至2014年的15.47%,低于同期全省平均水平,降幅为0.56个百分点,下滑幅度较为显著。2014年,扬州市人均国家财政性教育经费大幅攀升至1769元,同比增长了190元,同比增速高达12.03%,但人均教育经费仍低于全省同期平均水平。

2014年,泰州市公共教育财政支出为25.2亿元,比上年增长了2.79亿元,同比增幅高达12.43%,大幅高于同期江苏省公共教育财政支出增幅,在苏中各城市中排名第二。从相对指标上来看,泰州市教育支出在财政支出中的占比,与苏中其他城市相比呈现出增长趋势,占比由2013年的13.43%上涨至2014年的14.4%,低于同期全省平均水平,增幅为0.97个百分点,上涨速度较为显著。2014年,泰州市人均国家财政性教育经费小幅回落1872元,同比减少了23元,降幅为1.21%,人均教育经费仍低于全省同期平均水平。

(四)苏南地区

苏南地区包括南京、苏州、无锡、常州和镇江五个城市,2014年,苏南地区教育财政投入亦呈现出较为复杂的多样化趋势,个别城市公共教育财政支出呈现了大幅度负增长的情况,下降幅度十分显著,如表0-12所示。

表0-12 2014年苏南地区教育财政投入情况

项目	公共财政教育支出（亿元）			教育支出占财政支出比重（%）			人均国家财政性教育经费（元）		
南京市	2013年	2014年	增长率	2013年	2014年	增长率	2013年	2014年	增长率
	115.74	133.76	15.57	13.6	14.52	0.92	1752	1866	6.51

项目	公共财政教育支出（亿元）			教育支出占财政支出比重（%）			人均国家财政性教育经费（元）		
苏州市	2013 年	2014 年	增长率	2013 年	2014 年	增长率	2013 年	2014 年	增长率
	101.31	103.58	2.24	16.2	14.94	−1.26	3460	2178	−37.05
无锡市	2013 年	2014 年	增长率	2013 年	2014 年	增长率	2013 年	2014 年	增长率
	70.25	62.78	−10.63	17.08	13.82	−3.26	2175	1962	−9.79
常州市	2013 年	2014 年	增长率	2013 年	2014 年	增长率	2013 年	2014 年	增长率
	51.96	52.19	0.44	16.25	15.33	−0.92	1711	1696	−0.88
镇江市	2013 年	2014 年	增长率	2013 年	2014 年	增长率	2013 年	2014 年	增长率
	20.4	22.3	9.31	26.38	14.06	−12.32	2193	2078	−5.24

2014 年，南京市公共教育财政支出为 133.76 亿元，比上年增长了 18.02 亿元，同比大幅增长了 15.57%，远高于同期江苏省公共教育财政支出增幅，在苏南各城市中亦名列前茅，教育财政投入总规模远高于同期其他城市，名列全省第一。从相对指标上来看，南京市教育支出在财政支出中的占比呈现出上涨的态势，占比由 2013 年的 13.6% 上升至 2014 年的 14.52%，低于同期全省平均水平，增幅为 0.92 个百分点，增长速度较为显著。2014 年，南京市人均国家财政性教育经费大幅攀升至 1866 元，同比增长了 114 元，增长率 6.51%，但人均教育经费仍低于全省同期平均水平。

2014 年，苏州市公共教育财政支出为 103.58 亿元，比上年增长了 2.27 亿元，同比增长了 2.24%，增速低于同期江苏省公共教育财政支出增幅，教育财政投入总规模仅次于南京市，名列全省第二。从相对指标上来看，苏州市教育支出在财政支出中的占比呈现出下降的态势，占比由 2013 年的 16.2% 大幅下滑至 2014 年的 14.94%，远低于同期全省平均水平，降幅为 1.26 个百分点，下滑速度较为显著。2014 年，苏州市人均国家财政性教育经费大幅下滑至 2178 元，同比下滑了 1282 元，下降了 37.05%，下滑速度为同期全省各城市中第一位，但人均教育经费仍与全省同期平均水平基本持平。

2014 年，无锡市公共教育财政支出为 62.78 亿元，比上年减少了 7.47 亿元，同比下滑了 10.63%，下降幅度非常显著，无锡市当年教育财政投入增速在苏南地区和全省均处于末位。从相对指标上来看，无锡市教育支出在财政支出中的占比，也呈现出大幅下滑的态势，占比由 2013 年的 17.08% 下滑至 2014 年的 13.82%，低于同期全省平均水平，降幅为 3.26 个百分点，下滑速度十分显著。2014 年，无锡市人均国家财政性教育经费下滑至 1962 元，同比减少了 213 元，降幅为 9.79%，人均教育经费开始低于全省同期平均水平。

2014 年，常州市公共教育财政支出为 52.19 亿元，比上年增长了 0.23 亿元，同比增长了 0.44％,远低于同期江苏省公共教育财政支出增幅。从相对指标上来看,常州市教育支出在财政支出中的占比,呈现出下滑的态势,占比由 2013 年的 16.25％下滑至 2014 年的15.33％,低于同期全省平均水平,降幅为 0.92 个百分点,下滑速度较为显著。2014 年,常州市人均国家财政性教育经费也出现了一定程度的下滑,由 2013 年的 1711 元,下滑至 2014 年的 1696 元,同比下降了 15 元,降幅为 0.88％,人均教育经费同样低于全省同期平均水平。

2014 年,镇江市公共教育财政支出为 22.3 亿元,比上年增长了 1.9 亿元,同比大幅增长了 26.38％,远高于同期江苏省公共教育财政支出增幅,在苏南各城市中亦排在前列。从相对指标上来看,镇江市教育支出在财政支出中的占比反而呈现出下滑的态势,占比由 2013 年的 26.38％下滑至 2014 年的 14.06％,逐步低于同期全省平均水平,降幅为 12.32 个百分点,下滑速度十分显著。2014 年,镇江市人均国家财政性教育经费下滑至 2078 元,同比下滑了 115 元,降幅为 5.24％,人均教育经费与全省同期平均水平基本持平。

第一章 全省教育均衡发展的 经济社会与政策环境

2014年,面对复杂多变的宏观经济环境和艰巨繁重的改革发展稳定任务,江苏省全面贯彻落实中央和省政府的方针政策,坚持稳中求进工作总基调,统筹做好稳增长、促改革、调结构、重生态、惠民生、防风险各项工作,新常态下全省经济社会发展总体稳定、稳中有进,主要经济指标增幅保持在合理区间,综合实力再上新水平,结构调整实现新进展,发展质量有了新提升,改善民生方面取得新成效。

教育发展方面,全省教育系统认真贯彻落实省政府决策部署,认真贯彻教育"十二五"规划纲要,坚持以教育现代化为统领,统筹推进教育改革发展稳定各项工作,以深化改革为动力,以提高质量为核心,全省各级各类教育事业发展迈向新台阶,教育综合实力和整体水平位于全国前列,为"十三五"期间全省教育事业持续发展奠定了良好基础。

一、教育均衡发展的经济、社会与政策背景

2014年,全省经济保持了"总体平稳、稳中有进"的基本态势,主要指标稳定增长,经济结构调整步伐加快,各项公共服务质量有所提高。

(一)经济运行稳中有进,教育事业协调发展

2014年,江苏省实现地区生产总值65088.3亿元,比上年(59161.80亿元)增加了5926.5亿元,增长8.7%。人均国内生产总值为81874元,较上年(74516元)增加7358元,增长8.4%,如表1-1所示。

表1-1 2014年江苏省经济发展情况

年份	国内生产总值(亿元)	人均国内生产总值(元)	地方财政支出(亿元)
2013	59161.8	74516	7798.47
2014	65088.3	81874	8472.45

数据来源:整理自江苏省统计局《2014年江苏省国民经济和社会发展统计公报》。

2014年,江苏省一般公共预算收入完成7233.14亿元,增长10.12%。其中,财政经常性收入为6269.69亿元,比上年增长10.22%;税收收入完成6006.05亿元,税收占比达83.04%,创金融危机以来历史新高。与此同时,财政支出也实现快速

增长,全省当年完成一般公共预算支出达到 8472.45 亿元,增长也高达 8.64%。江苏省雄厚的财政收支水平,为全省教育事业的协调均衡发展提供了良好的经济基础。

2014 年,江苏省国家财政性教育经费(主要包括公共财政预算安排的教育经费、政府性基金预算安排的教育经费、企业办学中的企业拨款、校办产业和社会服务收入用于教育的经费等)总投入 1671.68 亿元,比上年增加 95.12 亿元,增长6.03%。全省学前三年教育毛入园率达 97.5%;九年义务教育巩固率达 100.0%;高中阶段教育毛入学率达 99%;高等教育毛入学率达 51%,比上年提高 2.4 个百分点。截至 2014 年底,全省 100 个县(市、区)全部通过义务教育发展基本均衡国家督导认定,成为全国率先启动和首个实现县域义务教育发展基本均衡全覆盖省份。职业教育主要质量指标列全国第一,高等教育内涵建设主要指标在全国名列前茅。在 2014 年国家教学成果奖评审中,江苏特等奖、一等奖以及获奖总数均位居全国第一。

(二)居民收入稳步增长,教育需求不断增加

江苏省各级政府历来高度重视民生建设,2014 年,江苏省继续加强以改善民生为重点的社会建设,坚持"以人为本、民生优先",扎实推进民生幸福工程,不断改善人民生活。2014 年,全省一般公共预算收入完成 7233.14 亿元,完成一般公共预算支出 8472.45 亿元,公共财政支出 75% 以上用于民生保障,省级民生支出占财政总支出的比重达到 80%,各级财政对社保、医疗、教育等支持、补助标准继续提高。

与此同时,江苏省政府还积极实施和推进居民收入七年倍增计划,努力提高城乡居民收入,不断完善促进就业、以创业带动就业的政策,努力提高社会保障水平与覆盖面,大力推进保障性安居工程建设,进一步改善人民群众的生活。如表 1－2所示,根据城乡一体化住户抽样调查,2014 年全省居民人均可支配收入 27173 元,比上年增长 9.7%。按常住地分,城镇居民人均可支配收入 34346 元,较上一年度(32583 元)增加了 1763 元,增长 8.7%;农村居民人均可支配收入 14958 元,较上一年度(13598 元)增加了 1360 元,增长 10.6%。城镇居民人均可支配收入中位数31348 元,比上年增长 10.1%;农村居民人均可支配收入中位数 13312 元,增长11.8%。

表 1－2　2014 年江苏省城乡居民人均收入情况

年份	城镇居民人均可支配收入(元)	增幅	农村居民人均可支配收入(元)	增幅
2013	32538	9.64%	13598	11.44%
2014	34346	8.7%	14958	10.6%

数据来源:整理自江苏省统计局《2014 年江苏省国民经济和社会发展统计公报》。

此外,2014 年,江苏省城市人口急剧增长,农村城镇化进程不断加快,新型城

镇化扎实推进,截至 2014 年末,全省城镇化率为 65.2%,比上年提高 1.1 个百分点,城乡差距持续缩小。伴随着全省城镇化和人口规模的增长,学龄儿童总数持续增加,省内有限的教育资源出现阶段性供给不足,城乡教育事业也出现了发展不均衡等问题。2014 年,全省居民人均消费支出 19164 元,较上年增长 6.9%,伴随着全省人民消费能力与消费水平的提升,居民教育需求将不断提高且更加多样化,对教育均衡发展的要求也进一步加大。

(三)财政投入持续加大,教育均衡显著提升

根据《国家中长期教育改革和发展规划纲要(2010—2020 年)》精神,结合江苏经济社会发展实际和人才发展规划要求,2010 年 9 月,江苏省制定并颁布了《江苏省中长期教育改革和发展规划纲要(2010—2020 年)》,要求各级政府落实政府提供公共教育服务职责,把教育作为财政支出的重点领域予以优先保障。建立教育经费稳定增长机制,健全以财政拨款为主、多渠道筹措经费的教育投入保障体制,大幅度增加教育投入。年初预算以及预算执行中的超收收入分配都要体现法定增长要求,确保财政教育拨款增长明显高于财政经常性收入增长,确保全省财政教育支出占一般预算支出的比例高于中央核定的比例,确保全省全社会教育投入增长比例高于 GDP 增长比例。随后,江苏省在 2013 年《省政府办公厅关于推进教育现代化建设的实施意见》中,江苏省政府明确提出健全政府投入为主、多渠道筹集教育经费的体制,确保教育经费符合"三个增长"法定要求;提高各级各类教育生均经费标准和生均财政拨款标准,建立教育债务化解控制机制,加强对经济欠发达地区的转移支付,促进教育均衡发展;强化经济使用管理和绩效评估,切实提高教育经费使用效益。在各级政府的高度重视下,全省教育财政投入持续加大,教育均衡显著提升。

教育财政投入方面。2014 年,江苏省政府工作报告中再次明确强调,各级政府要加大公共财政对社会事业的投入力度。围绕办好人民满意教育,深入推进基础教育优质均衡发展、现代职业教育创新发展、高等教育内涵发展,大力发展学前教育、继续教育、特殊教育和社会教育,支持民办教育发展,进一步加强教师队伍建设。深化教育综合改革,加快教育改革发展试验区建设,改革完善考试招生制度,鼓励社会力量兴办教育。2014 年,全省公共财政支出 8472.45 亿元,当年公共财政教育支出 1485.19 亿元(包括教育事业费、基本建设经费和教育费附加),占公共财政支出的比例为 17.53%,比上年的 17.55% 下降 0.02 个百分点。有 10 个市和 17 个县(市)公共财政教育支出占比较上年有所下降。与此同时,2014 年,全省地方教育经费总投入 2080.09 亿元,比上年增长 4.72%;全省地区生产总值 65088.3 亿元,比上年增长 8.70%;全社会教育投入增长低于同期全省地区生产总值增长 3.98 个百分点。

教育均衡发展方面。江苏历届省委、省政府高度重视教育事业发展,在推进教育改革发展的过程中,始终坚持把均衡发展作为教育的重中之重。2014年,全省教育系统按照教育部的部署要求,牢牢把握教育的公益性和普惠性,办好每一所学校,教好每一个学生,发展好每一名教师,巩固拓展教育均衡发展成果,努力实现全省教育事业从基本均衡向优质均衡的新跨越,依法保障适龄学生接受良好教育,不断提升基本公共教育服务均等化水平,并通过深化综合改革,加快完善全省教育优质均衡发展的体制机制。2014年,国家教育督导检查组认定江苏省接受实地督导评估和复查的县(市、区)基本达到国家义务教育发展基本均衡县(区)评估标准(100个区县在2015年6月全部评估完成)。至此,江苏省成为继上海、北京、天津三个直辖市之后,第一个实现所辖县(市、区)全部通过国家义务教育发展基本均衡县督导评估认定的省,这是继1996年全面普及义务教育之后,江苏教育发展史上的又一里程碑,全省教育均衡发展水平有了大幅度提升。

二、学前教育均衡发展政策以及取得的成果

学前教育均衡发展政策方面,2012年1月,江苏省正式颁布《江苏省学前教育条例》,首次以法律形式,规定"学前教育是国民教育体系的组成部分,是重要的社会公益事业。发展学前教育,应当坚持公益性和普惠性,实行政府主导、社会参与、公办民办并举的办学体制"。为建立健全"县级统筹、县乡共建"的学前教育管理体制,以县域为单位整体推进学前教育均衡发展,全省幼儿园规划建设难、办学运转难等问题正逐步得到根本性解决。随后,江苏省政府在全国率先出台《关于加快学前教育改革发展的意见》,率先颁布学前教育地方性法规,将学前教育全面纳入国民教育体系。省政府与全省13个省辖市政府及所有区县政府签订了学前教育改革发展示范区创建责任书,全省学前教育改革进入全面快速发展、均衡发展的新阶段。

为了促进全省学前教育的均衡发展,2011年,江苏省财政下达学前教育专项经费共计3.6亿元。苏州、常州、宿迁等七市已全面建立生均公用经费财政拨款制度,泰州城区、淮安市淮安区等一批地区也建立了200—700元不等的生均公用经费财政拨款标准。同时建立了普惠性民办幼儿园财政资助制度,将普惠性民办幼儿园纳入公共财政支持范畴。从2011年起,江苏省财政设立了专项奖补经费,用于支持各地解决进城务工人员随迁子女入园问题,当年省财政下达该项目奖补经费3200万元。为帮助弱势儿童入园,从2011年秋季学期起,全面建立学前教育资助制度,资助平均标准为每人每年1000元,平均资助比例为在园儿童总数的10%。依据《江苏省学前教育条例》,2012年,江苏省已开始实行残疾儿童免费学前教育。

2014年,江苏省新建、改扩建幼儿园121.5万平方米,组织对22个学前教育改革发展示范区和400多所省优质园进行评估,扶持建设一批普惠性民办幼儿园。全省共有幼儿园5072所,同比增加350所;招收幼儿85.32万人,同比增加1.06万

人;在园幼儿 234.13 万人,同比增加 2.32 万人;专任教师 11.59 万人,同比增加 0.91 万人,学前教育均衡化水平得到进一步的提高。

三、义务教育均衡发展政策以及取得的成果

义务教育均衡发展政策方面,2012 年 3 月,江苏省人民政府办公厅印发《关于转发省教育厅江苏省县(市、区)义务教育优质均衡发展主要指标的通知》(苏政办发〔2012〕36 号),正式颁布经省人民政府同意的《江苏省县(市、区)义务教育优质均衡发展主要指标》,作为全省区域义务教育均衡发展的建设标准和评估依据,要求各市、县(市、区)人民政府、省各委办厅局和各直属单位认真组织实施。这是继江苏省政府 2010 年颁布《关于江苏省义务教育优质均衡改革发展示范区建设的意见》后大力推进义务教育均衡的又一重大举措。《江苏省县(市、区)义务教育优质均衡发展主要指标》包括普及巩固与机会均等、规划布局与办学条件、师资配备与教师素质、素质教育与学生发展、教育管理与经费保障共 5 个一级指标、30 个二级指标。指标的设计始终坚持"均衡"的方向,对于人民群众普遍关注的城乡学校办学条件均衡、骨干教师均衡配置并按比例流动、公办学校控制择校生比例、就近入学均衡编班、实施义务教育质量和学业负担监测评价、义务教育经费保障等热点、难点问题设计了具体项目,进一步推动全省县市区义务教育的优质均衡发展。

为了促进全省义务教育的均衡发展,江苏省政府统筹优质教育资源,从硬件和软件方面加大对教育发展薄弱地区的资助力度。在缩小各地区间硬件差距方面,江苏重点面向苏北 38 个扶贫攻坚县,投入 200 多亿元,各地配套资金 2000 多亿元,用于农村学校食宿条件改善、经济薄弱县义务教育基本均衡攻坚等项目。此外,江苏着力推进留守儿童学校和特殊学校建设,现全省外来务工人员子女义务教育入学率达 99%,残疾儿童义务教育入学率达 96%。在缩小地区间软件差距方面,省政府要求从源头上提高教师素质,从而均衡各地区义务教育发展。"十二五"期间,江苏通过"千校万师支援农村工程""农村教师素质提高工程"等项目促进城乡教师交流,切实提高教师教书育人的能力。2014 年,江苏建立了"编随人转、岗随人动"的教师定期交流制度,交流比例达 15% 以上。

2014 年,江苏省新增 24 个县(市、区)通过义务教育发展基本均衡国家督导认定,全省累计有 89 个县(市、区)通过国家认定。2014 年,全省小学 4023 所,招生 88.89 万人,在校生 471.48 万人,专任教师 27.02 万人;初中 2077 所,招生 61.77 万人,在校生 185.20 万人,专任教师 17.48 万人。全省建成 17 个省义务教育优质均衡发展县(市、区),建设小学特色文化项目 36 个、薄弱初中课程项目 44 个。全省启动 2014—2018 年全省义务教育学校改薄工作,研制《江苏省义务教育学校办学标准》,进一步推动了全省义务教育的均衡发展。

四、高中教育均衡发展政策以及取得的成果

高中教育均衡发展政策方面,2010 年 9 月,江苏省制定并颁布了《江苏省中长期教育改革和发展规划纲要(2010—2020 年)》,要求各级政府推动普通高中优质特色发展,努力做到高中学校布局合理、规模适度。在发展高中教育的过程中,坚持优质均衡发展,加强内涵建设,加快提升高中整体办学水平和学生综合素质。到 2015 年,全省所有高中达到优质高中标准。随后,2012 年 1 月,江苏省颁布《江苏省"十二五"教育发展规划》,要求各级政府推动普通高中多样优质发展,加快提升普通高中办学整体水平,加大星级高中创建力度,确保 2015 年全省所有普通高中都达到三星级以上办学标准。各级政府在"十二五"期间,要创新办学体制机制,积极扶持民办普通高中发展,扩大普通高中中外合作办学试点,大力发展残疾人高中阶段教育,实施家庭经济困难学生资助计划,扩大高中学生政府奖学金资助比例,切实保障全省高中教育均衡发展。

为了促进全省高中教育的均衡发展,2012 年,江苏省建立普通高中经费保障机制,填补了普通高中生均公用经费财政拨款标准的空白,实现了教育经费保障机制从学前教育到高等教育的全覆盖。江苏教育厅会同省财政厅出台了公办普通高中年生均公用经费财政拨款标准,加快化解普通高中基本建设债务。2014 年,江苏省普通高中公共财政预算教育事业费生均支出 14642 元,比上年的 12788 元增加 1854 元,增长 14.50%。普通高中公共财政预算公用经费生均支出 3442 元,比上年的 2792 元增加 650 元,增长 23.28%。

近年来,江苏省高中教育现代化建设不断深入,星级高中评估制度不断发挥着有力的导向、激励、服务作用,推动着普通高中从标准化、规范化向优质化、多样化和均衡化方向发展。2014 年,全省共有普通高中 567 所,招生 31.98 万人,在校生 103.42 万人,专任教师 9.65 万人,高中阶段教育毛入学率 99.0%,全省当年新增三星级高中 7 所、四星级高中 6 所。统计数据显示,2014 年,全省三星级以上优质高中占普通高中的比例达到 83.1%,其中,常州市 96.9%、南通市 96.2%、无锡市 92.9%、镇江市 90.5%,优质率达 80% 以上的市还有泰州市、淮安市、连云港市、苏州市、南京市,全省高中教育事业呈现出区域均衡发展的良好局面。

五、中等职业教育均衡发展政策以及取得的成果

中等职业教育均衡发展政策方面,2014 年 10 月,江苏省政府颁布《省政府关于加快推进现代职业教育体系建设的实施意见》,要求各级政府,统筹发展中等职业教育,完善中等职业教育管理体制,对市域内中等职业教育布局和专业布点进行优化整合,对区办中等职业学校逐步实行省辖市统一管理,促进中等职业教育多样化、现代化、均衡化发展。与此同时,《江苏省中长期教育改革和发展规划纲要

(2010—2020年)》中要求各级政府落实中职与普通高中招收应届初中毕业生数大体均衡的要求,统筹规划中等职业教育与普通高中教育,总体保持中等职业学校与普通高中招生比例大体相当,本科高校招收中高职毕业生比例稳步提高。中等职业院校与普通高中毕业生拥有同等升学机会,学生多样化选择、多路径成才"立交桥"逐步完善,促进中等职业教育与高中教育均衡协调发展。此外,江苏省政府还进一步完善了中等职业教育支持政策,逐步实行中等职业教育免费制度,做好家庭经济困难学生的资助工作。

为了促进全省中等职业教育的均衡发展,2014年11月,江苏省财政厅、教育厅、人力资源和社会保障厅公布了《关于提高公办中等职业学校生均拨款标准的通知》(苏财教〔2014〕217号),规定从2015年春季学期起,省定公办中等职业学校年生均财政拨款基本标准提高到6000元(含免学费补助),其中,生均公用经费拨款基本标准不低于1000元。各地制定的生均财政拨款基本标准不得低于省定基本标准和目前实际投入水平,并视财力状况逐步提高。中等职业学校生均财政拨款基本标准将纳入《江苏省市县落实教育经费保障主体责任综合奖补办法》(苏财规〔2014〕31号)考核范围,对于未达到省定标准要求的地区,省财政将在以后年度扣减其奖补资金额度。2014年,江苏省中等职业学校公共财政预算教育事业费生均支出9885元,比上年的9737元增加148元,增长1.53%。其中,普通中等职业学校生均支出9968元,比上年增加482元,增长5.08%;中等职业学校公共财政预算公用经费生均支出3416元,比上年的3180元增加236元,增长7.44%。其中,普通中等职业学校3489元,比上年增加319元,增长10.08%。

近年来,江苏省大力推进职业教育创新、协调、均衡发展,较好地满足了江苏经济转型升级、提质增效对高素质劳动者和技术技能型人才的需求。2014年,全省共有中等职业学校(不含技工学校,下同)260所,其中,普通中专174所(五年制高职32所,中等技术学校133所,五年制高师校9所),成人中专29所,职业高中57所。全省中等职业学校共招生23.44万人,其中,普通中专17.40万人,成人中专2.22万人,职业高中3.82万人;在校生72.36万人,其中,普通中专54.00万人,成人中专6.19万人,职业高中12.17万人;专任教师4.33万人,其中,普通中专3.03万人,成人中专0.14万人,职业高中0.99万人,其他机构0.18万人。目前,江苏省中等职业学校和普通高中招生规模大体相当、均衡发展,职业教育主要质量指标位列全国第一。

六、高等教育均衡发展政策以及取得的成果

高等教育均衡发展政策方面。2010年9月,江苏省制定并颁布了《江苏省中长期教育改革和发展规划纲要(2010—2020年)》,要求优化高等教育区域布局结构,实现高等教育资源均衡分布。规划纲要中要求各级政府将高校布局纳入经济

社会发展规划,科学合理调整高校设置,使每个省辖市至少拥有一所普通本科高校和多所高职院校。发挥高水平大学的辐射牵引作用,加大"985工程"、"211工程"高校和国家示范性高职院校对苏中、苏北高校和高职院校的对口支援力度,促进高等教育均衡发展。随后,2012年江苏省"十二五"教育规划中继续要求,进一步完善高等学校区域布局。大力发展苏北地区高等教育,探索独立学院到苏中、苏北市县办学的多种形式,支持地方中心城市举办综合性大学。

为了促进全省高等教育的均衡发展,2011年12月,《江苏省政府关于进一步加大财政教育投入的实施意见》中明确要求要建立高等教育经费稳定增长机制,进一步提高省属高校生均财政拨款基本标准。省建立市、县属高校财政投入水平考核奖补机制,对生均预算内教育事业费达到规定要求的给予适当奖补,加大对中央财政支持地方高校发展专项资金配套力度,促进高校优质、协调、均衡发展。2014年,江苏省地方普通高校公共财政预算教育事业费生均支出15728元,比上年的14837元增加891元,增长6.01%。其中:普通本科17843元,比上年增加1417元,增长8.63%;高职高专12864元,比上年增加386元,增长3.09%。省属高校为16022元,比上年增加975元,增长6.48%;市县属高校为14311元,比上年增加270元,增长1.92%。地方普通高校公共财政预算公用经费生均支出6941元,比上年的8501元减少1560元,比上年下降了18.35%。其中:普通本科7838元,比上年减少1440元,下降15.52%;普通高职高专5726元,比上年减少1622元,下降22.07%;省属高校为7088元,比上年减少1893元,下降21.08%;市县属高校为6235元,比上年增加88元,增长1.43%。

"十二五"期间,江苏省各类高校坚持教学、科研和社会服务相协调,初步形成了研究型大学、教学研究型大学、教学型大学和高职高专院校协调发展,研究型人才、应用型和高技能人才均衡发展的格局,办学特色日益彰显。2014年,全省现有普通高校134所,独立学院25所,成人高校9所,民办二级学院14所。全省普通高等教育共招生49.40万人,同比增加0.65万人,其中:研究生招生4.91万人,同比增加0.11万人;普通本科招生25.06万人,同比增加0.61万人;普通专科招生19.43万人,同比减少0.07万人。全省普通高等教育在校生184.93万人,同比增加1.89万人,其中:研究生在校生15.07万人,同比增加0.48万人;普通本专科在校生169.86万人,同比增加1.41万人。普通高校专任教师10.45万人,同比减少0.38万人。2014年,全省普通高等教育和成人高等教育累计培养本专科毕业生和研究生315万人,各类中等职业教育培养学生192万人,为经济社会发展提供了有力的人才和智力支撑。全省高校申请专利30049项、授权14297项,获得的国家自然科学奖、技术发明奖和科技进步奖占全省获奖总数一半以上。

第二章 全省教育财政投入均衡发展的现状与评价

教育投入是支撑经济社会长远发展的基础性、战略性投资,是发展教育事业的物质基础,是公共财政保障的重点。2006年10月11日,中国共产党第十六届中央委员会第六次全体会议通过了《关于构建社会主义和谐社会若干重大问题的决定》,《决定》强调了财政性教育经费占国内生产总值的比例达到4%的战略目标。2010年7月29日,中共中央、国务院印发了《国家中长期教育改革和发展规划纲要(2010—2020年)》,《纲要》中指出:教育投入是公共财政的重要职能,各级政府要优化财政支出结构,大幅度提高教育财政投入,努力实现财政性教育经费占国内生产总值比例在2012年达到4%的投入目标。2012年,我国财政性教育经费占当年GDP比重为4.28%,首次达到并超过教育财政投入4%的战略目标。

一、全省教育财政投入均衡发展及构成分析

作为我国经济大省,江苏省2014年GDP总额高达6.51万亿元,仅次于广东省名列全国第二,全省完成公共财政预算收入7233.1亿元,比上年增长10.1%;上划中央四税4583.3亿元,增长10.0%;基金预算收入5416.9亿元,增长7.9%。长期以来,全省各级党委、政府始终把教育摆在优先发展的战略地位,把优先发展教育作为强省之基,确保优先发展的各项举措落到实处。切实做到经济社会发展规划优先安排教育发展,财政资金优先保障教育投入,公共资源优先满足教育和人力资源开发需要。

近年来,江苏省教育事业取得令人瞩目的成就,全面完成了省教育规划纲要确定的"率先建成教育强省、率先实现教育现代化"的阶段性任务。截至2014年底,全省共有幼儿园5072所,比上年增加350所,在园幼儿234.13万人,比上年增加2.32万人;中等职业教育在校生达72.36万人;全省共有普通高校134所,本专科招生44.49万人,在校生169.86万人,毕业生47.87万人;研究生教育招生4.91万人,在校生15.07万人,毕业生4.17万人。九年义务教育巩固率100%,高中阶段教育毛入学率99%,基本普及高中阶段教育,高等教育毛入学率达51.0%。伴随着各级、各类教育的快速发展,江苏省不断加大对教育财政的投入力度,有力地支撑了本省教育事业的发展。

(一) 全省教育财政投入发展状况

2010 年 9 月,江苏省制定并颁布了《江苏省中长期教育改革和发展规划纲要(2010—2020 年)》,《纲要》明确指出教育投资是效益最大的投资,要求各级政府部门落实政府提供公共教育服务职责,将教育作为财政支出的重点领域予以优先保障。建立教育经费稳定增长机制,健全以财政拨款为主、多渠道筹措经费的教育投入保障体制,大幅度增加教育投入,保障教育投入稳步增长。

"十二五"以来,教育财政投入 4% 的战略目标得到不断的强化,强有力地促进江苏省教育财政投入的持续增长。江苏省财政性教育经费由 2010 年的 923.46 亿元增长到 2014 年的 1671.68 亿元,增加了 748.22 亿元,五年间增长了 1.81 倍。作为政府教育财政投入规模的量化指标,财政性教育经费占国内生产总值或公共财政支出的比例常常被用作判断教育经费充足与否的评价标准。如表 2-1 所示,2014 年江苏省财政性教育经费占 GDP 的比重由 2010 年的 2.23% 攀升至 2.57%,五年间提升了 0.34 个百分点,并在 2013 年攀升至"十二五"期间极大值,占 GDP 比例达到 2.66%。另一方面,财政性教育经费占财政支出的比重反映了各级政府对教育事业发展的财政投入努力程度,2014 年江苏省该指标由 2010 年的 18.79% 上升至 19.73%,五年间提高了 0.94 个百分点,并在 2012 年攀升至"十二五"期间极大值,占财政支出比例达到 20.31%。教育财政支出的逐年增加,有力推动了省内各级、各类学校办学条件改善和教育普及水平提升,促进了教育均衡和教育事业的发展,为保障各级、各类人才培养提供了有力支撑。

表 2-1　2010—2014 年江苏省财政性教育经费统计表　　(亿元/%)

年份	财政性教育经费	占 GDP 比重	占财政支出比重	实际增速
2010	923.46	2.23	18.79	
2011	1176.85	2.40	18.92	21.02
2012	1427.18	2.64	20.31	18.19
2013	1576.56	2.66	20.22	7.98
2014	1671.68	2.57	19.73	3.75

数据来源:整理自历年《中国教育经费统计年鉴》,数据指标采用 2010 年的价格作为不变价格进行计算。

(二) 全省教育财政投入构成状况

2014 年全省国家财政性教育经费(主要包括公共财政预算安排的教育经费、政府性基金预算安排的教育经费、企业办学中的企业拨款、校办产业和社会服务收入用于教育的经费等)总投入 1671.68 亿元,比上年增加 95.12 亿元,增长 6.03%。其中,公共财政预算安排的教育经费 1548.57 亿元,占 92.63%;政府性基金预算安排的教育经费 113.49 亿元,占 6.79%;企业办学中的企业拨款 0.27 亿元,占 0.02%;校办产业和社会服务收入用于教育的经费 1.48 亿元,占 0.09%;其他属于财政性教育经费 7.87 亿元,占 0.47%,如表 2－2 所示。

表 2－2　2014 年江苏省教育财政投入结构表　（亿元/%）

年份	合计	公共财政预算安排的教育经费	政府性基金预算安排的教育经费	企业办学中的企业拨款	校办企业和社会服务收入用于教育的经费	其他属于财政性教育经费
2013	1576.56	1461.12	108.21	0.22	2.45	4.56
2014	1671.68	1548.57	113.49	0.27	1.48	7.87
增长	6.03	5.99	4.88	22.73	－39.59	72.59

另一方面,2014 年,江苏省政府进一步健全多渠道筹措教育经费体制,拓展财政性教育经费的来源渠道,教育财政投入呈现出多元化均衡增长态势。2014 年,江苏省教育财政投入中,民办学校中举办者投入 3.65 亿元,比上年减少 3.47 亿元,下降 48.74%;捐赠收入 11.00 亿元,比上年减少 1.38 亿元,下降 11.15%;事业收入 329.79 亿元,比上年增加 12.96 亿元,增长 4.09%。其中,学费收入 260.65 亿元,比上年增长 16.19 亿元,增长 6.62%;其他收入 63.98 亿元,比上年减少 9.42 亿元,下降 12.83%。

此外,在 2010 年颁布的《江苏省中长期教育改革和发展规划纲要(2010—2020年)》中,要求各级政府要健全多渠道筹措教育经费体制,各地土地出让经费要有一定比例用于教育设施建设,特别要求各级政府强化教育税费征收管理,专项用于教育事业均衡发展。

税收作为国家经济宏观调控和收入分配的重要工具,在公共教育支出方面同样发挥着举足轻重的作用。《世界银行教育援助战略》中指出:公共财政制度是教育改革中最为重要的环节,教育税收及其资金使用都与各级各类学校的管理和融资具有密不可分的关系。我国教育费附加是在"增值税、消费税、营业税"基础上按一定比例计征的一项附加费,分为农村和城市两部分设立,两者在征收、管理和使用方法上各成体系,主要用于支持教育事业的发展。教育费附加制度的实施和发展,有效地拓宽了财政性教育经费来源渠道,逐步成为财政性教育经费的重要组成部分,促进了江苏省各阶段教育事业的发展。

表 2－3　2014 年江苏省教育税费收入情况表　（亿元）

地　区	2013 年	2014 年	增长比例(%)
江苏省	**251.15**	**266.46**	**6.1**
徐州市	6.96	7.4	6.37
淮安市	5.11	8.24	61.24
盐城市	4.37	5.03	15.14
连云港市	5.36	4.85	－9.38

续　表

地　　区	2013 年	2014 年	增长比例(%)
宿迁市	2.45	3.82	55.61
苏北合计	**24.25**	**29.34**	**20.99**
南通市	8.08	7.78	－3.66
扬州	6.43	9.49	47.64
泰州	6.53	6.59	0.96
苏中合计	**21.04**	**23.86**	**13.40**
南京市	38.2	47.33	23.9
苏州市	28.44	28.02	－1.47
无锡市	16.65	14.05	－15.63
常州市	10.27	9.77	－4.94
镇江市	4.59	5.44	18.58
苏南合计	**98.15**	**104.61**	**6.58**

如表 2-3 所示,江苏省教育费附加收入合计 266.46 亿元,比上一年增长了 15.31 亿元,同比增长了 6.1%。受我国"营改增"和小微企业"减负"等结构性减税改革的影响,以营业税等三税作为征收对象的江苏省教育费附加增幅会受到下行的压力,因此,2014 年江苏省教育费附加收入增幅低于同期国内生产总值和公共财政预算收入的增长速度。从 2014 年各省辖市的教育费附加变化情况上看,无论是存量还是增量方面,江苏省教育税费收入普遍存在着较大的区域非均衡性。

2014 年,苏北地区各省辖市教育税费收入呈现出大幅上涨趋势,苏北地区 5 个城市税费收入的合计值由 2013 年的 24.25 亿元,显著提升至 2014 年的 29.34 亿元,大幅增长 5.09 亿元,同比提高了 20.99%,远高于同期全省 6.1%的平均增幅,增长速度也大大超过了苏中和苏南地区。另一方面,苏北地区内部各省辖市税费收入变动情况也呈现出较大的异质性,其中,淮安市税费收入由 2013 年的 5.11 亿元,大幅提高至 2014 年的 8.24 亿元,同比增长 61.24%,增幅名列全省第一。然而,同期的连云港市却出现了较大程度的下降,税费收入由 2013 年的 5.36 亿元,跌至 2014 年的 4.85 亿元,降幅高达 9.38%,下降幅度仅次于无锡市,处于全省第二位。苏中地区 3 个城市税费收入的合计值由 2013 年的 21.04 亿元,大幅提升至 2014 年的 23.86 亿元,增长了 2.82 亿元,同比提高了 13.40%,增速是同期全省平均增幅的两倍以上。其中,扬州市增速十分显著,同比增速高达 47.64%,2014 年税费收入的增长速度仅次于淮安市和宿迁市,名列全省第三。与苏北和苏中地区相比,苏南地区教育税费收入十分雄厚,表现出严重的非均衡性。2014 年,苏南地区税费收入合计 104.61 亿元,约为苏北和苏中地区 8 个城市总和的两倍。其中,南京市

2014年教育税费高达47.33亿元,分别超出同期苏北和苏中地区的合计值,同比增长23.9%,增幅名列全省第四,保持了良好的增长态势。与南京市相比,苏南地区其他省辖市税费收入增幅表现出较大的非均衡性,苏州市、无锡市和常州市也出现了一定幅度的下降,区域整体增幅为6.58%,与全省同期的平均增速基本持平,远低于苏北和苏中地区。其中,无锡市教育税费收入由2013年的16.65亿元,大幅下跌至2014年的14.05亿元,降幅高达15.63%,成为同期全省该指标下挫最严重的城市。

二、全省教育财政投入的层级均衡状况

"十二五"期间,江苏省政府通过统筹各级、各类教育事业发展,规范和完善教育经费转移支付制度,加大对经济薄弱地区教育经费统筹力度等方式,切实推进全省教育财政投入的层级结构均衡。

(一)全省生均事业费均衡发展状况

2010年9月颁布的《江苏省中长期教育改革和发展规划纲要(2010—2020年)》对各层级教育财政投入结构也进行了详细的规划和设计,其中,要求义务教育全面纳入各级财政保障范围,实行预算单列。学前教育实行政府投入、社会举办者投入、家庭合理分担的投入机制。高中以财政投入为主、其他多种渠道筹措经费为辅,逐步提高财政投入水平。中等职业教育实行政府、行业和企业及其他社会力量等多渠道投入的机制。高等教育实行以举办者投入为主、受教育者合理分担培养成本、学校设立基金接受社会捐赠等筹措经费的机制,并推行基本支出拨款与专项绩效拨款相结合的财政拨款制度。随后,2013年5月,江苏省人民政府办公厅《省政府办公厅关于推进教育现代化建设的实施意见》(苏政办发〔2013〕85号),其中,要求健全政府投入为主、多渠道筹集教育经费的体制,提高各级、各类教育生均经费标准和生均财政拨款标准,建立教育债务化解控制机制,到2020年,各级教育生均预算内经费在全国各省份中均位居前三。近年来,伴随着江苏省政府对教育事业发展重视程度的提高,全省各级、各类教育事业费和公用经费生均投入出现了显著的持续增长。

表2-4 2014年公共财政预算生均教育事业费统计表　　　　　　(元)

教育层级	2013年	2014年	增幅(%)
普通高等学校	14837	15728	6.01
中等职业学校	9737	9885	1.53
普通高中	12788	14642	14.50
普通初中	15141	16690	10.23
普通小学	10585	11175	5.58
幼儿园	3289	3505	6.57

如表2-4所示,2014年全省各层级公共财政预算生均教育事业费均出现了不同程度的增长。依照我国财政支出科目的设置,教育事业费是指中央、地方各级财政或上级主管部门在预算年度内安排,并划拨到学校或单位,列入《政府收支分类支出科目》第205类"教育支出"科目中的教育经费拨款,不含205类第09款"教育附加及基金支出"。2014年,全省普通高等学校生均教育事业费为15728元,比上年增长了891元,同比增长了6.01%,低于同期国内生产总值和公共财政预算收入的增长速度。中等教育阶段,无论是存量还是增量方面,江苏省中等职业学校和普通高中在生均事业费方面均存在着较大的非均衡性。2014年江苏省中等职业学校生均事业费为9885元,同比增长了1.53%;而同期的普通高中生均事业费则由12788元大幅提升至14642元,同比增速高达14.50%,远远超出中等职业学校的生均投入。在义务教育阶段,江苏省普通初中和普通小学则呈现出平稳上涨的态势,普通初中生均事业费由15141元提升至16690元,同比增长10.23%,普通小学阶段则由10585元提高至11175元,增幅约为5.58%,低于同期普通初中的增长速度。在学前教育阶段,2014年,江苏省幼儿园生均事业费为3505元,比上年增长了216元,同比增长了6.57%,高于同期普通高等院校和中等职业学校的增长速度。

(二)全省生均公用经费均衡发展状况

与此同时,2014年全省各层级公共财政预算生均公用经费均出现了不同程度的波动,呈现出较大的内部差异。依照我国财政支出科目的设置,生均公用经费是指按在校生平均的用于教学业务与管理、教师培训、实验实习、文体活动、水电、取暖、交通差旅、邮电、仪器设备及图书资料等购置,房屋、建筑物及仪器设备的日常维修维护等方面的实际支出。2014年,全省普通高等学校生均公用经费为6941元,比上年大幅减少了1560元,同比降幅高达18.35%,远低于同期江苏省生均事业费增长速度。中等教育阶段的变化与生均事业费呈现出相同特征,存量和增量方面存在着显著的非均衡性。2014年江苏省中等职业学校生均公用经费为3416元,同比增长了7.44%,高于同期生均事业费增幅;而同期的普通高中生均公用经费则由2792元大幅提升至3442元,同比增速高达23.28%,远远超出中等职业学校的生均公用经费。在义务教育阶段,江苏省普通初中和普通小学则呈现出较为均衡的上涨态势,普通初中生均公用经费由3368元提升至3731元,同比增长10.78%,普通小学阶段则由2958元提高至2664元,增幅约为11.04%,略高于同期普通初中的增长速度。在学前教育阶段,2014年,江苏省幼儿园生均公用经费为1471元,比上年增长了67元,同比增长了4.77%,低于同期幼儿园生均事业费增长速度,如表2-5所示。

表 2 - 5　2014 年公共财政预算生均教育公用经费统计表　　（元）

教育层级	2013 年	2014 年	增幅（%）
普通高等学校	8501	6941	−18.35
中等职业学校	3180	3416	7.44
普通高中	2792	3442	23.28
普通初中	3368	3731	10.78
普通小学	2664	2958	11.04
幼儿园	1404	1471	4.77

三、各省辖市教育财政投入的层级均衡状况

2011 年 12 月,《江苏省政府关于进一步加大财政教育投入的实施意见》,要求各级政府统筹城乡、区域、校际之间教育协调发展,教育经费重点向农村地区、经济薄弱地区和薄弱学校倾斜,促进教育基本公共服务均等化。调整优化各类教育的经费投入结构,合理安排日常运转经费与专项经费。随后,2012 年 1 月,江苏省颁布《江苏省"十二五"教育发展规划》,要求各级政府依法保证优先安排教育投入,围绕促进公平和提高质量,加快建立健全各级、各类教育经费保障机制。建立健全"政府主导、学校联动、社会参与"的扶困助学机制,提高资助标准和比例,全省学前教育家庭经济困难儿童资助面达 10%,义务教育学校所有家庭经济困难学生全面发放生活费补助,完善普通高中国家助学金制度,落实中等职业学校国家助学金和免学费政策,对高中阶段残疾学生实施免费教育。完善普通本科高校和高等职业学校奖、贷、助、补、减政策,建立国家奖助学金标准动态调整机制。在此背景下,各省辖市也通过不断提高生均事业费和生均公用经费等方式,切实提高教育财政投入的层级间均衡情况。

（一）苏北地区教育投入层级均衡状况

教育事业费指中央、地方各级财政或上级主管部门在预算年度内安排,并划拨到学校或单位,是保证学校日常教学和管理工作顺利开展的重要经费来源。2014年,苏北地区公共财政预算生均教育事业费无论在城市还是层级间,均呈现出非均衡性发展状况。2014 年,徐州市普通高等学校生均教育事业费为 10511 元,比上年同比增长了 1.52%,而同区域的连云港市仅为 4210 元,并且比上一年下降了11.67%,尚不足同期徐州市的一半。长期以来,苏北地区高等教育事业发展较为滞后,生均教育事业费支出方面也远远低于同期全省平均水平(15728 元),省域内呈现出较为严重的非均衡现象。在中等教育阶段,无论是存量还是增量上,江苏省中等职业学校和普通高中在生均事业费方面同样存在着较大的非均衡性。2014

年,徐州市中等职业学校生均事业费为 9825 元,为同期苏北地区的极大值,而同期盐城市普通高中生均事业费为 15784 元,增幅也高达 54.96%,远远超过同期中等职业学校的生均投入和平均增速。在义务教育阶段,苏北地区普通初中和普通小学的生均事业费也呈现出较大的差异,其中,宿迁市普通初中生均事业费为 11923元,同比增幅高达 41.70%,而同期的徐州市降幅则高达 11.96%。小学阶段的生均事业费组内非均衡差异也十分显著,其中,盐城市为 11452 元,比宿迁市高出 2894元,同比增幅为 24.34%,而组内其他城市则大部分处于负增长状态。在学前教育阶段,2014 年,徐州市、淮安市、连云港市和宿迁市均远低于同期全省平均水平(3505 元),而且呈现出显著的负增长态势。

表 2 - 6　2014 年苏北地区公共财政预算生均教育事业费统计表　　(元/%)

教育层级/ 地区	徐州市		淮安市		盐城市		连云港市		宿迁市	
	费用	增幅	费用	增幅	费用	增幅	费用	增幅	费用	增幅
普通高等学校	10511	1.52	/	/	/	/	4210	−11.67	/	/
中等职业学校	9825	−32.66	9157	12.33	6905	18.72	8428	4.05	6286	31.45
普通高中	12148	3.36	10203	−2.16	15784	54.96	11304	5.37	7832	43.97
普通初中	17602	−11.96	14287	5.47	12832	3.01	13607	1.51	11923	41.70
普通小学	9134	−14.63	9560	−13.37	11452	24.34	10227	−7.55	8558	11.19
幼儿园	1512	−33.92	1699	29.89	4781	11.16	3197	−28.57	1993	−13.16

按照《中华人民共和国义务教育法》第 42 条的规定,生均教育经费是在一定地区范围内(如某省、某市),按照当地的经济发展水平和教育发展实际,由政府制定的财政年度预算的依据,同时也是当地财政部门按照当地计划内在读学生数额,向相关教育部门申请拨款的依据。《国家中长期教育改革和发展规划纲要》明确要求"各级政府部门要保证学生人均公用经费逐步增长"。2014 年,徐州市普通高等学校生均公用经费为 2804 元,同比增幅为 5.1%,增幅高于同期全省平均增速,但总量方面远远低于同期全省平均水平(6941 元),加剧了全省生均公用经费投入的非均衡性。各城市中等教育阶段则表现出更为多元化的特征,在存量和增量方面存在着显著的组内非均衡性。2014 年,淮安市中等职业学校生均公用经费为 5054元,同比大幅增长了 55.94%,是其普通高中生均公用经费的 2 倍以上;而同期的盐城市则表现出相反的状况,其普通高中生均公用经费高达 6115 元,同比增长了402%,生均金额是同期中等职业学校的 3 倍以上,层级间表现出了极大的非均衡性。在义务教育阶段,苏北地区除宿迁市外,大部分城市的生均公用经费处于波动性下滑趋势,其中,徐州市普通初中降幅高达 41.89%,普通小学也高达 24.71%,远低于同期全省平均水平;而同期的宿迁市普通初中生均公用经费则增长了

99.93%,增速领跑苏北地区。在学前教育阶段,2014 年,苏北地区生均公用费皆远低于同期全省平均水平(1471 元),组内差距也十分显著。盐城市当年幼儿园生均公用经费为 2731 元,同比增长了 25.51%,而同期的宿迁市生均公用经费仅为 224元,降幅高达 30.65%,城市间生均公用经费投入的非均衡性拉大。

表 2－7　2014 年苏北地区公共财政预算生均教育公用经费统计表　　　(元/%)

教育层级/地区	徐州市		淮安市		盐城市		连云港市		宿迁市	
	经费	增幅	经费	增幅	经费	增幅	经费	增幅	经费	增幅
普通高等学校	2804	5.10	/	/	/	/	480	30.08	/	/
中等职业学校	2590	－58.97	5054	55.94	1809	143.15	2034	－46.50	2496	30.95
普通高中	994	－28.49	1757	－37.78	6115	402.88	1472	－55.31	1042	32.07
普通初中	3056	－41.89	3496	10.14	2663	－12.43	3023	－20.34	3073	99.93
普通小学	2239	－24.71	2259	－33.42	3946	87.64	2677	－29.66	2225	27.43
幼儿园	482	－65.91	955	4.26	2731	25.51	1160	－64.62	224	－30.65

(二)苏中地区教育投入层级均衡状况

与苏北地区相比,苏中地区各层级公共财政预算生均教育事业费则呈现出较为平稳的增长状况,各城市在 2014 年均未出现负增长的情况,城市间和层级间的非均衡性也要远远低于同期的苏北地区。在高等教育阶段,作为传统教育强市,南通市普通高等学校生均教育事业费为 13395 元,比 2013 年同比增长了23.74%,而同区域的扬州市和泰州市则分别增长了 53.46%和 59.64%,虽然整体支出水平略低于同期全省平均水平(15728 元),但增长速度大大高于全省其他地区。在中等教育阶段,苏中地区各城市在中等职业学校和普通高中阶段皆呈现出平稳增长的趋势,各城市均未出现负增长的情况,且层级间生均投入也小于省内其他区域。2014 年,南通市中等职业学校生均事业费为 13865 元,为同期苏中地区的极大值,略低于同期的普通高中生均事业费,增长速度为 13.33%,远高于同期全省平均水平(7.44%)。在义务教育阶段,苏中地区普通初中和普通小学的生均事业费在存量和增量方面也要优于同期的苏北地区,且各城市均保持在 10%左右的增长速度。2014 年,南通市和泰州市普通小学生均事业费增速分别高达 19.74%和 19.46%,区域内小学阶段的生均事业费组内呈现出均衡发展的态势。在学前教育阶段,苏中地区各城市间差异较大,其中,南通市 2014年幼儿园生均事业费高达 7638 元,增速为 204.18%,远远高于同期的扬州市和泰州市。此外,泰州市幼儿园生均事业费支出为 3565 元,与全省平均水平基本持平,增速达到 89.53%。

表 2-8 2014 年苏中地区公共财政预算生均教育事业费统计表　　　（元/%）

教育层级/地区	南通市		扬州市		泰州市	
	费用	增幅	费用	增幅	费用	增幅
普通高等学校	13395	23.74	9947	53.46	12540	59.54
中等职业学校	13865	13.33	7388	7.56	8912	14.96
普通高中	16639	12.04	11857	9.36	10552	2.55
普通初中	19758	9.12	12953	11.48	17528	18.65
普通小学	14462	19.74	12463	13.52	10575	19.46
幼儿园	7638	204.18	2005	21.00	3565	89.53

与苏北地区相比,苏中地区各层级公共财政预算生均公用经费则同样表现为平稳增长的态势,3 个城市在 2014 年均未出现负增长的情况,层级间的非均衡性远低于同期的苏北地区,但组内城市间的差距较为显著。2014 年,泰州市普通高等学校生均公用经费为 6230 元,同比增幅高达 242.5%,而同期的南通市虽然有 226.2%的增速,但生均公用经费仅为 3386 元,远低于同期全省平均水平(6941 元),也加剧了苏中地区城市间的非均衡性。在中等教育阶段,苏中地区表现出了较好的均衡性,各城市中等职业学校和普通高中的生均公用经费呈现出持续平稳增长的局面,层级间生均投入也较为均衡。2014 年,泰州市中等职业学校生均公用经费为 2478 元,同比增长 9.4%,而同期的普通高中生均公用经费为 2372 元,同比增长 10.17%,两者差距较小,呈现出均衡发展的趋势。在义务教育阶段,苏中地区组内城市间存在较大的异质性。2014 年,南通市和泰州市普通初中生均公用经费分别为 4994 元和 3040 元,而同期的扬州市仅为 1873 元,城市间存在较大差距;与此同时,2014 年,南通市和扬州市普通小学生均公用经费分别为 4801 元和 4340元,而同期的泰州市仅为 1899 元,尚不足南通市和扬州市的一半,也远远低于同期全省平均水平,加剧了城市间的非均衡性。在学前教育阶段,苏中地区各城市幼儿园生均公用费表现出更为显著的非均衡性。2014 年,南通市幼儿园生均公用经费为 5985 元,同比大幅增长 369.04%,而同期的扬州市仅为 1024 元,虽同比增长30.28%,但仍低于全省平均水平(1471 元),尚不足南通市的五分之一,导致苏中地区城市间生均公用经费投入的非均衡性进一步扩大。

表 2-9 2014 年苏中地区公共财政预算生均教育公用经费统计表　　　（元）

教育层级/地区	南通市		扬州市		泰州市	
	经费	增幅(%)	经费	增幅(%)	经费	增幅(%)
普通高等学校	3386	226.20	3712	80.81	6230	242.50
中等职业学校	6381	132.80	2754	39.94	2478	9.40
普通高中	2746	14.51	3288	36.54	2372	10.17

续　表

教育层级/地区	南通市		扬州市		泰州市	
	经费	增幅(%)	经费	增幅(%)	经费	增幅(%)
普通初中	4994	30.22	1873	12.22	3040	8.53
普通小学	4801	93.20	4340	13.82	1899	24.93
幼儿园	5985	369.04	1024	30.28	1919	293.24

（三）苏南地区教育投入层级均衡状况

与苏北、苏中地区相比,苏南地区各层级公共财政预算生均教育事业费则出现了多元化发展的趋势,部分城市在 2014 年出现各层级教育事业费全面下降的情况,城市间和层级间的非均衡性也要远远高于同期的苏中地区。在高等教育阶段,作为全省乃至全国高等教育较为发达的区域,苏南地区分布着如南京大学、东南大学等著名高校,因此,苏南地区除常州市以外,各城市高等教育生均事业费均在13000 元以上,其中,高等教育最为发达的南京市更是达到了 18785 元,同期增长了 53.66%,远远超过同期全省平均水平,加剧了全省高等教育事业的区域间非均衡发展。在中等教育阶段,苏南地区各城市在中等职业学校和普通高中阶段呈现出较大的差异,部分城市生均事业费两者相差两倍以上,且组内生均投入差距也表现出较为严重的非均衡性。2014 年,苏州市普通高中生均事业费高达 28726 元,而同期的中等职业学校仅为 12969 元,尚不足普通高中生生均投入的一半。值得一提的是,2014 年镇江市普通高中和中等职业学校生均事业费分别为 15217 元和15818 元,中等职业学校生均投入超过普通高中,且呈现出均衡发展的态势,在全省各城市中较为罕见。在义务教育阶段,苏南地区普通初中和普通小学的生均事业费在存量和增量方面也要优于同期的苏北地区,但城市间均衡发展水平要低于苏中地区。2014 年,常州市生均事业费为 15775 元,低于同期苏南其他城市,且出现了 12.98% 的负增长,从而加剧了区域间的非均衡发展。在学前教育阶段,苏南地区除常州以外,其他四个城市的生均事业费均远高于同期全省平均水平,其中苏州市 2014 年幼儿园生均事业费高达 7140 元,远远高于同期苏南地区其他城市。此外,常州市幼儿园生均事业费支出为 1817 元,增速为−6.44%,大大低于全省同期水平(3505 元),导致苏南地区组内非均衡性加大。

表 2-10　2014 年苏南地区公共财政预算生均教育事业费统计表　　（元/%）

教育层级/地区	南京市		苏州市		无锡市		常州市		镇江市	
	费用	增幅	费用	增幅	费用	增幅	费用	增幅	费用	增幅
普通高等学校	18785	53.66	16509	20.10	13130	−64.12	8484	−45.46	13253	12.29
中等职业学校	12914	9.92	12969	9.18	12179	−21.22	9757	−21.54	15818	15.65
普通高中	18882	15.30	28726	10.62	19901	−0.23	20337	32.40	15217	4.54

续　表

教育层级/地区	南京市		苏州市		无锡市		常州市		镇江市	
	费用	增幅	费用	增幅	费用	增幅	费用	增幅	费用	增幅
普通初中	19890	15.32	20170	−6.72	18268	−5.29	15775	−12.98	17793	10.94
普通小学	11766	4.15	13664	−1.64	12430	−7.71	9785	0.23	14041	9.95
幼儿园	5878	13.54	7140	−8.03	4788	−17.75	1817	−6.44	6162	7.31

　　与苏北、苏中地区相比,苏南地区公共财政预算生均公用经费无论在城市间还是层级间均存在较大的非均衡性,无锡市各层级教育生均公用经费出现大范围下滑的情况,从而进一步拉大了组内城市间的差异。2014 年,南京市普通高等学校生均公用经费为 11339 元,同比增幅高达 106.69%,高于同期全省平均水平(6941元),也远远高于苏南地区其他城市,彰显了南京市在高等教育领域无与伦比的优越性。在中等教育阶段,苏南地区同样表现出了较为显著的非均衡性,各城市普通高中的生均公用经费呈现出持续平稳增长的局面,而中等职业学校则出现较大的波动性,地区内部城市间和层级间的生均公用经费差异性较大。2014 年,苏州市和镇江市中等职业学校生均公用经费分别为 4664 元和 5841 元,远高于同期的全省平均水平(3416 元),而同期无锡市仅为 2405 元,同比下降了 51.18%,尚不足镇江市的一半。在中等教育层级之间,2014 年,常州市普通高中生均公用经费为8052 元,同比增幅高达 178.91%,而同期的中等职业学校仅为 2670 元,同比降幅高达 46.18%,层级间差异十分显著。在义务教育阶段,苏南地区普遍存在生均公用经费低于同期全省平均水平的情况,与其经济发展和区位优势不相匹配。2014年,无锡市和常州市普通初中生均公用经费分别为 2354 元和 2761 元,同比降幅皆在 14% 以上,生均金额远远低于同期的全省平均水平(3731 元),与苏南地区其他城市也存在着较大的差距。普通小学方面,苏南地区大部分城市低于同期全省平均水平,且存在较大的内部非均衡性。2014 年,无锡市和常州市普通小学生均公用经费分别为 1676 元和 1287 元,尚不足同期镇江市的一半,且降幅均达到 17% 以上,进一步拉大了城市间的差距。在学前教育阶段,苏南地区各城市幼儿园生均公用费表现出更为显著的非均衡性。2014 年,镇江市幼儿园生均公用经费为 3468元,同比增长 7.64%,而同期的无锡市和常州市尚不足 1000 元,分别为 806 元和419 元,下降幅度均超过了 40%,远远低于全省平均水平(1471 元)。

表 2-11　2014 年苏南地区公共财政预算生均教育公用经费统计表　　　(元/%)

教育层级/地区	南京市		苏州市		无锡市		常州市		镇江市	
	经费	增幅	经费	增幅	经费	增幅	经费	增幅	经费	增幅
普通高等学校	11339	106.69	6178	23.56	267	−99.10	3829	−1.97	2305	−5.42
中等职业学校	3203	40.42	4664	15.76	2405	−51.18	2670	−46.18	5841	56.93

续　表

教育层级/ 地区	南京市		苏州市		无锡市		常州市		镇江市	
	经费	增幅	经费	增幅	经费	增幅	经费	增幅	经费	增幅
普通高中	2029	11.12	3534	22.28	3675	6.49	8052	178.91	2716	26.21
普通初中	3831	81.48	3581	−21.62	2354	−14.65	2761	−39.97	3800	25.50
普通小学	2026	11.87	3711	−0.80	1676	−20.61	1287	−17.02	4400	23.77
幼儿园	1930	41.70	1512	−8.36	806	−44.30	419	−42.21	3468	7.64

四、全省教育财政投入的均衡状况评价

"十二五"期间,江苏省经济正在向形态更高级、分工更复杂、结构更合理的阶段演化,经济运行处于深度调整期及矛盾消化期,经济发展步入"新常态"。伴随着经济增长由高速向中高速阶段的过渡,可以预见经济"新常态"下江苏省各级政府的财政收支压力将越来越大,以往自上而下"运动式"的资源调动改革模式已很难再复制,教育财政投入面临总量不足和结构失衡等严峻形势。

(一)教育财政投入总量不足

伴随着我国社会经济制度和财政管理体制的改革,江苏省教育财政投入制度经历了由国家高度集中到以预算内教育经费为主导、多渠道筹资模式的转变[①],促进了江苏省财政性教育经费的增长,但受到教育资源稀缺性等约束机制的影响,教育财政投入在增长过程中缺乏长期稳定性,尚未形成有效的长效机制。长久以来,江苏省财政性教育经费占 GDP 的比例长期低于全国平均水平,尚不足 3%。在经济"新常态"的发展背景下,江苏省教育财政投入随即出现增速放缓的迹象,教育财政投入 4% 的"政策红利"已开始逐步消失。据统计,2014 年江苏省教育财政投入1671.68 亿元,占 GDP 比重为 2.57%,较 2013 年又下滑了 0.09 个百分点,指标数值远远低于同期全国平均水平,以不变价格核算的实际增速也由 2011 年的21.02%,大幅回落至 3.75%。以"新常态"为标志的经济社会结构转型,将对江苏省的教育财政投入增长形成严峻挑战,国内生产总值、财政收入、财政性教育经费与居民教育需求之间的矛盾也日益加剧。为了率先实现教育现代化的目标,建设教育强省,促进教育事业又好又快的发展,保障财政性教育经费稳定增长显得至关重要。

(二)教育财政投入结构失衡

通过对 2014 年苏北、苏中和苏南地区各级、各类教育公共财政预算生均教育事业费和公用经费的统计和分析,可以发现江苏省教育财政投入在区域间和层级间存在着十分显著的非均衡性。受经济发展水平、人口及城镇化等因素影响,各地

---

① 龙舟.我国教育财政制度改革变迁研究[J].当代教育理论与实践,2009(08):7—9.

教育发展基础不平衡,在未来教育财政投入结构的非均衡性可能会进一步加大。具体来看,苏南地区由于受外来人口影响,公共教育服务特别是义务教育阶段的供给压力较大,生均公用经费有待进一步提高。苏中、苏北等经济薄弱地区义务教育阶段城乡差距、校际差距仍较为突出,大规模学校、大班额现象不同程度的存在,办学条件仍需改善,生均事业费投入需要进一步加大。此外,区域间实施素质教育、师资队伍建设和教育保障能力仍有明显差异。从各级、各类教育发展上看,学前教育仍然是教育现代化建设的薄弱环节,公办学前教育资源总量不足、师资短缺及保教质量水平整体不高,导致苏北、苏中和苏南地区的学前教育非均衡性持续拉大。义务教育均衡发展尤其是教师流动受多重制约,优质师资配置不够均衡。普通高中学校办学经费仍显不足,存在一定的负债压力。职业教育特色与吸引力有待增强,校企深度融合不够,普职融通有待实质性推进,构建现代职教体系政策配套不足。高等教育同国际先进水平相比还有明显差距,且苏北、苏中和苏南地区差异较大,教育财政投入结构的非均衡性进一步加大了各地区高等教育发展的"马太效应"。

第二篇
各阶段教育均衡发展评述

第三章 学前教育均衡发展状况分析与评价

一、各省辖市学前教育发展基本概况

2014 年,各辖市均在上年同期的基础上,大力推进学前教育的发展。其中,南京市幼儿园数量由 2013 年的 564 所增长到 2014 年的 774 所,增幅达到了37.23%;入园人数由 65353 人上升到 75384 人,增长了 15.35 个百分点;在园幼儿数量由 175511 人增长至 187404 人,增长了 11893 人;离园的毕业幼儿数由 55994 人上升到了 58695 人;专任教师数量则达到了 12675 人,较上年同期的 11647 人,增长了 8.57%。苏州全市的幼儿园数、入园人数以及在园人数分别由 2013 年的 509 所、101526 人与 248006 人,增长到 2014 年的 555 所、107651 人与 273769 人,增幅分别为 9.04%、6.03%与 10.39%;专任教师数量则由 2013 年的 11967 上升到 2014 年的 13436 人,增幅达到 12.28%。2014 年,无锡市 304 所幼儿园,相较于 2013 年的 325 所,呈下降的趋势,在园幼儿数与专任教育数则分别由上年的 149761 人与 9156 人,上涨到 158830 人与 9860 人。南通市幼儿园数量、在园人数以及专任教师数由 2013 年的 388 所、149807 人与 6005 人,上涨到 2014 年的 396 所、153528 人与 7044 人,分别增长了 2.06 个、2.48 个与 17.3 个百分点。徐州全市的幼儿园数、招生人数、在园人数、毕业幼儿数以及专任教师数由 2013 年的 544 所、137880 人、353470 人、124225 人以及 10654 人,增长到 2014 年的 557 所、139563 人、408862 人、147321 人以及 14517 人。常州市幼儿园数量、入园人数、在园人数、离园人数以及专任教师数分别由 2013 年的 246 所、41473 人、111856 人、39331 人以及 6543 人,增长到 2014 年的 264 所、44059 人、117348 人、42329 人以及 6974 人。淮安市幼儿园数与在园幼儿数量由 2013 年的 263 所与 166885 人,增长至 2014 年的 296 所与 167238 人。扬州市幼儿园与在园幼儿数呈轻微下降的趋势,由 2013 年的 286 所与 98722 人缩减至 2014 年的 283 所与 96092 人,专任教师数量则从 9621 人增长到 10020 人。泰州全市幼儿园数由 2013 年的 230 所增长到了 2014 年的 302 所,而在园幼儿数量则由 106335 人缩减至 104645 人。镇江全市幼儿园数量与专任教师数由 2013 年的 194 所与 3834 人分别上升到了 2014 年的 207 所与 3964 人,而入园、在园与离园人数则分别由 26160 人、64905 人以及 22050 人下降到 241554 人、66926 人以及 21812 人。连云港全市幼儿园数、在园幼儿与专任教师数分别由 2013 年的 320 所、186423 人与 6656 人，增至 2014 年的 409 所、190990 人与 8354 人。

表 3-1　2014 年各辖市学前教育发展基本概况

省辖市	幼儿园数（所）	入园人数（人）	在园人数（人）	离园人数（人）	专任教师（人）
南京	774	75384	187404	58695	12675
苏州	555	107651	273769	—	13436
无锡	304	—	158830	—	9860
南通	396	55104	153528	—	7044
徐州	557	139563	408862	147321	14517
常州	264	44059	117348	42329	6974
盐城	333	73710	227167	82688	10507
淮安	296	—	167238	—	—
扬州	283	—	96092	—	10020
泰州	302	—	104645	—	—
镇江	207	24155	66926	21812	3964
连云港	409	—	190990	—	8354
宿迁	365	—	205114	—	15027

二、江苏省学前教育财政投入分析

2014 年，江苏省政府加大了对《关于加快学前教育改革发展的意见》的贯彻力度，持续增加对学前教育经费的投入，加强相关政策的进一步完善，规范对学前教育经费使用的管理，坚持公办与民办幼儿园发展两线并举的思想，不断开拓学前教育发展的新格局。

（一）各辖市学前教育生均公共财政预算教育事业费支出变动

2014 年，江苏省学前教育生均公共财政预算教育事业费为 3505 元，相较于 2013 年的 3289 元，增长了 216 元，增长了 6.57 个百分点。具体到各辖市方面，南京市的生均公共财政预算教育事业费由 2013 年的 5177 元，增长到 2014 年的 5878 元，增长了 701 元，增幅为 13.54%。无锡市的生均公共财政预算教育事业费由 2013 年的 5821 元，降低到 2014 年的 4788 元，减少了 1033 元，降幅为 17.75%。徐州市的生均公共财政预算教育事业费由 2013 年的 2288 元，降低至 2014 年的 1512 元，减少了 776 元，降幅达到 33.92%。常州市的生均公共财政预算教育事业费由 2013 年的 1942 元，降低到 2014 年的 1817 元，减少了 125 元，降幅为 6.44%。苏州市的生均公共财政预算教育事业费由 2013 年的 7763 元，降低到 2014 年的 7140 元，减少了 623 元，降幅为 8.03%。南通市的生均公共财政预算教育事业费由 2013

年的 2511 元,增长到 2014 年的 7638 元,增长了 5127 元,增幅达到了 204.18%。连云港市的生均公共财政预算教育事业费由 2013 年的 4476 元,降至 2013 年的 3197 元,减少了 1279 元,降幅为 28.57%。淮安市生均公共财政预算教育事业费由 2013 年的 1308 元,增长到 2014 年的 1699 元,增加了 391 元,增幅为 29.89%。盐城市生均公共财政预算教育事业费由 2013 年的 4301 元,增长到 2014 年的 4781 元,增长了 480 元,增幅为 11.16%。扬州市的生均公共财政预算教育事业费由 2013 年的 1657 元,增长到 2014 年的 2005 元,增长了 348 元,增幅为 21%。镇江市的生均公共财政预算教育事业费由 2013 年的 5742 元,增长到 2014 年的 6162 元,增长了 420 元,增幅为 7.31%。泰州市的生均公共财政预算教育事业费由 2013 年的 1881 元,增长到 2014 年的 3565 元,增长了 1684 元,增幅为 89.53%。宿迁市的生均公共财政预算教育事业费由 2013 年的 2295 元,降至 2014 年的 1993 元,减少了 302 元,降幅为 13.16%。

表 3 - 2 2013—2014 年学前教育生均公共财政预算教育事业费支出及增长情况 （元）

地　区	2013 年	2014 年	增长率（%）
江苏省	3289	3505	6.57
南京市	5177	5878	13.54
无锡市	5821	4788	−17.75
徐州市	2288	1512	−33.92
常州市	1942	1817	−6.44
苏州市	7763	7140	−8.03
南通市	2511	7638	204.18
连云港市	4476	3197	−28.57
淮安市	1308	1699	29.89
盐城市	4301	4781	11.16
扬州市	1657	2005	21.00
镇江市	5742	6162	7.31
泰州市	1881	3565	89.53
宿迁市	2295	1993	−13.16

就学前教育生均公共财政预算教育事业费支出的情况而言,南京市、南通市、淮安市、盐城市、扬州市、镇江市以及泰州市呈正向增长,南通市以 5127 元的绝对值与 204.18% 的增幅列各市之首;而无锡市、徐州市、常州市、苏州市、连云港市以及宿迁市则呈现出负增长的态势,学前教育生均公共财政预算教育事业费较上年均呈不同程度的下降,连云港市以 1279 元的绝对值与 28.57% 的负增长,列各市之首。

（三）各辖市学前教育生均公共财政预算公用经费支出变动

2014 年,江苏省学前教育生均公共财政预算公用经费支出为 1471 元,相较于 2013 年的 1404 元有了小幅增长,增长了 67 元,增长率为 4.77%。具体到各辖市方面,南京市的生均公共财政预算公用经费由 2013 年的 1362 元,增长到 2014 年的 1930 元,增长了 568 元,增幅为 41.7%。无锡市的生均公共财政预算公用经费由 2013 年的 1447 元,降至 2014 年的 806 元,减少了 641 元,降幅达到了 44.30%。徐州市的生均公共财政预算公用经费由 2013 年的 1414 元,降至 2014 年的 482 元,降幅为 65.91%。常州市的生均公共财政预算公用经费由 2013 年的 725 元,降至 2014 年的 419 元,减少了 306 元,降幅为 42.21%。苏州市的生均公共财政预算公用经费由 2013 年的 1650 元,降至 2014 年的 1512 元,减少了 138 元,降幅为 8.36%。南通市的生均公共财政预算公用经费由 2013 年的 1276 元,大幅增长到 2014 年的 5985 元,增加了 4709 元,增幅为 369.04%。连云港市的生均公共财政预算公用经费由 2013 年的 3279 元,降至 2014 年的 1160 元,减少了 2119 元,降幅为 64.62%。淮安市的生均公共财政预算公用经费由 2013 年的 916 元,增长到 2014 年的 955 元,增长了 39 元,增幅为 4.26%。扬州市的生均公共财政预算公用经费由 2013 年的 786 元,增长到 2014 年的 1024 元,增长了 238 元,增幅为 30.28%。镇江市的生均公共财政预算公用经费由 2013 年的 3222 元,增长到 2014 年的 3468 元,增长了 246 元,增幅为 7.64%。泰州市的生均公共财政预算公用经费由 2013 年的 488 元,大幅增长至 2014 年的 1919 元,增长了 1431 元,增幅为 293.24%。宿迁市的生均公共财政预算公用经费由 2013 年的 323 元,降至 2014 年的 224 元,减少了 99 元,降幅为 30.65%。

表 3-3　2013—2014 年学前教育生均公共财政预算公用经费支出及增长情况　　（元）

地　区	2013 年	2014 年	增长率(%)
江苏省	1404	1471	4.77
南京市	1362	1930	41.7
无锡市	1447	806	−44.30
徐州市	1414	482	−65.91
常州市	725	419	−42.21
苏州市	1650	1512	−8.36
南通市	1276	5985	369.04
连云港市	3279	1160	−64.62
淮安市	916	955	4.26
盐城市	2176	2731	25.51
扬州市	786	1024	30.28

地　　区	2013 年	2014 年	增长率(%)
镇江市	3222	3468	7.64
泰州市	488	1919	293.24
宿迁市	323	224	−30.65

就学前教育生均公共财政预算公用经费支出的增长情况而言,南京市、南通市、淮安市、盐城市、扬州市、镇江市以及泰州市呈正向增长,南通市以 4709 元的增长绝对值与 369.04% 的增幅列各市之首,这一情形与学前教育生均公共财政预算教育事业费支出的变动基本一致;而无锡市、徐州市、常州市、苏州市、连云港市以及宿迁市则呈现出负增长的态势,学前教育生均公共财政预算教育事业费较上年均呈不同程度的下降,连云港市以 2199 元的绝对值与 64.62% 的降幅,列各负增长的辖市之首。

三、江苏省学前教育区域均衡发展状况评价

(一)学前教育发展的区域均衡评价

2013—2014 年,江苏省学前教育的发展在各辖市间呈现出一定的差异。就区域间学前教育均衡发展的状况而言,苏南、苏中、苏北间的区域发展表现出一定的非均衡性。其中,苏南地区包括了南京市、苏州市、无锡市、常州市与镇江市;苏中地区涵盖了南通市、扬州市与泰州市;苏北地区则由徐州市、盐城市、淮安市、连云港市、宿迁市构成。具体来看,苏南、苏中、苏北地区的幼儿园数分别为 2104 所、981 所、1960 所,分别占总体规模的 41.7%、19.44%、38.86%,经济较为发达的苏南地区的幼儿园数量远超苏中与苏北地区。在园幼儿数方面,苏南、苏中、苏北分别为 804277 人、609599 人、1199371 人,在总体规模中的占比分别达到了 30.12%、23.33%、46.55%。基于苏南、苏北、苏中地区的幼儿园数与在园幼儿数的比较,江苏省学前教育的非均衡发展表现为:苏北地区在园人数超出苏南地区 395094 人,但幼儿园数却比苏南地区少了 144 所,而苏中地区在园人数虽少于苏南地区,但幼儿园数上却相差了 1123 所。因此,种种迹象表明,江苏省经济发达的苏南地区在发展学前教育阶段,相较于经济落后的苏中、苏北地区,具有较为优越的教育资源优势,辖区内拥有的幼儿园数远超苏中与苏北地区,而苏中、苏北地区在园幼儿数量大且幼儿园数少,无疑是一种学前教育区域非均衡发展的反映。

表 3-4　2014 年江苏省学前教育区域非均衡发展现状

区　　域	幼儿园数(所)	在园人数(人)
苏南	2104	804277
苏中	981	609599

区　　域	幼儿园数（所）	在园人数（人）
苏北	1960	1199371
总计	5045	2613247

（二）学前教育生均公共财政预算教育事业费的区域均衡发展评价

1. 省内组间差异

2014年,江苏省学前教育生均公共财政预算教育事业费在苏南、苏中、苏北地区间,表现出一定的区域差异。其中,南京市、苏州市、无锡市、常州市、镇江市构成的苏南地区,生均公共财政预算教育事业费的均值由2013年的5289元,降至2014年的5157元,减少了132元,降幅为2.50%;南通、扬州、泰州三市构成的苏中地区,生均公共财政预算教育事业费的均值由2013年的2016元,大幅上升到2014年的5157元,增长了3141元,增幅达到118.35%;徐州市、盐城市、淮安市、连云港市、宿迁市构成的苏北地区,生均公共财政预算教育事业费的均值由2013年的2934元,下降到2014年的2636元,减少了298元,降幅为10.16%。

表3-5　2014年江苏省生均公共财政预算教育事业费的区域差异　　　（元）

区　　域	2013年	2014年	增长率（%）
苏南	5289	5157	−2.50
苏中	2016	4402	118.35
苏北	2934	2636	−10.16
江苏省	3289	3505	6.57

从绝对量上看,苏中地区的生均公共财政预算教育事业费增长显著,与苏南地区生均公共财政预算教育事业费的差距,由2013年的3273元降至2014年的755元;与此同时,2013年苏中地区生均公共财政预算教育事业费相比苏北地区的差距为918元,2014年却反超苏北地区,两地间的差异扩大至1766元。此外,由于苏北地区生均公共财政预算教育事业费负增长的态势,也进一步扩大与苏南地区间的差异,两地间的投入差距由2013年的2355元扩大至2014年的2521元。因此,苏南、苏北地区生均公共财政预算教育事业费的小幅下跌以及苏中地区的大幅提升,致使江苏省生均公共财政预算教育事业费的区域非均衡发展,主要表现为苏北地区与苏南、苏中地区间日益扩大的地区差异。

2. 苏南地区组内差异

苏南地区由南京、无锡、苏州、常州、镇江四市构成,剔除南京市,学前教育生均公共财政预算教育事业费在苏南地区间,存在着显著的组内差异:

表 3-6　2014 年苏南地区生均公共财政预算教育事业费的组内差异　　（元）

区　域	2013 年	2014 年	增长率(%)
江阴市	4186	6264	49.64
宜兴市	12602	6590	−47.71
常熟市	8594	4943	−42.48
张家港市	5508	6608	19.97
昆山市	8691	10118	16.42
太仓市	11135	10508	−5.63
溧阳市	895	769	−14.08
金坛市	1138	1807	58.79
丹阳市	3203	4566	42.55
扬中市	8743	6682	−23.57
句容市	3151	4982	58.11

　　具体来看,无锡市下辖江阴与宜兴两个县级市,其中,江阴市的学前教育生均公共财政预算教育事业费由 2013 年的 4186 元,增长至 2014 年的 6264 元,增长了 2078 元,增幅达到了 49.64%;而宜兴市则由 2013 年的 12602 元,大幅下降至 2014 年的 6590 元,减少了 6012 元,降幅达到 47.71%,两市间的差异由 2013 年的 8416 元,缩减至 2014 年的 326 元,表明无锡市组内差异正逐步走向均衡化。

　　苏州市下辖常熟市、张家港市、昆山市、太仓市四个县级市,其中,常熟市的学前教育生均公共财政预算教育事业费由 2013 年的 8594 元,大幅下降至 2014 年的 4943 元,缩减了 3651 元,降幅达到 42.48%;张家港市则由 2013 年的 5508 元,小幅攀升至 2014 年的 6608 元,增长了 1000 元,增幅达到 19.97%;昆山市由 2013 年的 8691 元,增长到 2014 年的 10118 元,增长了 1427 元;而太仓市则由 2013 年的 11135 元,降至 2014 年的 10508 元,缩减了 627 元,降幅达到 5.63%。2013 年,苏州地区生均公共财政预算教育事业费差距最大的为张家港市与太仓市,两市生均公共财政预算教育事业费的极差为 5627 元,而 2014 年则是常熟市与太仓市,两地区间的极差为 5565 元。相较于 2013 年,苏州地区 2014 年的组内极差下降了 62 元,显示出一定的均衡发展态势。

　　常州市下辖溧阳市与金坛市两个县级市,其中,溧阳市的生均公共财政预算教育事业费由 2013 年的 895 元,降至 2014 年的 769 元,下降了 126 元,降幅为 14.08%;而金坛市则由 2013 年的 1138 元,增长到 2014 年的 1807 元,增幅为 58.79%,溧阳市与金坛市的生均差距由 2013 年的 243 元,进一步扩大到 2014 年的 1038 元。

　　镇江市下辖丹阳、扬中、句容三个县级市,其中,丹阳市的生均公共财政预算教育事业费由 2013 年的 3203 元,增长到 2014 年的 4566 元,增长了 1363 元,增幅为 42.55%;扬中市由 2013 年的 8743 元,下降到 2014 年的 6682 元,缩减了 2061 元,降幅达到了 23.57%;句容市则由 2013 年的 3151 元,增长到 2014 年的 4982 元,增加了 1831 元,增幅为 58.11%。2013 年,扬中市与句容市构成的镇江地区生均公共财政预算教育事业费的最大组内差距为 5592 元,而 2014 年丹阳市与扬中市构成的最大组内差距则大幅缩减至 2166 元。

由此可见,苏南地区各辖市内部的生均公共财政预算教育事业费用的差距正不断缩小。但是,需要指出的是,苏南各辖市间的组间差距仍然不容忽视,如 2014 年溧阳市的生均公共财政预算教育事业费用为 769 元,相较于太仓市的 10508 元,两地区间的极差达到了 9739 元,反映了苏南地区常州市与苏州市间较大的组间差距。

3. 苏中地区组内差异

苏中地区由南通、扬州、泰州三市构成,学前教育生均公共财政预算教育事业费在苏中三市内部,同样存在着组内差异:

表 3-7　2014 年苏中地区生均公共财政预算教育事业费的组内差异　　(元)

区　　域	2013 年	2014 年	增长率(%)
海安县	2348	5360	128.28
如东县	5282	7873	49.05
启东市	5471	6614	20.89
如皋市	1979	2805	41.74
海门市	2588	8378	223.72
宝应县	1810	2704	49.39
仪征市	1144	7330	540.73
高邮市	4430	5132	15.85
兴化市	688	1330	93.31
靖江市	2411	2467	2.32
泰兴市	777	784	0.90

具体来看,南通市下辖海安、如东两县以及启东、如皋、海门三个县级市,其中,海安县的学前教育生均公共财政预算教育事业费由 2013 年的 2348 元,增长到 2014 年的 5360 元,增长部分为 3012 元,增幅达到 128.28%;如东县则由 2013 年的 5282 元增长到 2014 年的 7873 元,增长部分为 2591 元,增幅达到 49.05%;启东市则由 2013 年的 5471 元,增加到 2014 年的 6614 元,增长了 1143 元,增幅为 20.89%;如皋市由 2013 年的 1979 元,增长到 2014 年的 2805 元,增长了 826 元,增幅为 41.74%;海门市则由 2013 年的 2588 元,增长到 2014 年的 8378 元,增加部分

达到了 5790 元,增幅为 223.72%。海门市学前教育生均公共财政预算教育事业费增长的绝对量与增幅均列南通市之首,启东市与如皋市在学前教育生均公共财政预算教育事业费上存在 3492 元的差距,构成了 2013 年南通市最大的组内差距,而如皋市与海门市的组内差距在 2014 年则进一步扩大至 5573 元,组内差距相较上年扩大了 2081 元。

扬州市下辖宝应县、仪征市与高邮市两个县级市,其中,宝应县学前教育生均公共财政预算教育事业费由 2013 年的 1810 元,增长至 2014 年的 2704 元,增加部分为 894 元,增幅为 49.39%;仪征市则由 2013 年的 1144 元,提升至 2014 年的 7330 元,增长部分达到了 6186 元,增幅为 540.73%;而高邮市则由 2013 年的 4430 元,增加至 2014 年的 5132 元,增长了 702 元,增幅为 15.85%。从增长的绝对量与增幅上看,仪征市的增长列扬州市之首,而仪征市与高邮市则构成了 2013 年扬州市的最大组内差距,两地区的生均教育公共财政预算事业费相差 3286 元;宝应县与仪征市则构成了 2014 年的最大组内差距,两地区的生均教育公共财政预算事业费相差 4626 元。因此,扬州市的组内差距在 2013—2014 年扩大了 1340 元。

泰州市下辖兴化、靖江、泰兴三个县级市,其中,兴化市学前教育生均公共财政预算教育事业费由 2013 年的 688 元,增长到 2014 年的 1330 元,增长部分为 642 元,增幅达到了 93.31%;靖江市则由 2013 年的 2411 元增长到了 2014 年的 2467 元,增长部分为 56 元,增幅为 2.32%;而泰兴市则由 2013 年的 777 元增长到 2014 年的 784 元,仅增加了 7 元,相应增幅为 0.90%。从增长的绝对量与增幅上看,兴化市的增长列泰州各县级市之首,而兴化市与靖江市则构成了 2013 年泰州市的最大组内差距,两地区的生均教育公共财政预算事业费相差 1723 元;靖江市与泰兴市则构成了 2014 年的最大组内差距,两地区的生均教育公共财政预算事业费相差 1683 元,由此可见,泰州市的组内差距在 2013—2014 年缩小了 40 元。

同样,苏中各辖市间仍存在不同程度的组间差距,如 2014 年泰兴市生均公共财政预算教育事业费用为 784 元,相较于海门市的 8378 元,两地区的组间差距为 7594 元,反映出苏中地区泰州市与南通市的均公共财政预算教育事业费存在较大差距。

4. 苏北地区组内差异

苏北地区由徐州、盐城、淮安、连云港、宿迁五市构成,学前教育生均公共财政预算教育事业费在苏北五市内部存在着如下差异:

表 3-8　2014 年苏北地区生均公共财政预算教育事业费的组内差异　　　（元）

区　　域	2013 年	2014 年	增长率(%)
丰县	1514	1580	4.36
沛县	982	62	-93.69

续　表

区　　域	2013 年	2014 年	增长率(%)
睢宁县	2468	819	−66.82
新沂市	2257	1464	−35.14
邳州市	1449	1952	34.71
响水县	793	1122	41.49
滨海县	728	1167	60.30
阜宁县	9537	4800	−49.67
射阳县	4086	2649	−35.17
建湖县	7543	3388	−55.08
东台市	5274	7099	34.60
大丰市	7052	8617	22.19
涟水县	1944	1945	0.05
洪泽县	1608	5589	247.57
盱眙县	2054	3390	65.04
金湖县	2099	4138	97.14
赣榆县	1250	2378	90.24
东海县	1660	3417	105.84
灌云县	726	1337	89.67
灌南县	2291	1621	−29.24
沭阳县	1233	422	−65.77
泗阳县	1587	1639	3.28
泗洪县	3260	3410	4.60

　　具体来看,徐州市下辖丰县、沛县、睢宁县三个县以及新沂市、邳州市两个县级市,丰县与邳州市在2013—2014年呈正增长,而沛县、睢宁县、新沂市则呈负增长态势。其中,丰县学前教育生均公共财政预算教育事业费由2013年的1514元,增长到2014年的1580元,增长了66元,增幅为4.36%;沛县则由2013年的928元,锐减至2014年的62元,减少了866元,降幅为93.69%;睢宁县由2013年的2468元,减少至2014年的819元,降低部分达到了1649元,降幅为66.82%;新沂市学前教育生均公共财政预算教育事业费则由2013年的2257元,降至2014年的1464元,减少部分达到793元,降幅为35.14%;而邳州市则由2013年的1449元增长到2014年的1952元,增长了503元,增幅为34.71%。从增长的绝对量与增幅上看,邳州市的增长列徐州各县、县级市之首,而沛县与睢宁县则构成了2013年徐州市的最大组内差距,两地区的生均教育公共财政预算事业费相差1486元;沛县与邳

州市则构成了 2014 年的最大组内差距,两地区的生均教育公共财政预算事业费相差 1890 元,因此,徐州市的组内差距在 2013—2014 年进一步扩大了 404 元。

盐城市下辖响水县、滨海县、阜宁县、射阳县、建湖县以及东台与大丰两个县级市,响水县、滨海县、东台市与大丰市学前教育生均公共财政预算教育事业费在 2013—2014 年呈正增长态势,而阜宁县、建湖县与射阳县则呈负增长态势。其中,响水县的生均公共财政预算教育事业费由 2013 年的 793 元,增长到 2014 年的 1122 元,增长了 329 元,增幅为 41.49%;滨海县由 2013 年的 728 元,增长到 2014 年的 1167 元,增长了 439 元,增幅为 60.30%;阜宁县则由 2013 年的 9537 元,锐减至 2014 年的 4800 元,缩减部分达到了 4737 元,降幅为 49.67%;射阳县由 2013 年的 4086 元,降至 2014 年的 2649 元,下降了 1437 元,降幅为 35.17%;建湖县由 2013 年的 7543 元,下降到 2014 年的 3388 元,缩减了 4155 元,降幅为 55.08%;东台市则由 2013 年的 5274 元,增长到 2014 年的 7099 元,上涨了 1825 元,增幅达到了 34.60%;大丰市则由 2013 年的 7052 元,上升至 2014 年的 8617 元,增长了 1565 元,增幅为 22.19%。从增长的绝对量与增幅上看,东台市与滨海县的增长列盐城各县、县级级市之首,而滨海县与阜宁县则构成了 2013 年盐城市的最大组内差距,两地区的生均教育公共财政预算事业费相差 8809 元;响水县与大丰市则构成了 2014 年的最大组内差距,两地区的生均教育公共财政预算事业费相差 7495 元,因此,盐城市的组内差距在 2013—2014 年缩小了 1314 元。

淮安市下辖涟水、洪泽、盱眙、金湖四县,2013—2014 年各县在学前教育生均公共财政预算教育事业费上均呈正向增长的态势。其中,涟水县的生均公共财政预算教育事业费由 2013 年的 1944 元上升到 2014 年的 1945 元,增长了 1 元,增幅为 0.05%;洪泽县由 2013 年的 1608 元蹿升至 2014 年的 5589 元,增长了 3981 元,增幅为 247.57%;盱眙县由 2013 年的 2054 元,增长到 2014 年的 3390 元,增长了 1336 元,增幅为 65.04%;而金湖县则由 2013 年的 2099 元上涨到 2014 年的 4138 元,增长部分达到 2039 元,增幅为 97.14%。从增长的绝对量与增幅上看,洪泽县的增长列淮安市各县之首,而洪泽县与金湖县则构成了 2013 年淮安的最大组内差距,两地区的生均教育公共财政预算事业费相差 491 元;涟水县与洪泽县则构成了 2014 年的最大组内差距,两地区的生均教育公共财政预算事业费相差 3644 元,可见,淮安市的组内差距在 2013—2014 年进一步扩大了 3153 元。

连云港市下辖赣榆、东海、灌云与灌南四县,除灌南县以外,其余各县的学前教育生均公共财政预算教育事业费在 2013—2014 年均表现出正向增长。其中,赣榆县的学前教育生均公共财政预算教育事业费由 2013 年的 1250 元,增长到 2014 年的 2378 元,增长了 1128 元,增幅为 90.24%;东海县由 2013 年的 1660 元增长到 2014 年的 3417 元,上涨了 1757 元,增幅达到 105.84%;灌云县则由 2013 年的 726 元上升到 2014 年的 1337 元,增长了 611 元,增幅为 89.67%;而灌南县则由 2013

年的 2291 元下降到了 2014 年的 1621 元,缩减部分达 670 元,降幅为29.24%。从增长的绝对量与增幅上看,东海县的增长列连云港市各县之首,而灌云县与灌南县则构成了 2013 年连云港市的最大组内差距,两地区的生均教育公共财政预算事业费相差 1565 元;灌云县与东海县则构成了 2014 年的最大组内差距,两地区的生均教育公共财政预算事业费相差 2080 元,由此判断,连云港市的组内差距在 2013—2014 年进一步扩大了 515 元。

宿迁市下辖沐阳、泗阳、泗洪三县,除沐阳县负增长外,泗阳县与泗洪县的学前教育生均公共财政预算教育事业费在 2013—2014 年均为正向增长。其中,沐阳县的学前教育生均公共财政预算教育事业费由 2013 年的 1233 元,缩减至 2014 年的 422 元,下降部分达 811 元,降幅为 65.77%;泗阳县则由 2013 年的 1587 元,上升到 2014 年的 1639 元,增长了 52 元,增幅为 3.28%;而泗洪县则由 2013 年的 3260 元,增长至 2014 年的 3410 元,增长了 150 元,增幅为 4.60%。从增长的绝对量与增幅上看,泗洪县的增长列宿迁市各县之首,而沐阳县与泗洪县则构成了 2013 年宿迁市的最大组内差距,两地区的生均教育公共财政预算事业费相差 2027 元;而 2014 年则依旧为沐阳县与泗洪县构成了最大组内差距,两地区的生均教育公共财政预算事业费相差 2988 元,因此,宿迁市的组内差距在 2013—2014 年则进一步扩大了 961 元。

此外,苏北各辖市间亦存在着组间差距,如 2014 年沛县生均公共财政预算教育事业费用为 62 元,相较于大丰市的 8617 元,两地区的组间差距为 8555 元,反映出苏北地区徐州市与盐城市在生均公共财政预算教育事业费上较大差距。

(三)学前教育生均公共财政预算公用经费支出的区域均衡发展评价

1. 省内组间差异

2014 年,江苏省学前教育生均公共财政预算公用经费支出在苏南、苏中、苏北地区间,表现出一定的区域差异。其中,南京市、苏州市、无锡市、常州市、镇江市构成的苏南地区,生均公共财政预算教育事业费的均值由 2013 年的 1681 降至 2014 年的 1627 元,减少了 54 元,降幅为 3.21%;南通、扬州、泰州三市构成的苏中地区,生均公共财政预算公用经费支出的均值由 2013 年的 850 元,大幅上升到 2014 年的 2976 元,增长了 2126 元,增幅达到 250.12%;徐州市、盐城市、淮安市、连云港市、宿迁市构成的苏北地区,其生均公共财政预算公用经费支出的均值由 2013 年的 1622 元,下降到 2014 年的 1110 元,减少了 512 元,降幅为 31.57%。

表 3-9 **2014 年江苏省生均公共财政预算公用经费支出的区域差异** (元)

区　　域	2013 年	2014 年	增长率(%)
苏南	1681	1627	−3.21
苏中	850	2976	250.12

续 表

区 域	2013 年	2014 年	增长率(%)
苏北	1622	1110	−31.57
江苏省	1404	1471	4.77

从绝对量上看,苏中地区的生均公共财政预算公用经费支出的增长较为显著,2013 年,苏中地区生均公共财政预算公用经费支出为 850 元,落后于苏南地区的 1681 元,但在 2014 年却以 2976 元反超苏南地区,与此同时,2013 年苏中与苏北地区在生均公共财政预算公用经费支出上的差距为 772 元,但 2014 年却反超苏北地区,两地间的差异进一步地扩大至 1866 元。此外,由于苏北地区生均公共财政预算公用经费支出的负增长的态势,也进一步扩大着与苏南地区间的差异,两地间的投入差距由 2013 年的 59 元扩大至 2014 年的 517 元。因此,由于苏南、苏北地区生均公共财政预算教育事业费的小幅下跌以及苏中地区的大幅度提升,致使江苏省生均公共财政预算公用经费的区域非均衡发展,主要表现为苏北地区与苏中、苏南地区间日益扩大的地区差异。

2. 苏南地区组内差异

苏南地区由南京、无锡、苏州、常州、镇江四市构成,剔除南京市,学前教育生均公共财政预算公用事业经费支出在苏南地区各辖市间存在着显著的组内差距:

表 3-10 2014 年苏南地区生均公共财政预算公用经费支出的组内差异 （元）

区 域	2013 年	2014 年	增长率(%)
江阴市	566	1047	85.31
宜兴市	11791	5719	−51.50
常熟市	4274	591	−86.17
张家港市	1670	2428	45.39
昆山市	2805	3074	9.59
太仓市	4867	4256	−12.55
溧阳市	492	243	−50.61
金坛市	201	350	74.13
丹阳市	461	1874	306.51
扬中市	3858	1386	−64.07
句容市	1743	3234	85.54

具体来看,无锡市下辖江阴与宜兴两个县级市,其中,江阴市的学前教育生均公共财政预算公用经费支出由 2013 年的 566 元,增长至 2014 年的 1047 元,增长

了481元,增幅达到了85.31%;而宜兴市则由2013年的11791元,大幅下降至2014年的5719元,减少了6072元,降幅达到51.50%,两市间的差异由2013年的11225元,缩减至2014年的4672元,表明无锡市在生均公共财政预算公用经费支出上逐步走向组内均衡化发展。

苏州市下辖常熟市、张家港市、昆山市、太仓市四个县级市,其中,常熟市的学前教育生均公共财政预算公用经费支出由2013年的4274元,锐减至2014年的591元,减少了3683元,降幅达到86.17%;张家港市则由2013年的1670元,小幅攀升至2014年的2428元,增长了758元,增幅为45.39%;昆山市由2013年的2805元增长到2014年的3074元,增长了269元,增幅为9.59%;而太仓市则由2013年的4867元,降至2014年的4256元,缩减了611元,降幅达到12.55%。2013年,苏州地区生均公共财政预算公用经费支出差距最大的为张家港市与太仓市,两市生均公共财政预算公用经费支出的差距为3197元,而2014年则是常熟市与太仓市,两地区间的差距为3665元。相较于2013年,2014年苏州地区的组内极差扩大了468元,表明区域差距呈进一步拉开的趋势。

常州市下辖溧阳市与金坛市两个县级市,其中,溧阳市的生均公共财政预算公用经费支出由2013年的492元,下降到2014年的243元,缩减了249元,降幅为50.61%;而金坛市则由2013年的201元,增长到2014年的350元,增幅为74.13%,溧阳市与金坛市的生均差距由2013年的291元,缩减至2014年的107元。

镇江市下辖丹阳、扬中、句容三个县级市,其中,丹阳市的生均公共财政预算公用经费支出由2013年的461元,增长到2014年的1874元,增长了1413元,增幅为306.51%;扬中市由2013年的3858元,下降到2014年的1386元,缩减了2472元,降幅达到64.07%;句容市则由2013年的1743元,增长到2014年的3234元,增加部分为1491元,增幅为85.54%。2013年,丹阳市与扬中市构成的镇江地区生均公共财政预算公用经费支出最大组内差距为3397元,而2014年,扬中市与句容市构成的最大组内差距则大幅缩减至了1848元。

由此可见,苏南地区各辖市内部的生均公共财政预算公用经费支出的组内差距正不断缩小。但是,需要指出的是,苏南各辖市间的组间差距仍然不容忽视,如2014年溧阳市的生均公共财政预算公用经费支出243元,相较于太仓市的4256元,两地区间差距达到了4013元,反映了苏南地区常州市与苏州市间较大的组间差距。

3. 苏中地区组内差异

苏中地区由南通、扬州、泰州三市构成,学前教育生均公共财政预算公用经费支出在苏中三市内部存在如下组内差距:

表 3-11 2014 年苏中地区生均公共财政预算公用经费支出的组内差异 （元）

区 域	2013 年	2014 年	增长率（%）
海安县	673	2706	302.08
如东县	1591	5576	250.47
启东市	1829	3361	83.76
如皋市	1213	1562	28.77
海门市	479	5239	993.74
宝应县	546	1159	112.27
仪征市	575	6594	1046.78
高邮市	2929	4374	49.33
兴化市	284	475	67.25
靖江市	481	758	57.59
泰兴市	256	444	73.44

具体来看,南通市下辖海安、如东两县以及启东、如皋、海门三个县级市,各县与县级市的学前教育生均公共财政预算公用经费支出在 2013—2014 年均呈现出正向增长的态势。其中,海安县学前教育生均公共财政预算公用经费支出由 2013 年的 673 元,增长到 2014 年的 2706 元,增长部分为 2033 元,增幅达到了302.08%;如东县则由 2013 年的 1591 元增长到 2014 年的 5576 元,增长部分为 3985 元,增幅达到 250.47%;启东市则由 2013 年的 1829 元,增加到 2014 年的 3361 元,增长了 1532 元,增幅为 83.76%;如皋市由 2013 年的 1213 元增长到 2014 年的 1562元,增长了 349 元,增幅为 28.77%;海门市则由 2013 年的 479 元上涨到 2014 年的5239 元,增加部分达到了 4760 元,增幅为 993.74%。海门市学前教育生均公共财政预算公用经费支出增长的绝对量与增幅均列南通市之首,启东市与海门市在学前教育生均公共财政预算公用经费支出上 1350 元的差距,构成了 2013 年南通市最大的组内差距,而如东县与如皋市的组内差距在 2014 年则进一步扩大至 4014元,组内差距相较于上年扩大了 2664 元。

扬州市下辖宝应县、仪征市与高邮市两个县级市,各县与县级市的学前教育生均公共财政预算公用经费支出在 2013—2014 年均呈现出正向增长的态势。其中,宝应县学前教育生均公共财政预算公用经费支出由 2013 年的 546 元,增长至2014 年的 1159 元,增加部分为 613 元,增幅为 112.27%;仪征市则由 2013 年的575 元,提升至 2014 年的 6594 元,增长部分达到了 6019 元,增幅为 1046.78%;而高邮市则由 2013 年的 2929 元,增加至 2014 年的 4374 元,增长了 1445 元,增幅为49.33%。从增长的绝对量与增幅上看,仪征市的增长列扬州市之首,而宝应县与高邮市则构成了 2013 年扬州市的最大组内差距,两地区的生均教育公共财政预算公用经费支出的差距为 2383 元;宝应县与仪征市则构成了 2014 年的最大组内差距,两地区的生均教育公共财政预算事业费相差 5435 元。因此,扬州市的组内差距在 2013—2014 年扩大了 3052 元。

泰州市下辖兴化、靖江、泰兴三个县级市,各县级市的学前教育生均公共财政预算公用经费支出在 2013—2014 年均呈现出正向增长的态势。其中,兴化市学前教育生均公共财政预算公用经费支出由 2013 年的 284 元,增长到 2014 年的 475 元,增长部分为 191 元,增幅达到了 67.25%;靖江市则由 2013 年的 481 元增长到 2014 年的 758 元,增长部分为 277 元,增幅为 57.59%;而泰兴市则由 2013 年的 256 元增长到 2014 年的 444 元,仅增加了 188 元,相应增幅为 73.44%。从增长的绝对量与增幅上看,靖江市与泰兴市的增长列泰州各县级市之首,而靖江市与泰兴市则构成了 2013 年泰州市的最大组内差距,两地区的生均教育公共财政预算公用经费支出相差 225 元;靖江市与泰兴市依旧构成了 2014 年的最大组内差距,两地区的生均教育公共财政预算公用经费支出相差 314 元。由此可见,泰州市的组内差距在 2013—2014 年进一步扩大了 89 元。

同样,苏中各辖市间仍存在不同程度的组间差距,如 2014 年泰兴市生均公共财政预算公用经费支出仅为 444 元,相较于仪征市的 6594 元,两地区的组间差距为 6150 元,反映出苏中地区的泰州市与扬州市的生均公共财政预算公用经费支出存在较大差距。

4. 苏北地区组内差异

苏北地区由徐州、盐城、淮安、连云港、宿迁五市构成,学前教育生均公共财政预算公用经费支出在苏北五市内部存在着如下差异:

表 3-12　2014 年苏北地区生均公共财政预算公用经费支出的组内差异　　　　(元)

区　　域	2013 年	2014 年	增长率(%)
丰县	45	887	1871.11
沛县	777	8	−98.97
睢宁县	1754	605	−65.51
新沂市	1571	612	−61.04
邳州市	397	417	5.04
响水县	245	651	165.71
滨海县	529	532	0.57
阜宁县	8608	3463	−59.77
射阳县	2861	2140	−25.20
建湖县	5771	1163	−79.85
东台市	4913	6314	28.52

区 域	2013 年	2014 年	增长率(%)
大丰市	6220	8042	29.29
涟水县	1033	630	−39.01
洪泽县	702	4044	476.07
盱眙县	325	1453	347.08
金湖县	1403	715	−49.04
赣榆县	706	1449	105.24
东海县	1491	3114	108.85
灌云县	390	878	125.13
灌南县	2160	1496	−30.74
沭阳县	466	236	−49.36
泗阳县	1118	1331	19.05
泗洪县	657	541	−17.66

具体来看,徐州市下辖丰县、沛县、睢宁县三个县以及新沂市、邳州市两个县级市,丰县与邳州市的生均公共财政预算公用经费支出在 2013—2014 年呈正增长,而沛县、睢宁县、新沂市则为负增长。其中,丰县学前教育生均公共财政预算公用经费支出由 2013 年的 45 元,增长到 2014 年的 887 元,增长了 842 元,增幅为 1871.11%;沛县则由 2013 年的 777 元,锐减至 2014 年的 8 元,减少了 769 元,降幅为 98.97%;睢宁县由 2013 年的 1754 元,减少至 2014 年的 605 元,降低部分达到 1149 元,降幅为 65.51%;新沂市学前教育生均公共财政预算公用经费支出则由 2013 年的 1571 元,降至 2014 年的 612 元,减少部分达到 959 元,降幅为 61.04%;而邳州市则由 2013 年的 397 元增长到 2014 年的 417 元,增长了 20 元,增幅为 5.04%。从增长的绝对量与增幅上看,丰县的增长列徐州各县、县级市之首,丰县与睢宁县则构成了 2013 年徐州市的最大组内差距,两地区的生均教育公共财政预算公用经费支出相差 1709 元;而丰县与沛县则构成了 2014 年的最大组内差距,两地区的生均教育公共财政预算公用经费支出相差 879 元,因此,徐州市的组内差距在 2013—2014 年缩减至 830 元。

盐城市下辖响水县、滨海县、阜宁县、射阳县、建湖县以及东台与大丰两个县级市,响水县、滨海县、东台市与大丰市的学前教育生均公共财政预算公用经费支出在 2013—2014 年为正向增长,而阜宁县、建湖县与射阳县则为负增长。其中,响水县的生均公共财政预算公用经费支出由 2013 年的 254 元,增长到 2014 年的 651 元,增长了 397 元,增幅为165.71%;滨海县由 2013 年的 529 元,增长到 2014 年的 532 元,仅增长了 3 元,相应增幅为0.57%;阜宁县则由 2013 年的 8608 元,锐减至

2014年的3463元，缩减部分达到了5145元，降幅为59.77%；射阳县由2013年的2861元，降至2014年的2140元，下降了721元，降幅为25.20%；建湖县由2013年的5771元，下降到2014年的1163元，缩减了4608元，降幅为79.85%；东台市则由2013年的4913元，增长到2014年的6314元，上涨了1401元，增幅达到28.52%；大丰市则由2013年的6220元，上升至2014年的8042元，增长了1822元，增幅为29.29%。从增长的绝对量与增幅上看，大丰市与响水县的增长列盐城各县、县级市之首，响水县与阜宁县则构成了2013年盐城市的最大组内差距，两地区的生均教育公共财政预算公用经费支出相差8363元；而滨海县与大丰市则构成了2014年的最大组内差距，两地区的生均教育公共财政预算公用经费支出相差7510元。因此，盐城市的组内差距在2013—2014年则缩小了853元。

淮安市下辖涟水、洪泽、盱眙、金湖四县，涟水与金湖县的学前教育生均公共财政预算公共经费支出在2013—2014年为负增长，而洪泽与盱眙县则为正增长。其中，涟水县的生均公共财政预算公用经费支出由2013年的1033元降至2014年的630元，缩减部分为403元，降幅为39.01%；洪泽县由2013年的702元蹿升至2014年的4044元，增长了3342元，增幅为476.07%；盱眙县由2013年的325元，增长到2014年的1453元，增长了1128元，增幅为347.08%；而金湖县则由2013年的1403元下降到2014年的715元，缩减部分达到688元，增幅为49.04%。从增长的绝对量与增幅上看，洪泽县的增长列淮安市各县之首，而盱眙县与金湖县则构成了2013年淮安的最大组内差距，两地区生均教育公共财政预算公用经费支出相差1078元；涟水县与洪泽县则构成了2014年的最大组内差距，两地区的生均教育公共财政预算公用经费支出相差3414元，可见，淮安市的组内差距在2013—2014年进一步扩大了2336元。

连云港市下辖赣榆、东海、灌云与灌南四县，除灌南县以外，各县学前教育生均公共财政预算公用经费支出在2013—2014年均表现出正增长的态势。其中，赣榆县的学前教育生均公共财政预算公用经费支出2013年的706元，增长到2014年的1449元，增长了743元，增幅为105.24%；东海县由2013年的1491元增长到2014年的3114元，上涨了1623元，增幅达到108.85%；灌云县则由2013年的390元，上升到了2014年的878元，增长了488元，增幅为125.13%；而灌南县则由2013年的2160元下降到了2014年的1496元，缩减部分达664元，降幅为30.74%。从增长的绝对量与增幅上看，东海县与灌云县的增长列连云港市各县之首，而灌云县与灌南县则构成了2013年连云港市的最大组内差距，两地区生均教育公共财政预算公用经费支出相差1770元；灌云县与东海县则构成了2014年的最大组内差距，两地区的生均教育公共财政预算公用经费支出相差2236元，由此判断，连云港市的组内差距在2013—2014年进一步扩大了466元。

宿迁市下辖沭阳、泗阳、泗洪三县，除泗阳县的正增长外，沭阳县与泗洪县的学前教育生均公共财政预算公用经费支出在 2013—2014 年均为负增长。其中,沐阳县的学前教育生均公共财政预算公用经费支出由 2013 年的 466 元,缩减至了 2014 年的 236 元,下降部分达 230 元,降幅为 49.36％;泗阳县则由 2013 年的 1118 元,上升到 2014 年的 1331 元,增长了 213 元,增幅为 19.05％;而泗洪县则由 2013 年的 657 元,缩减至 2014 年的 541 元,减少了 116 元,降幅为 17.66％。从增长的绝对量与增幅上看,泗阳县的增长列宿迁市各县之首,而沐阳县与泗阳县则构成了 2013 年宿迁市的最大组内差距,两地区的生均教育公共财政预算公用经费支出相差 652 元;而 2014 年则依旧为沐阳县与泗阳县构成了最大组内差距,两地区的生均教育公共财政预算公用经费支出相差 1095 元,因此,宿迁市的组内差距在 2013—2014 年则进一步地扩大了 443 元。

此外,苏北各辖市间学前教育生均教育公共财政预算公用经费支出亦存在着组间差距,如 2014 年沛县生均公共财政预算公用经费支出仅为 8 元,相较于大丰市的 8042 元,两地区的组间差距为 8034 元,反映出苏北地区徐州市与盐城市在生均公共财政预算公用经费支出上的较大差距。

四、江苏省学前教育区域均衡发展的改进建议

(一) 推进学前教育投入体制改革,加大学前教育财政投入和支持力度

学前教育是国民教育体系的重要组成部分,发展学前教育是一项重大的民生工程,学前教育财政投入是保障并提升学前教育硬件条件与师资素质的物质基础,并直接决定学前教育发展的区域均衡性。因此,应继续大力实施学前教育普及和提高工作,加大财政投入和支持力度,尤其要加大对苏北地区的倾斜力度与政策扶植。

(二) 加大苏北地区学前教育投入力度,逐步缩小区域差距

为进一步提升基础教育公平程度,保障苏北、农村地区以及弱势群体平等接受基础教育的权利,省级财政要重点支持各地特别是经济薄弱的苏北地区学前教育的发展,在教育财政上,应进一步向苏北农村地区的倾斜,减轻农村家庭承担学前教育的成本,改善苏北、经济欠发达的农村地区学前教育基础设施条件和师资力量的配备。

(三) 构建升级政府统筹的学前教育经费投入机制,缓解区域财政投入的不均衡

由于各省辖市对学前教育投入的非均衡性,很大程度上取决于各省辖市的经济发展水平,因此,省财政要统筹中央财政奖补资本和本级资金,根据各地工作开展情况,支持各地区的学前教育发展。此外,各级政府应结合本地区社会经济发展的实际和适龄人口变化趋势,科学制定发展规划,加大财政投入力度,提高经费使用效率,制定和落实支持学前教育发展的政策措施。要按照制定的学前教育五年行动计划,积极稳健地推进学前教育发展,做到速度与质量、规模与内涵的统一。

第四章　义务教育均衡发展状况分析与评价

一、各省辖市义务教育发展基本概况

（一）各辖市小学教育发展基本概况

2014年,各辖市在推进义务教育发展的基础上,小学教育的推进取得了长足的进步。具体来看,南京市的小学数由2013年的339所增长到2014年的346所,增加了7所小学,增幅为2.06%;小学招生人数由2013年的61700人增长到2014年的65060人,增长了3360人,增幅为5.45%;而毕业生人数则由2013年的48200人降至2014年的47989人,缩减了211人,降幅为0.44%;在校生人数由2013年的321400人增长至2014年的339335人,增长了17935人,增幅为5.58%;专任教师数则由2013年的20800人上升到2014年的21823人,增长了1023人,增幅为4.92%。

表4-1　2014年各辖市小学教育发展基本情况

省辖市	学校数（所）		招生人数（人）		毕业生数（人）		在校生数（人）		专任教师数（人）	
	2013年	2014年	2013年	2014年	2013年	2014年	2013年	2014年	2013年	2014年
南京	339	346	61700	65060	48200	47989	321400	339335	20800	21823
苏州	304	383	92300	51286	63500	65982	472400	606251	26600	31985
无锡	194	185	58400	59692	49800	50813	325300	336197	19100	19483
南通	321	321	53300	51286	52600	50226	318200	320425	19600	19289
徐州	870	906	153900	164786	83000	73576	661800	754450	36500	38210
常州	182	187	45400	45374	36000	35896	243600	253265	12700	13053
盐城	375	318	77800	77318	56300	56350	404100	425696	24200	25194
淮安	284	283	61600	55323	46800	45575	325400	336624	19500	20370
扬州	207	208	35000	34455	38200	37303	220600	218829	13700	13536
泰州	141	158	37300	35907	37600	35775	220400	219420	14800	14560
镇江	114	113	23600	23146	21000	20690	134400	137601	9100	9255
连云港	439	449	70400	74905	50800	50088	355200	384162	20900	21326
宿迁	250	166	80600	83440	55500	51673	350800	382558	20800	22106

苏州市的小学数量由 2013 年的 304 所增长到 2014 年的 383 所,新增小学 79 所,增幅为 25.99%;小学招生人数由 2013 年的 92300 人下降到 2014 年的 51286 人,缩减部分为 41014 人,降幅达到了 44.44%;小学毕业人数由 2013 年的 63500 人上升至 2014 年的 65982 人,增长了 2482 人,增幅为 3.91%;在校生人数由 2013 年的 472400 人上升到 2014 年的 606251 人,增长了 133851 人,增幅为 28.33%;而专任教师数由 2013 年的 26600 人增长至 2014 年的 31985 人,增加人数为 5385 人,增幅为 20.24%。

无锡市的小学数量由 2013 年的 195 所下降到 2014 年的 185 所,缩减了 9 所小学,降幅为 4.62%;小学招生人数由 2013 年的 58400 人上升到 2014 年的 59692 人,新增招生 1292 人,增幅为 2.21%;小学毕业人数由 2013 年的 49800 人上升到 2014 年的 50813 人,增长了 1013 人,增幅为 2.03%;小学在学人数由 2013 年的 325300 人增长至 2014 年的 336197 人,增加了 10897 人,增幅为 3.35%;而专职教师数则由 2013 年的 19100 人增长至 2014 年的 19483 人,增长了 383 名专任教师,增幅为 2.01%。

南通市的小学数量在 2013—2014 年维持不变,共计小学 321 所;小学招生人数则由 2013 年的 53300 人降至 2014 年的 51286 人,减少了 2014 人,降幅为 3.78%;小学毕业生数由 2013 年的 52600 人,下降到 2014 年的 50226 人,缩减部分达 2374 人,降幅为 4.41%;小学在学人数则由 2013 年的 318200 人增长到 2014 年的 320425 人,增长了 2225 人,增幅为 0.7%;专任教师数则由 2013 年的 19600 人下降到 2014 年的 19289 人,缩减了 311 名专任教师,降幅为 1.59%。

徐州市的小学数量由 2013 年的 870 所,增长到 2014 年的 906 所,增长了 36 所小学,增幅为 4.14%;小学招生人数由 2013 年的 153900 人增长到 2014 年的 164786 人,新增招生数为 10886 人,增幅为 7.07%;毕业生数则由 2013 年的 83000 人下降到 2014 年的 73576 人,减少了 9424 人,降幅为 11.35%;小学在学人数由 2013 年的 661800 人增长到 2014 年的 754450 人,增长了 92650 人,增幅为 14%;专任教师数由 2013 年的 36500 人上升到 2014 年的 38210 人,新增 1710 名专任教师,增幅为 4.68%。

常州市的小学数量由 2013 年的 182 所增长到 2014 年的 187 所,新增 5 所小学,增幅为 2.75%;小学招生人数由 2013 年的 45400 人降至 2014 年的 45374 人,减少了 26 人,降幅为 0.057%;毕业生人数由 2013 年的 36000 人降至 2014 年的 35896 人,减少了 104 人,降幅为 0.29%;而在学人数则由 2013 年的 243600 人上升到 2014 年的 253265 人,新增在学人数为 9665 人,增幅为 3.97%;专任教师数由 2013 年的 12700 人增长至 2014 年的 13053 人,新增 353 名专任教师,增幅为 2.78%。

盐城市的小学数量由 2013 年的 375 所下降至 2014 年的 318 所,减少了 57 所小学,降幅为 15.2％;小学招生人数由 2013 年的 77800 人下降到 2014 年的 77318 人,减少了 482 人,降幅为 0.62％;毕业生人数由 2013 年的 56300 人,小幅增长至 2014 年的 56350 人,新增 50 名毕业生,增幅为 0.089％;小学在学人数由 2013 年的 404100 人,增长到 2014 年的 425696 人,增长了 21596 人,增幅为 5.34％;专任教师数由 2013 年的 24200 人增长至 2014 年的 25194 人,新增 994 名专任教师,增幅为 4.11％。

淮安市的小学数量由 2013 年的 284 所,小幅下降至 2014 年的 283 所,减少了 1 所小学,降幅为 0.35％;小学招生人数由 2013 年的 61600 人,缩减至 2014 年的 55323 人,减少了 6277 人,降幅为 10.19％;毕业生人数由 2013 年的 46800 人,缩减至 2014 年的 45575 人,缩减了 1225 名毕业生,降幅为 2.62％;小学在学人数由 2013 年的 325400 人,增长到 2014 年的 336624 人,增长了 11224 人,增幅为 3.45％;专任教师数由 2013 年的 19500 人增长至 2014 年的 20370 人,新增 870 名专任教师,增幅为 4.46％。

扬州市的小学数量由 2013 年的 207 所,小幅增长到 2014 年的 208 所,新增 1 所小学,增幅为 0.48％;小学招生人数由 2013 年的 35000 人,缩减至 2014 年的 34455 人,减少了 545 人,降幅为 1.56％;毕业生人数由 2013 年的 38200 人,缩减至 2014 年的 37303 人,减少了 897 名毕业生,降幅为 2.35％;小学在学人数由 2013 年的 220600 人,缩减至 2014 年的 218829 人,减少了 1771 人,降幅为 0.8％;专任教师数由 2013 年的 13700 人下降到 2014 年的 13536 人,缩减了 164 名专任教师,降幅为 1.20％。

泰州市的小学数量由 2013 年的 141 所,小幅增长到 2014 年的 158 所,新增 17 所小学,增幅为 12.06％;小学招生人数由 2013 年的 37300 人,缩减至 2014 年的 35907 人,减少了 1393 人,降幅为 3.73％;毕业生人数由 2013 年的 37600 人,缩减至 2014 年的 35775 人,减少了 1825 名毕业生,降幅为 4.85％;小学在学人数由 2013 年的 220400 人,下降到 2014 年的 219420 人,缩减了 980 人,降幅为 0.44％;专任教师数由 2013 年的 14800 人下降到 2014 年的 14560 人,缩减了 240 名小学专任教师,降幅为 1.62％。

镇江市的小学数量由 2013 年的 114 所,小幅降至 2014 年的 113 所,减少了 1 所小学,降幅为 0.88％;小学招生人数由 2013 年的 23600 人,降低到 2014 年的 23146 人,减少了 454 人,降幅为 1.92％;毕业生人数由 2013 年的 21000 人,缩减至 2014 年的 20690 人,减少了 310 名毕业生,降幅为 1.48％;而小学在学人数由 2013 年的 134400 人,增长至 2014 年的 137601 人,增加了 3201 人,增幅为 2.38％;专任教师数由 2013 年的 9100 人,增长到 2014 年的 9255 人,新增了 155 名小学专任教师,增幅为 1.7％。

连云港市的小学数量由 2013 年的 439 所,增长至 2014 年的 449 所,新增了 10

所小学,增幅为 2.28%;小学招生人数由 2013 年的 70400 人增长到 2014 年的 74905 人,新增招生人数为 4505 人,增幅为 6.40%;毕业生人数由 2013 年的 50800 人,缩减至 2014 年的 50088 人,减少了 712 名毕业生,降幅为 1.4%;而小学在学人数由 2013 年的 355200 人,增长到 2014 年的 384162 人,增加了 28962 人,增幅为 8.15%;专任教师数由 2013 年的 20900 人,增长到 2014 年的 21326 人,新增了 426 名小学专任教师,增幅为 2.04%。

宿迁市的小学数量由 2013 年的 250 所,下降到 2014 年的 166 所,减少了 84 所小学,降幅达到 33.6%;小学招生人数由 2013 年的 80600 人增长到 2014 年的 83440 人,新增招生人数为 2840 人,增幅为 3.52%;毕业生人数由 2013 年的 55500 人,缩减至 2014 年的 51673 人,减少了 3827 名毕业生,降幅为 6.90%;而小学在学人数由 2013 年的 350800 人,增长到 2014 年的 382558 人,增加了 31758 人,增幅为 9.05%;专任教师数由 2013 年的 20800 人,增长到 2014 年的 22106 人,新增了 1306 名小学专任教师,增幅为 6.28%。

(二)各辖市初中教育发展基本概况

除个别辖市以外,江苏省各辖市在 2014 年初中阶段义务教育的发展上,各项发展指标相较于 2013 年均产生了不同程度的衰减。具体来看,南京市的初中数由 2013 年的 163 所上升到 2014 年的 169 所,增加了 6 所小学,增幅为 3.68%;初中招生人数由 2013 年的 48100 人增长到 2014 年的 48313 人,增长了 213 人,增幅仅为 0.44%;而毕业生人数则由 2013 年的 47900 人降至 2014 年的 46328 人,缩减了 1572 人,降幅为 3.28%;在校生人数由 2013 年的 143500 人增长到 2014 年的 145291 人,增长了 1791 人,增幅为 1.25%;初中专任教师数则由 2013 年的 14400 人增长至 2014 年的 14499 人,新增 99 名初中专任教师,增幅为 0.69%。

表 4-2 2014 年各辖市初中教育发展基本情况

省辖市	学校数(所)		招生人数(人)		毕业生数(人)		在校生数(人)		专任教师数(人)	
	2013 年	2014 年	2013 年	2014 年	2013 年	2014 年	2013 年	2014 年	2013 年	2014 年
南京	163	169	48100	48313	47900	46328	143500	145291	14400	14499
苏州	196	210	67200	71111	55000	56492	180500	200678	16700	17238
无锡	132	135	49400	49634	43100	42380	139500	143681	12400	12635
南通	169	163	52500	50316	61100	53690	160000	156499	15000	14625
徐州	244	242	70400	71333	94000	79004	224800	217294	22100	21594
常州	127	124	37400	37298	34400	34124	108400	109193	9200	9167
盐城	221	219	56000	54837	65600	59442	171400	167680	18200	17708
淮安	146	147	45500	44545	53300	48220	140500	135880	12600	12322

续　表

省辖市	学校数(所)		招生人数(人)		毕业生数(人)		在校生数(人)		专任教师数(人)	
	2013 年	2014 年	2013 年	2014 年	2013 年	2014 年	2013 年	2014 年	2013 年	2014 年
扬州	132	133	38200	36858	40400	37220	114300	113675	10600	10479
泰州	153	151	37500	35496	39800	36505	111500	110453	12500	12434
镇江	90	91	20900	20573	21400	19839	61900	61898	6400	6354
连云港	141	137	47800	49159	52500	48861	145400	144780	13800	13511
宿迁	159	156	47900	48266	66800	52448	149800	145009	13200	12217

苏州市的初中数量由 2013 年的 196 所增长到 2014 年的 210 所,新增初中 14 所,增幅为 7.14%;初中招生人数由 2013 年的 67200 人增长至 2014 年的 71111 人,增收初中人数为 3911 人,增幅达到了 5.82%;初中毕业人数由 2013 年的 55000 人上升至 2014 年的 56492 人,增长了 1492 人,增幅为 2.71%;在校生人数由 2013 年的 180500 人上升到 2014 年的 200678 人,增长了 20178 人,增幅为 11.18%;而专任教师数由 2013 年的 16700 人增长至 2014 年的 17238 人,增加人数为 538 人,增幅为 3.22%。

无锡市的初中数量由 2013 年的 132 所上升到 2014 年的 135 所,新增了 3 所初中,增幅为 2.27%;初中招生人数由 2013 年的 49400 人,小幅上升至 2014 年的 49634 人,新增招生 234 人,增幅为 0.47%;初中毕业人数由 2013 年的 43100 人降至 2014 年的 42380 人,缩减了 720 人,降幅为 1.67%;初中在学人数由 2013 年的 139500 人,增长到 2014 年的 143681 人,增长了 4181 人,增幅为 3%;而专职教师数则由 2013 年的 12400 人上升到 2014 年的 12635 人,新增 235 名初中专任教师,增幅为 1.90%。

南通市的初中数量由 2013 年的 169 所降至 2014 年的 163 所,减少了 6 所初中,降幅为 3.55%;初中招生人数则由 2013 年的 52500 人降至 2014 年的 50316 人,减少了 2184 人,降幅为 4.16%;初中毕业生数由 2013 年的 61100 人,下降到 2014 年的 53690 人,缩减部分达 7410 人,降幅为 12.13%;初中在学人数则由 2013 年的 160000 人下降到 2014 年的 156499 人,减少了 3501 人,降幅为 2.19%;专任教师数则由 2013 年的 15000 人下降到 2014 年的 14625 人,缩减了 375 名专任教师,降幅为 2.5%。

徐州市的初中数量由 2013 年的 244 所,降至 2014 年的 242 所,减少了 2 所初中,降幅为 0.82%;初中招生人数由 2013 年的 70400 人增长到 2014 年的 71333 人,新增招生数为 933 人,增幅为 1.33%;毕业生数则由 2013 年的 94000 人下降到 2014 年的 79004 人,减少了 14996 人,降幅为 15.95%;初中在学人数由 2013 年的 224800 人降至 2014 年的 217294 人,减少了 7056 人,降幅为 3.34%;专任教师数由

2013 年的 22100 人缩减到 2014 年的 21594 人,减少了 506 名专任教师,降幅为 2.29％。

　　常州市的初中数量由 2013 年的 127 所,下降到 2014 年的 124 所,减少了 3 所初中,降幅为 2.36％;初中招生人数由 2013 年的 37400 人,下降到 2014 年的 37298 人,减少了 102 人,降幅为 0.27％;毕业生人数由 2013 年的 34400 人降至 2014 年的 34124 人,缩减了 276 人,降幅为 0.8％;而在学人数则由 2013 年的 108400 人增长至 2014 年的 109193 人,新增在学人数为 793 人,增幅为 0.73％;专任教师数由 2013 年的 9200 人,下降到 2014 年的 9167 人,减少了 33 名专任教师,降幅为 0.36％。

　　盐城市的初中数量由 2013 年的 221 所下降至 2014 年的 219 所,减少了 2 所初中,降幅为 0.9％;初中招生人数由 2013 年的 56000 人下降到 2014 年的 54837 人,减少了 1163 人,降幅为 2.08％;毕业生人数由 2013 年的 65600 人降低到 2014 年的 59442 人,减少了 6158 名毕业生,降幅为 9.39％;初中在学人数由 2013 年的 171400 人,减少到 2014 年的 167680 人,缩减了 3720 人,降幅为 2.17％;专任教师数由 2013 年的 18200 人降至 2014 年的 17708 人,缩减了 492 名初中专任教师,降幅为 2.7％。

　　淮安市初中学校数量由 2013 年的 146 所,上升到 2014 年的 147 所,新增了 1 所初中,增幅为 0.68％;初中招生人数由 2013 年的 45500 人,缩减至 2014 年的 44545 人,减少了 955 人,降幅为 2.1％;毕业生人数由 2013 年的 53300 人,缩减至 2014 年的 48220 人,减少了 5080 名毕业生,降幅为 9.53％;初中在学人数由 2013 年的 140500 人,降至 2014 年的 135880 人,减少了 4620 人,降幅为 3.29％;专任教师数由 2013 年的 12600 人降低到了 2014 年的 12322 人,减少了 278 名专任教师,降幅为 2.21％。

　　扬州市的初中数量由 2013 年的 132 所,增长到 2014 年的 133 所,新增 1 所初中,增幅为 0.75％;初中招生人数由 2013 年的 38200 人,缩减至 2014 年的 36858 人,减少了 1342 人,降幅为 3.51％;毕业生人数由 2013 年的 40400 人,缩减至 2014 年的 37220 人,减少了 3180 名毕业生,降幅为 7.87％;初中在学人数由 2013 年的 114300 人,缩减至 2014 年的 113675 人,减少了 625 人,降幅为 0.55％;专任教师数由 2013 年的 10600 人下降到 2014 年的 10479 人,缩减了 121 名专任教师,降幅为 1.14％。

　　泰州市的初中数量由 2013 年的 153 所,降至 2014 年的 151 所,减少 2 所初中,降幅为 1.31％;初中招生人数由 2013 年的 37500 人,缩减至 2014 年的 35496 人,减少了 2004 人,降幅为 5.33％;毕业生人数由 2013 年的 39800 人,缩减至 2014 年的 36505 人,减少了 3295 名毕业生,降幅为 8.28％;初中在学人数由 2013 年的 111500 人,下降到 2014 年的 110453 人,缩减了 1047 人,降幅为 0.94％;专任教师数由 2013 年的 12500 人下降到 2014 年的 12434 人,减少了 66 名初中专任教师,降幅为 0.53％。

镇江市的初中数量由 2013 年的 90 所,上升至 2014 年的 91 所,新增了 1 所初中,增幅为 1.11％;初中招生人数由 2013 年的 20900 人,降低到 2014 年的 20573 人,减少了 327 人,降幅为 1.56％;毕业生人数由 2013 年的 21400 人,减至 2014 年的 19839 人,减少了 1561 名毕业生,降幅为 72.9％;而初中在学人数由 2013 年的 61900 人,降至 2014 年的 61898 人,减少了 2 人,降幅仅为 0.003％;专任教师数由 2013 年的 6400 人,下降到 2014 年的 6354 人,减少了 46 名初中专任教师,降幅为 0.72％。

连云港市的初中数量由 2013 年的 141 所,降至 2014 年的 137 所,减少 4 所初中,降幅为 2.84％;初中招生人数由 2013 年的 47800 人增长到 2014 年的 49159 人,新增招生人数为 1359 人,增幅为 2.84％;毕业生人数由 2013 年的 52500 人,缩减至 2014 年的 48861 人,减少了 3639 名毕业生,降幅为 6.93％;而初中在学人数由 2013 年的 145400 人,降至 2014 年的 144780 人,减少了 620 人,降幅为 0.43％;专任教师数由 2013 年的 13800 人,降至 2014 年的 13511 人,减少了 289 名初中专任教师,降幅为 2.09％。

宿迁市的初中数量由 2013 年的 159 所,下降到 2014 年的 156 所,减少了 3 所初中,降幅达到了 1.89％;初中招生人数由 2013 年的 47900 人增长到 2014 年的 48266 人,新增招生人数为 366 人,增幅为 0.76％;毕业生人数由 2013 年的 66800 人,缩减至 2014 年的 52448 人,减少了 14352 名毕业生,降幅达到了 21.49％;而初中在学人数由 2013 年的 149800 人,下降到 2014 年的 145009 人,减少了 4791 人,降幅为 3.20％;专任教师数由 2013 年的 13200 人,降至 2014 年的 12217 人,缩减了 982 名初中专任教师,降幅为 7.45％。

（三）各辖市义务教育发展基本概况

就小学、初中两阶段义务教育的整体发展状况而言,各辖市大体在 2013 年的基础上,将义务教育的发展继续推进。具体来看,南京市义务教育学校数量由 2013 年的 502 所上升到 2014 年的 515 所,新增了 13 所学校,增幅为 2.59％;义务教育总体招生人数由 2013 年的 109800 人增长到 2014 年的 113373 人,增长了 3573 人,增幅达到了 3.25％;义务教育阶段下的毕业生人数则由 2013 年的 96100 人降至 2014 年的 94317 人,缩减了 1783 人,降幅为 1.86％;在校生人数由 2013 年的 464900 人,增长到 2014 年的 484626 人,增长了 19726 人,增幅为 4.24％;义务教育阶段的专任教师数由 2013 年的 35200 人,增长到 2014 年的 36322 人,新增 1122 名教师,增幅为 3.19％。

表 4-3 2014 年各辖市义务教育发展基本情况

省辖市	学校数（所）		招生人数（人）		毕业生数（人）		在校生数（人）		专任教师数（人）	
	2013 年	2014 年	2013 年	2014 年	2013 年	2014 年	2013 年	2014 年	2013 年	2014 年
南京	502	515	109800	113373	96100	94317	464900	484626	35200	36322
苏州	500	593	159500	122397	118500	122474	652900	806929	43300	49223
无锡	326	320	107800	109326	92900	93193	464800	479878	31500	32118
南通	490	484	105800	101602	113700	103916	478200	476924	34600	33914
徐州	1114	1148	224300	236119	177000	152580	886600	971744	58600	59804
常州	309	311	82800	82672	70400	70020	352000	362458	21900	22220
盐城	596	537	133800	132155	121900	115792	575500	593376	42400	42902
淮安	430	430	107100	99868	100100	93795	465900	472504	32100	14692
扬州	339	341	73200	71313	78600	74523	334900	332504	24300	24015
泰州	294	309	74800	71403	77400	72280	331900	329873	27300	26994
镇江	204	204	44500	43719	42400	40529	196300	199499	15500	15609
连云港	580	586	118200	124064	103300	98949	500600	528942	34700	34837
宿迁	409	322	128500	131706	122300	104121	500600	527567	34000	34313

苏州市两阶段义务教育学校数量由 2013 年的 500 所增至 2014 年的 593 所，新增学校 93 所，增幅达到了 18.6%；义务教育招生人数由 2013 年的 159500 人，降至 2014 年的 122397 人，减招了 37105 人，降幅达到 23.26%；毕业生人数由 2013 年的 118500 人上升到 2014 年的 122474 人，增长了 3974 人，增幅为 3.35%；在校生人数由 2013 年的 652900 人，增长到 2014 年的 806929 人，增长了 154029 人，增幅达到了 23.59%；而专任教师数由 2013 年的 43300 人增长至 2014 年的 49223 人，新增专任教师 5923 人，增幅为 13.68%。

无锡市的小学与初中数量由 2013 年的 326 所下降到 2014 年的 320 所，减少了 6 所学校，降幅为 1.84%；招生人数由 2013 年的 107800 人，小幅上升至 2014 年的 109326 人，新增招收 1526 人，增幅为 1.42%；毕业人数由 2013 年的 92900 人增长到 2014 年的 93193 人，增加了 293 人，增幅为 0.32%；义务教育在学人数由 2013 年的 464800 人，增长到 2014 年的 479878 人，增长了 15078 人，增幅达到 3.24%；而专职教师数则由 2013 年的 31500 人上升到 2014 年的 32118 人，新增 618 名专任教师，增幅为 1.96%。

南通市义务教育学校数量由 2013 年的 490 所下降到 2014 年的 484 所，减少了 6 所学校，降幅为 1.22%；招生人数则由 2013 年的 105800 人下降到 2014 年的 101602 人，减少了 4198 人，降幅达到 3.97%；毕业生数由 2013 年的 113700 人，下降至 2014 年的 103916 人，缩减部分达 9784 人，降幅为 8.61%；在学人数则由 2013

年的 478200 人下降到 2014 年的 476924 人,减少了 1276 人,降幅为 0.27%;而专任教师数则由 2013 年的 34600 人下降到 2014 年的 33914 人,减少了 686 名专任教师,降幅为 1.98%。

徐州市两阶段义务教育的学校数量由 2013 年的 1114 所,增长到 2014 年的 1148 所,新增 34 所学校,增幅为 3.05%;小学、初中总计招生人数由 2013 年的 224300 人,增长到 2014 年的 236119 人,新增招生数为 11819 人,增幅达到 5.27%;毕业生数则由 2013 年的 177000 人,下降到 2014 年的 152580 人,减少了 24420 人,降幅达 13.80%;义务教育在学人数由 2013 年的 886600 人,增长到 2014 年的 971744 人,增加了 85144 人,增幅达到了 9.60%;专任教师数由 2013 年的 58600 人,增长至 2014 年的 59804 人,新增了 1204 名专任教师,增幅为 2.05%。

常州市两阶段义务教育学校数量由 2013 年的 309 所,增长 2014 年的 311 所,新增了 2 所初中,增幅为 0.65%;义务教育招生人数由 2013 年的 82800 人,下降到 2014 年的 82672 人,减少了 128 人,降幅为 0.15%;毕业生人数由 2013 年的 70400 人下降到 2014 年的 70020 人,减少 380 人,降幅为 0.564%;而义务教育学人数则由 2013 年的 352000 人,增长到 2014 年的 362458 人,新增在学人数为 10458 人,增幅为 2.97%;专任教师数由 2013 年的 21900 人,上升到 2014 年的 22220 人,新增了 320 名专任教师,增幅为 1.46%。

盐城市两阶段义务教育学校数量由 2013 年的 596 所下降到 2014 年的 537 所,减少了 59 所学校,降幅为 9.90%;义务教育招生人数由 2013 年的 133800 人下降到 2014 年的 132155 人,减少了 1645 人,降幅为 1.23%;毕业生人数由 2013 年的 121900 人降低到了 2014 年的 115792 人,减少了 6108 名毕业生,降幅为 5.01%;义务教育在学人数由 2013 年的 575500 人,增长至 2014 年的 593376 人,增长了 17876 人,增幅达到 3.11%;专任教师数由 2013 年的 42400 人,增长到 2014 年的 42902 人,新增了 502 名专任教师,增幅为 1.18%。

淮安市两阶段义务教育学校数量在 2013—2014 年维持不变,均为 430 所;义务教育招生人数由 2013 年的 107100 人,缩减至 2014 年的 99868 人,减少了 7232 人,降幅达到了 6.75%;毕业生人数由 2013 年的 100100 人,缩减至 2014 年的 93795 人,减少了 6305 名毕业生,降幅达到 6.30%;义务教育在学人数由 2013 年的 465900 人,增长到 2014 年的 472504 人,增加了 6604 人,增幅为 1.42%;专任教师数由 2013 年的 32100 人,锐减至 2014 年的 14692 人,减少了 17408 名专任教师,降幅为 54.23%。

扬州市两阶段义务教育学校数量由 2013 年的 339 所,小幅增长至 2014 年的 341 所,新增 2 所学校,增幅为 0.59%;义务教育招生人数由 2013 年的 73200 人,下降到 2014 年的 71313 人,减少了 1887 人,降幅为 2.58%;毕业生人数由 2013 年的 78600 人,缩减至 2014 年的 74523 人,减少了 4077 名毕业生,降幅达到了 5.19%;

义务教育在学人数由 2013 年的 334900 人,缩减至 2014 年的 332504 人,减少了 2396 人,降幅为 0.72%;专任教师数由 2013 年的 24300 人,下降到 2014 年的 24015 人,减少了 285 名专任教师,降幅为 1.17%。

泰州市两阶段义务教育学校数量由 2013 年的 294 所,增长到 2014 年的 309 所,新增了 15 所学校,增幅达到了 5.10%;义务教育招生人数由 2013 年的 74800 人,缩减至 2014 年的 71403 人,减少了 3397 人,降幅达到了 4.54%;毕业生人数由 2013 年的 77400 人,降低至 2014 年的 72280 人,减少了 2520 名毕业生,降幅达到了 3.37%;义务教育在学人数由 2013 年的 331900 人,下降到 2014 年的 329873 人,减少了 2027 人,降幅为 0.61%;专任教师数由 2013 年的 27300 人,下降到 2014 年的 26994 人,减少了 306 名专任教师,降幅为 1.12%。

镇江市两阶段义务教育学校数量在 2013—2014 年维持不变,均为 204 所;义务教育招生人数由 2013 年的 44500 人,降低到 2014 年的 43719 人,减少了 781 人,降幅为 1.76%;毕业生人数由 2013 年的 42400 人,减至 2014 年的 40529 人,减少了 1871 名毕业生,降幅为 4.41%;而义务教育在学人数由 2013 年的 196300 人,上升到 2014 年的 199499 人,增加了 3199 人,增幅为 1.63%;专任教师数由 2013 年的 15500 人,增长到 2014 年的 15609 人,新增了 109 名专任教师,降幅为 0.70%。

连云港市两阶段义务教育学校数量由 2013 年的 580 所,增长到 2014 年的 586 所,新增了 6 所学校,增幅为 1.03%;义务教育招生人数由 2013 年的 118200 人增长到 2014 年的 124064 人,新增招生人数为 5864 人,增幅为 4.96%;毕业生人数由 2013 年的 103300 人,缩减至 2014 年的 98949 人,减少了 4351 名毕业生,降幅为 4.21%;而义务教育在学人数由 2013 年的 500600 人,增长到 2014 年的 528942 人,增加了 28342 人,增幅达到 5.66%;专任教师数由 2013 年的 34700 人,增长到 2014 年的 34837 人,增加了 137 名专任教师,增幅为 0.39%。

宿迁市两阶段义务教育学校数量由 2013 年的 409 所,下降到 2014 年的 322 所,减少了 87 所学校,降幅达到了 21.27%;义务教育招生人数由 2013 年的 128500 人,增长到 2014 年的 131706 人,新增招生人数为 3206 人,增幅为 2.49%;毕业生人数由 2013 年的 122300 人,缩减至 2014 年的 104121 人,减少了 18179 名毕业生,降幅达到了 14.86%;而义务教育在学人数由 2013 年的 500600 人,增长到 2014 年的 527567 人,增加了 26967 人,增幅达到 5.39%;专任教师数由 2013 年的 34000 人,增长到了 2014 年的 34313 人,新增了 313 名专任教师,增幅为 0.92%。

二、江苏省义务教育财政投入分析

2014 年,江苏省政府持续增加对义务教育的教育经费投入,加强相关政策的进一步完善与落实,规范对义务教育教育经费使用的管理,不断开拓义务教育发展的新格局。

（一）各辖市义务教育生均公共财政预算教育事业费支出变动

1. 各辖市普通小学教育生均公共财政预算教育事业费支出变动

2014 年,江苏省普通小学教育的生均公共财政预算教育事业费为 11175 元,相较于 2013 年的 10585 元,增长了 590 元,较上年增长了 5.58 个百分点。具体到各辖市方面,南京市普通小学教育的生均公共财政预算教育事业费由 2013 年的 11297 元,增长到 2014 年的 11766 元,增长了 469 元,增幅为 4.15%。无锡市普通小学教育的生均公共财政预算教育事业费由 2013 年的 13468 元,降至 2014 年的 12430 元,缩减了 1038 元,降幅为 7.71%。徐州市普通小学教育的生均公共财政预算教育事业费由 2013 年的 10699 元,降低至 2014 年的 9134 元,减少了 1565 元,降幅达到了 14.63%。常州市普通小学的生均公共财政预算教育事业费由 2013 年的 9763 元,增长到 2014 年的 9785 元,增加了 22 元,增幅为 0.23%。苏州市普通小学教育的生均公共财政预算教育事业费由 2013 年的 13892 元,下降到 2014 年的 13664 元,减少了 228 元,降幅为 1.64%。南通市普通小学教育的生均公共财政预算教育事业费由 2013 年的 12078 元,大幅攀升至 2014 年的 14426 元,增长了 2348 元,增幅达到了 19.74%。连云港市普通小学教育的生均公共财政预算教育事业费由 2013 年的 11062 元,降至 2014 年的 10227 元,减少了 835 元,降幅为 7.55%。淮安市普通小学教育的生均公共财政预算教育事业费由 2013 年的 11035 元,下降到 2014 年的 9560 元,缩减了 1475 元,降幅达到了 13.37%。盐城市普通小学教育的生均公共财政预算教育事业费由 2013 年的 9210 元,增长到 2014 年的 11452 元,增长了 2242 元,增幅为 24.34%。扬州市普通小学教育的生均公共财政预算教育事业费由 2013 年的 10979 元,增长到 2014 年的 12463 元,增长了 1484 元,增幅为 13.52%。镇江市普通小学教育的生均公共财政预算教育事业费由 2013 年的 12770 元,增长到 2014 年的 14041 元,增长了 1271 元,增幅为 9.95%。泰州市普通小学教育的生均公共财政预算教育事业费由 2013 年的 8852 元,增长到 2014 年的 10575 元,增长了 1723 元,增幅为 19.46%。宿迁市普通小学教育的生均公共财政预算教育事业费由 2013 年的 7697 元,增长到 2014 年的 8558 元,增长了 861 元,增幅为 11.19%。

表 4 - 4 2014 年各辖市普通小学教育生均公共财政预算教育事业费支出及增长情况（元）

地　　区	2013 年	2014 年	增长率(%)
江苏省	10585	11175	5.58
南京市	11297	11766	4.15
无锡市	13468	12430	−7.71
徐州市	10699	9134	−14.63

续 表

地 区	2013 年	2014 年	增长率(%)
常州市	9763	9785	0.23
苏州市	13892	13664	−1.64
南通市	12078	14426	19.74
连云港市	11062	10227	−7.55
淮安市	11035	9560	−13.37
盐城市	9210	11452	24.34
扬州市	10979	12463	13.52
镇江市	12770	14041	9.95
泰州市	8852	10575	19.46
宿迁市	7697	8558	11.19

就义务教育阶段下的普通小学教育生均公共财政预算教育事业费支出情况而言,南京市、常州市、南通市、盐城市、扬州市、镇江市、泰州市以及宿迁市呈正向增长趋势,南通市以 2242 元的绝对值与 24.34% 的增幅列各市之首;而无锡市、徐州市、苏州市、连云港市以及淮安市则呈现出负增长的态势,普通小学教育的生均公共财政预算教育事业费,与上年相比均呈现出不同程度的降低,徐州市以 1565 元的绝对值与 14.63% 的负增长速度,列各市之首。

2. 各辖市普通初中教育生均公共财政预算教育事业费支出变动

2014 年,江苏省普通初中教育的生均公共财政预算教育事业费为 16690 元,相较于 2013 年的 15141 元,增长了 1549 元,较上年增长了 10.23 个百分点。具体到各辖市方面,南京市普通初中教育的生均公共财政预算教育事业费由 2013 年的 17247 元,增长到 2014 年的 19890 元,增长了 2643 元,增幅为 15.32%。无锡市普通初中教育的生均公共财政预算教育事业费由 2013 年的 19289 元,降至 2014 年的 18268 元,缩减了 1021 元,降幅 5.29 为%。徐州市普通初中教育的生均公共财政预算教育事业费由 2013 年的 19993 元,降低至 2014 年的 17602 元,减少了 2391 元,降幅达到了 11.96%。常州市普通初中教育的生均公共财政预算教育事业费由 2013 年的 18129 元,降到了 2014 年的 15775 元,减少了 2354 元,降幅达到了 12.98%。苏州市普通初中教育的生均公共财政预算教育事业费由 2013 的 21662 元,下降到 2014 年的 20170 元,减少了 1492 元,降幅为 6.72%。南通市普通初中教育的生均公共财政预算教育事业费由 2013 年的 18107 元,增长到 2014 年的 19758 元,增长了 1651 元,增幅达到了 9.12%。连云港市普通初中教育的生均公共财政预算教育事业费由 2013 年的 13404 元,小幅攀升至 2014 年的 13607 元,增加了 203 元,增幅为 1.51%。淮安市普通初中教育的生均公共财政预算教育事业费由 2013 年的 13546 元,增至 2014 年的 14287 元,增长了 741 元,增幅达到了 5.47%。盐城市普通初中教育的生均公共财政预算教育事业费由 2013 年的 12457 元,小幅上升到 2014 年的 12832 元,增长了 375 元,增幅为 3.01%。扬州市普通初中教育的生均公共财政预算教育事业费由 2013 年的 11619 元,增长到 2014 年的 12953 元,增长了 1334 元,增幅达到 11.48%。镇江市普通初中教育的生均公共财政预算教育事业费由 2013 年的 16039 元,增长到 2014 年的 17793 元,增长了 1754 元,增幅达到 10.94%。泰州市普通初中教育的生均公共财政预算教育事业费由 2013 年的 14773 元,大幅增长至 2014 年的 17528 元,增长了 2755 元,增幅达到 18.65%。宿迁市普通初中教育的生均公共财政预算教育事业费由 2013 年的 8414 元,增至 2014 年的 11923 元,增长部分达 3509 元,增幅达到了 41.70%。

表 4-5　2014 年各辖市普通初中教育生均公共财政预算教育事业费支出及增长情况（元）

地　　区	2013 年	2014 年	增长率(%)
江苏省	15141	16690	10.23
南京市	17247	19890	15.32
无锡市	19289	18268	−5.29
徐州市	19993	17602	−11.96
常州市	18129	15775	−12.98
苏州市	21662	20170	−6.72
南通市	18107	19758	9.12
连云港市	13404	13607	1.51
淮安市	13546	14287	5.47
盐城市	12457	12832	3.01
扬州市	11619	12953	11.48
镇江市	16039	17793	10.94
泰州市	14773	17528	18.65
宿迁市	8414	11923	41.70

就义务教育阶段下的普通初中教育生均公共财政预算教育事业费支出情况而言,南京市、南通市、连云港市、淮安市、盐城市、扬州市、镇江市、泰州市以及宿迁市表现出正向增长的趋势,宿迁市以 3509 元的增长绝对值与 41.70% 的增幅列各市之首;而无锡市、徐州市、常州市以及苏州市则呈现出负增长的态势,普通初中教育的生均公共财政预算教育事业费,与上年相比均表现出不同程度的降幅,徐州市以 2391 元的绝对值与常州市 12.98% 的降幅列各市之首。

3. 各辖市义务教育生均公共财政预算教育事业费支出变动

2014 年,江苏省两阶段义务教育的生均公共财政预算教育事业费为 27865

元,相较于 2013 年的 25726 元,增长了 2139 元,较上年增长了 8.31 个百分点。具体到各辖市方面,南京市两阶段义务教育的生均公共财政预算教育事业费由 2013 年的 28544 元,增长到 2014 年的 31656 元,增长了 3122 元,增幅为 10.90%。无锡市两阶段义务教育生均公共财政预算教育事业费由 2013 年的 32757 元,降至 2014 年的 30698 元,缩减了 2059 元,降幅为 6.29%。徐州市两阶段义务教育生均公共财政预算教育事业费由 2013 年的 30692 元,降低至 2014 年的 26736 元,减少了 3956 元,降幅达到了 12.89%。常州市两阶段义务教育生均公共财政预算教育事业费由 2013 年的 27892 元,降到 2014 年的 25560 元,减少了 2332 元,降幅达到了 8.36%。苏州市两阶段义务教育生均公共财政预算教育事业费由 2013 的 35554 元,下降到 2014 年的 33834 元,减少了 1720 元,降幅为 4.84%。南通市两阶段义务教育生均公共财政预算教育事业费由 2013 年的 30185 元,增长到了 2014 年的 34184 元,增长了 3999 元,增幅达到了 13.25%。连云港市两阶段义务教育生均公共财政预算教育事业费由 2013 年的 24466 元,小幅缩减至 2014 年的 23834 元,减少了 635 元,降幅为 2.58%。淮安市两阶段义务教育生均公共财政预算教育事业费由 2013 年的 24581 元,降至 2014 年的 23847 元,减少了 734 元,降幅为 2.99%。盐城市两阶段义务教育生均公共财政预算教育事业费由 2013 年的 21667 元,增长到 2014 年的 24284 元,增长了 2617 元,增幅达到 12.08%。扬州市两阶段义务教育生均公共财政预算教育事业费由 2013 年的 22598 元,增长到 2014 年的 25416 元,增长了 2818 元,增幅达到了 12.47%。镇江市两阶段义务教育生均公共财政预算教育事业费由 2013 年的 28809 元,增长到 2014 年的 31834 元,增长了 3025 元,增幅达到了 10.50%。泰州市两阶段义务教育生均公共财政预算教育事业费由 2013 年的 23625 元,大幅增长至 2014 年的 28103 元,增长了 4478 元,增幅达到了 18.95%。宿迁市两阶段义务教育生均公共财政预算教育事业费由 2013 年的 16111 元,增长到 2014 年的 20481 元,增长部分达 4370 元,增幅达到了 27.12%。

表 4-6　2014 年各辖市义务教育生均公共财政预算教育事业费支出及增长情况　（元）

地　　区	2013 年	2014 年	增长率(%)
江苏省	25726	27865	8.31
南京市	28544	31656	10.90
无锡市	32757	30698	−6.29
徐州市	30692	26736	−12.89
常州市	27892	25560	−8.36
苏州市	35554	33834	−4.84
南通市	30185	34184	13.25
连云港市	24466	23834	−2.58

地　区	2013 年	2014 年	增长率(%)
淮安市	24581	23847	−2.99
盐城市	21667	24284	12.08
扬州市	22598	25416	12.47
镇江市	28809	31834	10.50
泰州市	23625	28103	18.95
宿迁市	16111	20481	27.12

就两阶段义务教育的教育生均公共财政预算教育事业费支出情况而言,南京市、南通市、连云港市、淮安市、盐城市、扬州市、镇江市、泰州市以及宿迁市表现出正向增长的趋势,泰州市以 4478 元的增长绝对量与宿迁市以 27.12% 的增幅列各市之首;而无锡市、徐州市、常州市以及苏州市则呈现出负增长的态势,义务教育生均公共财政预算教育事业费,与上年相比均有不同程度的下降,徐州市以 3956 元的绝对值以及 12.89% 的降幅列各市之首。

(二)各辖市义务教育生均公共财政预算公用经费支出变动

1. 各辖市普通小学教育生均公共财政预算公用经费支出变动

2014 年,江苏省普通小学教育生均公共财政预算公用经费支出为 2958 元,相较于 2013 年的 2664 元有了小幅增长,增长了 294 元,增长率为 11.04%。具体到各辖市方面,南京市普通小学教育生均公共财政预算公用经费由 2013 年的 1811 元,增长到 2014 年的 2026 元,增长了 215 元,增幅为 11.87%。无锡市普通小学教育生均公共财政预算公用经费由 2013 年的 2111 元,降至 2014 年的 1676 元,缩减了 435 元,降幅达到 20.61%。徐州市普通小学教育生均公共财政预算公用经费由 2013 年的 2974 元,降至 2014 年的 2239 元,缩减了 735 元,降幅达到了 24.71%。常州市普通小学教育生均公共财政预算公用经费由 2013 年的 1551 元,降至 2014 年的 1287 元,减少了 264 元,降幅为 17.02%。苏州市普通小学教育生均公共财政预算公用经费由 2013 年的 3741 元,降至 2014 年的 3711 元,减少了 30 元,降幅为 0.80%。南通市普通小学教育生均公共财政预算公用经费由 2013 年的 2485 元,大幅增长到 2014 年的 4801 元,增加了 2316 元,增幅为 93.20%。连云港市普通小学教育生均公共财政预算公用经费由 2013 年的 3806 元,降至 2014 年的 2677 元,减少了 1129 元,降幅达到了 29.66%。淮安市普通小学教育生均公共财政预算公用经费由 2013 年的 3393 元,下降到 2014 年的 2259 元,下降部分为 1134 元,降幅达到 33.42%。盐城市普通小学教育生均公共财政预算公用经费由 2013 年的 2103 元,增长到 2014 年的 3946 元,增长了 1843 元,增幅达到 87.64%。扬州市普通小学教育生均公共财政预算公用经费由 2013 年的 3813 元,增长到 2014 年的 4340 元,增长了 527 元,增幅为 13.82%。镇江市普通小学教育生均公共财政预算公用经费由 2013 年的 3555 元,增长到 2014 年的 4400 元,增长了 845 元,增幅为 23.77%。泰州市普通小学教育生均公共财政预算公用经费由 2013 年的 1520 元,增长至 2014 年的 1899 元,增长了 379 元,增幅为 24.94%。宿迁市普通小学教育的生均公共财政预算公用经费由 2013 年的 1746 元,增长到 2014 年的 2225 元,增长了 479 元,增幅达到 27.43%。

表 4-7 2013—2014 年普通小学教育生均公共财政预算公用经费支出及增长情况 （元）

地　区	2013 年	2014 年	增长率(%)
江苏省	2664	2958	11.04
南京市	1811	2026	11.87
无锡市	2111	1676	−20.61
徐州市	2974	2239	−24.71
常州市	1551	1287	−17.02
苏州市	3741	3711	−0.80
南通市	2485	4801	93.20
连云港市	3806	2677	−29.66
淮安市	3393	2259	−33.42
盐城市	2103	3946	87.64
扬州市	3813	4340	13.82
镇江市	3555	4400	23.77
泰州市	1520	1899	24.93
宿迁市	1746	2225	27.43

就义务教育阶段下,普通小学教育生均公共财政预算公用经费支出的增长情况而言,南京市、南通市、盐城市、扬州市、镇江市、泰州以及宿迁市为正增长,南通市以 2316 元的增长绝对值与 93.20% 的增幅列各市之首;而无锡市、徐州市、常州市、苏州市、连云港市以及淮安市则呈现出负增长的态势,普通小学教育生均公共财政预算公用经费支出较上年均呈不同程度的降低,淮安市以 1134 元的绝对值与 33.42% 的降幅,列各负增长的辖市之首。

2. 各辖市普通初中教育生均公共财政预算公用经费支出变动

2014 年,江苏省普通初中教育生均公共财政预算公用经费支出为 3731 元,相较于 2013 年的 3368 元有了小幅增长,增长了 363 元,增长率为 10.78%。具体到各辖市方面,南京市普通初中教育生均公共财政预算公用经费由 2013 年的 2111 元,增长到 2014 年的 3831 元,增长了 1720 元,增幅为 81.48%。无锡市普通初中教育生均公共财政预算公用经费由 2013 年的 2758 元,降至 2014 年的 2354 元,缩减了 404 元,降幅达到 14.65%。徐州市普通初中教育生均公共财政预算公用经费由 2013 年的 5259 元,降至 2014 年的 3056 元,缩减了 2203 元,降幅达到 41.89%。常州市普通初中教育生均公共财政预算公用经费由 2013 年的 4599 元,降至 2014 年的 2761 元,减少了 1838 元,降幅为 39.97%。苏州市普通初中教育生均公共财政预算公用经费由 2013 年的 4569 元,降至 2014 年的 3581 元,减少了 988 元,降幅为 21.62%。南通市普通初中教育生均公共财政预算公用经费由 2013 年的 3835 元,大幅增长到 2014 年的 4994 元,增加了 1159 元,增幅为 30.22%。连云港市普通初中教育生均公共财政预算公用经费由 2013 年的 3795 元,降至 2014 年的 3023 元,减少了 772 元,降幅达到 20.34%。淮安市普通初中教育生均公共财政预算公用经费由 2013 年的 3174 元,增长到 2014 年的 3496 元,增长了 322 元,增幅为 10.14%。盐城市普通初中教育生均公共财政预算公用经费由 2013 年的 3041 元,下降到 2014 年的 2663 元,缩减了 378 元,降幅为 12.43%。扬州市普通初中教育生均公共财政预算公用经费由 2013 年的 1669 元,增长到 2014 年的 1873 元,增长了 204 元,增幅为 12.22%。镇江市普通初中教育生均公共财政预算公用经费由 2013 年的 3028 元,增长到 2014 年的 3800 元,增长了 772 元,增幅为 25.50%。泰州市普通初中教育生均公共财政预算公用经费由 2013 年的 2801 元,增长至 2014 年的 3040 元,增长了 239 元,增幅为 8.53%。宿迁市普通初中教育的生均公共财政预算公用经费由 2013 年的 1537 元,增长到 2014 年的 3073 元,增长了 1536 元,增幅达到 99.93%。

表 4 - 8 2013—2014 年普通初中教育生均公共财政预算公用经费支出及增长情况 （元）

地　　区	2013 年	2014 年	增长率（%）
江苏省	3368	3731	10.78
南京市	2111	3831	81.48
无锡市	2758	2354	－14.65
徐州市	5259	3056	－41.89
常州市	4599	2761	－39.97
苏州市	4569	3581	－21.62
南通市	3835	4994	30.22
连云港市	3795	3023	－20.34
淮安市	3174	3496	10.14
盐城市	3041	2663	－12.43
扬州市	1669	1873	12.22
镇江市	3028	3800	25.50
泰州市	2801	3040	8.53
宿迁市	1537	3073	99.93

就义务教育阶段下,普通初中教育生均公共财政预算公用经费支出的增长情况而言,南京市、南通市、淮安市、扬州市、镇江市、泰州以及宿迁市为正增长,宿迁市以 1536 元的增长绝对值与 99.93％的增幅列各市之首;而无锡市、徐州市、常州市、苏州市、连云港市以及盐城市则呈现出负增长的态势,普通小学教育生均公共财政预算公用经费支出较上年均呈不同程度的降低,徐州市以 2203 元的绝对值与41.89％的降幅,列各负增长辖市之首。

3. 各辖市义务教育生均公共财政预算公用经费支出变动

2014 年,江苏省两阶段义务教育的生均公共财政预算公用经费为 6689 元,相较于 2013 年的 6032 元,增长了 657 元,较上年增长了 10.89 个百分点。具体到各辖市方面,南京市两阶段义务教育的生均公共财政预算公用经费由 2013 年的 3922元,增长到 2014 年的 5857 元,增长了 1935 元,增幅为 49.34％。无锡市两阶段义务教育生均公共财政预算公用经费由 2013 年的 4869 元,降至 2014 年的 4040 元,缩减了 839 元,降幅为 17.23％。徐州市两阶段义务教育生均公共财政预算公用经费由 2013 年 8233 元,降低至 2014 年的 5295 元,减少了 2938 元,降幅达到了35.69％。常州市两阶段义务教育生均公共财政预算公用经费由 2013 年的 6150元,降到了 2014 年的 4048 元,减少了 2102 元,降幅达到了 34.18％。苏州市两阶段义务教育生均公共财政预算公用经费由 2013 年的 8310 元,下降到 2014 年的7292 元,减少了 1018 元,降幅为 12.25％。南通市两阶段义务教育生均公共财政预算公用经费由 2013 年的 6320 元,增长到了 2014 年的 9795 元,增长了 3475 元,增幅达到了 54.98％。连云港市两阶段义务教育生均公共财政预算公用经费由2013 年的 7601 元,缩减至 2014 年的 5700 元,减少了 1901 元,降幅为 25.01％。淮安市两阶段义务教育生均公共财政预算公用经费由 2013 年的 6567 元,降至 2014年 5755 元,减少了 812 元,降幅为 12.36％。盐城市两阶段义务教育生均公共财政预算公用经费由 2013 年的 5144 元,增长到 2014 年的 6609 元,增长了 1465 元,增幅达到 28.48％。扬州市两阶段义务教育生均公共财政预算公用经费由 2013 年的 5482 元,增长到 2014 年的 6213 元,增长了 731 元,增幅达到 13.33％。镇江市两阶段义务教育生均公共财政预算公用经费由 2013 年的 6583 元,增长到 2014 年的 8200元,增长了 3025 元,增幅达到了 24.56％。泰州市两阶段义务教育生均公共财政预算公用经费由 2013 年 4321 元,增长至 2014 年的 4939 元,增长了 618 元,增幅达到14.30％。宿迁市两阶段义务教育生均公共财政预算公用经费由 2013 年的 3283 元,增长到 2014 年的 5298 元,增长部分为 2015 元,增幅达到 61.38％。

表 4 - 9　2014 年各辖市义务教育生均公共财政预算公用经费支出及增长情况　　（元）

地　　区	2013 年	2014 年	增长率(%)
江苏省	6032	6689	10.89
南京市	3922	5857	49.34

续　表

地　　区	2013 年	2014 年	增长率(%)
无锡市	4869	4030	−17.23
徐州市	8233	5295	−35.69
常州市	6150	4048	−34.18
苏州市	8310	7292	−12.25
南通市	6320	9795	54.98
连云港市	7601	5700	−25.01
淮安市	6567	5755	−12.36
盐城市	5144	6609	28.48
扬州市	5482	6213	13.33
镇江市	6583	8200	24.56
泰州市	4321	4939	14.30
宿迁市	3283	5298	61.38

就两阶段义务教育的教育生均公共财政预算公用经费支出情况而言,南京市、南通市、盐城市、扬州市、镇江市、泰州市以及宿迁市表现出正向增长的趋势,南通市以 3475 元的增长绝对量与宿迁市以 61.38% 的增幅列各市之首;而无锡市、徐州市、常州市、苏州市、连云港市以及淮安市则呈现出负增长的态势,义务教育生均公共财政预算教育事业费,与上年相比均有不同程度的下降,徐州市以 2938 元的绝对值以及 35.69% 的降幅列各市之首。

三、江苏省义务教育区域均衡发展状况评价

(一)义务教育发展的区域均衡状况评价

1. 普通小学教育发展的区域均衡评价

2013—2014 年,江苏省各辖区在普通小学教育的发展上,苏南、苏中、苏北地区表现出一定的非均衡性,其中,苏南地区包括了南京市、苏州市、无锡市、常州市与镇江市;苏中地区涵盖了南通市、扬州市与泰州市;苏北地区则由徐州市、盐城市、淮安市、连云港市、宿迁市构成。具体来看,2013 年,苏南、苏中、苏北地区普通小学数为 1133 所、454 所以及 2218 所,分别占总体规模的 29.78%、11.93% 以及 58.29%;2014 年苏南、苏中、苏北地区普通小学数则为 1214 所、447 所,在总体规模中的占比为 32.09%、11.82% 以及 56.09%,与 2013 年相比,苏南地区新增了 81 所普通小学,在江苏省总体规模中的占比上升了 2.31 个百分点;而苏中与苏北地区则分别缩减了 7 所与 96 所普通小学,在江苏省总体规模中的占比则分别下降了 0.11 个与 2.83 个百分点。

表 4－10　2014 年江苏省普通小学教育区域非均衡发展现状

省辖市	学校数（所）		招生人数（人）		毕业生数（人）		在校生数（人）		专任教师数（人）	
	2013 年	2014 年	2013 年	2014 年	2013 年	2014 年	2013 年	2014 年	2013 年	2014 年
苏南	1133	1214	250000	226929	218500	221370	1497100	1672649	88300	95599
苏中	454	447	128200	122670	128400	123304	759200	758674	48100	47385
苏北	2218	2122	267600	268140	292400	277262	2097300	2283490	121900	127206
总计	3805	3783	645800	617739	639300	621936	4343600	4714813	258300	270190

　　普通小学招生人数方面，2013 年苏南、苏中、苏北地区分别招收新生 250000 人、128200 人、267600 人，各项数据至 2014 年变动到 226929 人、122670 人、268140 人，苏南与苏中地区分别下降了 23071 人与 5530 人，而苏北地区则新增招收 540 人。毕业生人数方面，苏中与苏北地区由 2013 年的 128400 人与 292400 人，下降到了 2014 年的 123304 人与 277262 人，两地区分别减少 5096 人与 15138 人，降幅分别为 3.97％与 5.18％；而苏南地区则由 2013 年的 218500 人，增长到 2014 年的 221370 人，新增毕业生人数为 2870 人，增幅为 1.31％。

　　在校生人数方面，苏南与苏北地区由 2013 年的 1497100 人与 2097300 人增长到 2014 年的 1672649 人与 2283490 人，新增在校生人数分别为 175549 人与 186190 人，增幅为 11.73％与 8.88％；而苏中地区则由 2013 年的 759200 人，下降到了 2014 年的 758674 人，减少了 526 人，降幅为 0.07％。苏南、苏北地区的专任教师数由 2013 年的 88300 人与 121900 人，增长至 2014 年的 95599 人与 127206 人，新增普通小学教师达到了 7299 人与 5366 人，而苏中地区普通小学的专任教师数则由 2013 年的 48100 人，下降到 2014 年的 47385 人，减少了 715 名小学教师。基于苏南、苏北、苏中地区普通小学的学校数、招生人数、毕业生数、在校生数以及专任教师数的比较，江苏省普通小学教育的非均衡发展主要表现为普通小学数、在学人数以及专任教师数的分布不均，苏南地区普通小学教育的师生比由 2013 年的 1∶16.95 上升到 2014 年的 1∶17.49；苏中地区普通小学教育的师生比由 2013 年的 1∶15.78 上升到 2014 年的 1∶16.01；而苏北地区普通小学教育的师生比则由 2013 年的 1∶17.21 上升到 2014 年的 1∶17.95，苏南、苏中、苏北地区普通小学教育的师生比不仅呈逐年递增的趋势，同时，区域差距也呈进一步扩大的趋势。

　　2. 普通初中教育发展的区域均衡评价

　　2013—2014 年，江苏省各辖区的普通初中教育发展，在苏南、苏中、苏北的地区间，表现出一定的非均衡性，其中，苏南地区包括了南京市、苏州市、无锡市、常州市与镇江市；苏中地区涵盖了南通市、扬州市与泰州市；苏北地区则由徐州市、盐城市、淮安市、连云港市、宿迁市构成。具体来看，2013 年，苏南、苏中、苏北地区普通初中数为 1841 所、1123 所以及 3129 所，分别占总体规模的 30.22％、18.43％以及

51.35％;而 2014 年苏南、苏中、苏北地区的普通初中数则为 1943 所、1134 所以及 3023 所,在总体规模中的占比为 31.85％、18.59％以及 49.56％,与 2013 年相比,苏南地区新增了 102 所普通初中,增幅达到了 5.54％,在江苏省总体规模中的占比上升了 1.63 个百分点;而苏中地区新增了 11 所初中,增幅仅为 0.98％,但占江苏省的总体规模却上升 0.16 个百分点;苏北地区则减少了 106 所普通初中,降幅达到 3.39％,占江苏省的总体规模也相较于 2013 年下降了 1.79 个百分点。

表 4－11　2014 年江苏省普通初中教育区域非均衡发展现状

省辖市	学校数(所)		招生人数(人)		毕业生数(人)		在校生数(人)		专任教师数(人)	
	2013 年	2014 年	2013 年	2014 年	2013 年	2014 年	2013 年	2014 年	2013 年	2014 年
苏南	1841	1943	504400	471487	420300	420533	2130900	2333390	147400	155492
苏中	1123	1134	253800	244318	269700	250719	1145000	1139301	86200	84923
苏北	3129	3023	711900	723912	624600	565237	2929200	3094133	201800	186548
总计	6093	6100	1470100	1439717	1314600	1236489	6205100	6566824	435400	426963

普通初中招生人数方面,2013 年苏南、苏中、苏北地区分别招收新生 504400 人、253800 人、711900 人,各地区 2014 年的招生人数分别为 471487 人、244318 人以及 723912 人,苏南与苏中地区分别下降了 32913 人与 9482 人,而苏北地区则新增招收 12012 人。毕业生人数方面,苏中与苏北地区由 2013 年的 269700 人与 624600 人,下降到了 2014 年的 250719 人与 565237 人,两地区分别减少了 18981 人与 59363 人,降幅分别为 7.04％与 9.5％;而苏南地区则由 2013 年的 420300 人,增长到 2014 年的 420533 人,新增毕业生人数为 233 人,增幅为 0.055％。

在校生人数方面,苏南、苏北地区由 2013 年的 2130900 人和 2929200 人增长到 2014 年的 2333390 人和 3094133 人,新增在校生人数分别为 202490 人和 164933 人,增幅为 9.5％和 5.63％;而苏中地区则由 2013 年的 1145000 人,下降到了 2014 年的 1139301 人,减少了 5699 人,降幅为 0.5％。苏南地区普通初中专任教师数由 2013 年的 147400 人,增长至 2014 年的 155492 人,新增了 8092 名初中专任教师,而苏中与苏北地区的专任教师数则呈下降趋势,分别由 2013 年的 86200 人与 201800 人,下降到 2014 年的 84923 人与 186548 人。基于苏南、苏北、苏中地区普通初中的学校数、招生人数、毕业生数、在校生数以及专任教师数的比较,江苏省普通初中教育的非均衡发展主要表现为普通小学数、在学人数以及专任教师数的分布不均,苏南地区普通初中教育的师生比由 2013 年的 1:14.46 上升到 2014 年的 1:15;苏中地区普通初中教育的师生比由 2013 年的 1:13.28 上升到 2014 年的 1:13.42;而苏北地区普通初中教育的师生比则由 2013 年的 1:14.52 上升到 2014 年的 1:16.59,苏南、苏中、苏北地区普通初中教育的师生比呈逐年递增的趋势,且区域差距进一步扩大,苏北地区在学人数远超于苏中与苏南地区,但由于师资力量的配备不足、教师流动等因素影响,加剧了初中专任教师上的非均衡发展。

3.义务教育发展的区域均衡评价

2013—2014 年,江苏省各辖区的小学、初中两阶段义务教育,在苏南、苏中、苏北的地区间,表现出一定的非均衡性。具体来看,2013 年,苏南、苏中、苏北地区的义务教育学校数分别为 2974 所、1577 所以及 5347 所,分别占总体规模的 30.05％、15.93％以及 54.02％;而 2014 年苏南、苏中、苏北地区义务教育的学校数则为 3157 所、1581 所以及 5145 所,在总体规模中的占比为 32.11％、16％以及 51.89％,与2013 年相比,苏南地区新增了 183 所学校,增幅达到了 6.15％,在江苏省总体规模中的占比上升了 2.06 个百分点;而苏中地区新增了 4 所学校,增幅仅为 0.25％,但占江苏省的总体规模却上升 0.07 个百分点;苏北地区则减少了 202 所学校,降幅到达了3.78％,占江苏省的总体规模也相较 2013 年下降了 2.13 个百分点。

表 4－12　2014 年江苏省义务教育区域非均衡发展现状

省辖市	学校数(所)		招生人数(人)		毕业生数(人)		在校生数(人)		专任教师数(人)	
	2013 年	2014 年	2013 年	2014 年	2013 年	2014 年	2013 年	2014 年	2013 年	2014 年
苏南	2974	3157	754400	698416	638800	641903	3628000	4006039	235700	251091
苏中	1577	1581	382000	366988	398100	374023	1904200	1897975	134300	132308
苏北	5347	5145	979500	992052	917000	842499	5026500	5377623	323700	313754
总计	9898	9883	211900	2057456	1953900	1858425	10548700	11281637	693700	697153

义务教育招生人数方面,2013 年苏南、苏中、苏北地区总计招收新生 75440人、382000 人、970500 人,而 2014 年义务教育的招生人数则分别为 698416 人、366988 人以及 992052 人,苏南与苏中地区分别下降了 55984 人与 15012 人,而苏北地区则增长了 12552 人。毕业生人数方面,苏中与苏北地区由 2013 年的 398100人与 917000 人,下降到了 2014 年的 374023 人与 842499 人,分别减少了 24077 人与 74501 人,降幅分别达到了 6.05％与 8.12％;而苏南地区则由 2013 年的 638800人,增长到 2014 年的 641903 人,义务教育毕业生人数增长了 3103 人,增幅为0.49％。

在校生人数方面,苏南与苏北地区由 2013 年的 3628000 人与 5026500 人增长到 2014 年的 4006039 人与 5377623 人,新增在校生人数分别为 378039 人与351123 人,增幅达到了 10.42％与 6.99％;而苏中地区则由 2013 年的 1904200 人,下降到 2014 年的 1897975 人,降幅为 0.33％。苏南地区义务教育专任教师人数呈上升趋势,由 2013 年的 235700 人,增长至 2014 年的 251091 人,新增了 15391 名专任教师,而苏中与苏北地区的专任教师则呈下降趋势,分别由 2013 年的 134300人与 323700 人,下降到 2014 年的 132308 人与 313754 人。基于苏南、苏北、苏中地区义务教育的学校数、招生人数、毕业生数、在校生数以及专任教师数的比较,江苏省义务教育的非均衡发展主要表现为普通小学、普通初中的学校数、在学人数以及专任教师数的地区分布不均,苏南地区义务教育的师生比由 2013 年的 1∶15.39 上升到 2014 年的 1∶15.95;苏中地区义务教育的师生比由 2013 年的 1∶14.18 上升到 2014 年的 1∶14.35;而苏北地区义务教育的师生比则由 2013 年的 1∶15.53 上升到 2014 年的 1∶17.14,苏南、苏中、苏北地区义务教育的师生比均呈扩大的趋势,但苏北地区的增幅远超苏南与苏中地区,但由于师资力量的配备不足、教师流动等因素的综合影响,加剧了苏北地区义务教育的专任教师,在师资数量上与苏南、苏中地区的差距。

(二)义务教育生均公共财政预算教育事业费的区域均衡发展评价

1. 全省普通小学教育生均公共财政预算教育事业费的省内组间差距

2014 年,江苏省普通小学教育生均公共财政预算教育事业费在苏南、苏中、苏北地区间,表现出一定的区域差异。其中,南京市、苏州市、无锡市、常州市、镇江市构成的苏南地区,生均公共财政预算教育事业费的均值由 2013 年的 12238 元,降至 2014 年的 12237 元,减少了 1 元,降幅为 0.008%,总体说来基本保持不变;南通、扬州、泰州三市构成的苏中地区,生均公共财政预算教育事业费的均值由 2013 年的 10636 元,大幅攀升至到 2014 年的 12488 元,增长部分达到了 1852 元,增幅达到了 17.41%;徐州市、盐城市、淮安市、连云港市、宿迁市构成的苏北地区,生均公共财政预算教育事业费的均值由 2013 年的 9940 元,下降到 2014 年的 9786 元,缩减了 154 元,降幅为 1.55%。

表 4 - 13　2014 年江苏省普通小学教育生均公共财政预算教育事业费的区域差异　(元)

区　　域	2013 年	2014 年	增长率(%)
苏南	12238	12237	−0.008
苏中	10636	12488	17.41
苏北	9940	9786	−1.55
均值	10938	11504	5.17

从绝对量上看,苏中地区普通小学教育生均公共财政预算教育事业费增长显著,2013 年苏中与苏南地区生均公共财政预算教育事业费相差 1602 元,但到 2014 年却反超苏南地区 111 元;与此同时,2013 年苏中地区生均公共财政预算教育事业费,与苏北地区间的差距为 696 元,但 2014 年,苏中、苏北地区生均公共财政预算教育事业费的差距进一步扩大,区域差距达到了 2702 元。此外,由于苏北地区生均公共财政预算教育事业费,在 2013—2014 年的负增长高于苏南地区,造成了苏南、苏北间的区域差距进一步扩大,两地间的投入差距由 2013 年的 2298 元,扩大至 2014 年的 2551 元。因此,由于苏南生均公共财政预算教育事业费的基本不

变与苏北地区的负增长态势以及苏中地区较大幅度的正增长,致使江苏省普通小学教育生均公共财政预算教育事业费的区域非均衡发展,主要表现为苏北地区与苏南、苏中地区间日益扩大的地区差异。

2. 全省普通初中教育生均公共财政预算教育事业费的省内组间差距

2014年,江苏省普通初中教育生均公共财政预算教育事业费在苏南、苏中、苏北地区间,表现出一定的区域差异。其中,南京市、苏州市、无锡市、常州市、镇江市构成的苏南地区,生均公共财政预算教育事业费的均值由2013年的18473元,降至2014年的18379元,减少了94元,降幅为0.51%;南通、扬州、泰州三市构成的苏中地区,生均公共财政预算教育事业费的均值由2013年的14833元,大幅攀升至到2014年的16746元,增长部分达到了1913元,增幅达到了12.90%;徐州市、盐城市、淮安市、连云港市、宿迁市构成的苏北地区,生均公共财政预算教育事业费的均值由2013年的13563元,增长到2014年的13070元,增长了507元,增幅为3.74%。

表4-14　2014年江苏省普通初中教育生均公共财政预算教育事业费的区域差异　(元)

区　　域	2013年	2014年	增长率(%)
苏南	18473	18379	−0.51
苏中	14833	16746	12.90
苏北	13563	14070	3.74
均值	15623	16398	4.96

从绝对量上看,苏中地区普通初中教育生均公共财政预算教育事业费增长显著,2013年苏中地区与苏南地区生均公共财政预算教育事业费相差3640元,但2014年,由于苏中地区的大幅增长,两地区间的差距缩小至1633元;与此同时,2013年苏中地区生均公共财政预算教育事业费,与苏北地区间的差距为1279元,但2014年苏中、苏北地区生均公共财政预算教育事业费的差距进一步扩大,区域差距达到了2676元。此外,由于苏北地区生均公共财政预算教育事业费,在2013—2014年为正增长,而苏南地区为负增长,因而,苏南、苏北间的地区差异,由2013年的4910元,缩减至2014年的4309元。因此,江苏省普通初中教育生均公共财政预算教育事业费的区域非均衡发展,主要表现为苏南与苏中地区、苏南与苏北地区的区域差距日趋缩小,但苏中与苏北地区间的差距却呈现出扩大的趋势。

3. 全省义务教育生均公共财政预算教育事业费的省内组间差距

2014年,江苏省两阶段义务教育的生均公共财政预算教育事业费在苏南、苏中、苏北地区间,表现出一定的区域差异。其中,南京市、苏州市、无锡市、常州市、镇江市构成的苏南地区,生均公共财政预算教育事业费的均值由2013年的30711元,降至2014年的30616元,减少了95元,降幅为0.31%;南通、扬州、泰州三市构成的苏中地区,义务教育生均公共财政预算教育事业费的均值由 2013 年的 25469 元,大幅攀升至到 2014 年的 29234 元,增长部分达到了 3765 元,增幅达到14.78%;徐州市、盐城市、淮安市、连云港市、宿迁市构成的苏北地区,义务教育生均公共财政预算教育事业费的均值由 2013 年的 23503 元,增长到 2014 年的 23856 元,增长了 353 元,增幅为 1.50%。

表 4-15　2014 年江苏省义务教育生均公共财政预算教育事业费的区域差异　　（元）

区　　域	2013 年	2014 年	增长率(%)
苏南	30711	30616	-0.31
苏中	25469	29234	14.78
苏北	23503	23856	1.50
均值	26561	27902	5.05

从绝对量上看,苏中地区义务教育的生均公共财政预算教育事业费增长显著,2013 年苏中地区与苏南地区生均公共财政预算教育事业费相差 5242 元,但 2014 年由于苏中地区的大幅增长以及苏南地区的负增长态势,两地区间的差距缩小至 1382 元;与此同时,2013 年苏中地区生均公共财政预算教育事业费,与苏北地区间的差距为 1966 元,但 2014 年由于苏北地区的增幅小于苏中地区,故两地区间的生均公共财政预算教育事业费的差距进一步扩大,区域差距达到了 5378 元。此外,由于苏北地区生均公共财政预算教育事业费,在2013—2014年为正增长,而苏南地区则为负增长,因而,苏南、苏北间的地区差异,由 2013 年的 7208 元,缩减至 2014 年的 6760 元。因此,江苏省义务教育生均公共财政预算教育事业费的区域非均衡发展,主要表现为苏南与苏中地区、苏南与苏北地区的区域差距日趋缩小,但苏中与苏北地区间的差距却呈现出扩大的趋势。

4. 苏南地区普通小学教育生均公共财政预算教育事业费的组内差异

苏南地区由南京、无锡、苏州、常州、镇江四市构成,剔除南京市,义务教育阶段下,普通小学的教育生均公共财政预算教育事业费,在苏南地区间存在着一定的组内差距:

表 4-16　2014 年苏南地区普通小学教育生均公共财政预算教育事业费的组内差异（元）

区　　域	2013 年	2014 年	增长率(%)
江阴市	12046	11681	-3.03
宜兴市	11204	12412	10.78
常熟市	13097	12265	-6.35
张家港市	12226	12324	0.80
昆山市	13960	13885	-0.54

区　　域	2013 年	2014 年	增长率(%)
太仓市	19159	16743	−12.61
溧阳市	10788	10977	1.75
金坛市	11016	13495	22.50
丹阳市	11528	12097	4.94
扬中市	12375	11733	−5.19
句容市	17709	16855	−4.82

　　具体来看,无锡市下辖江阴与宜兴两个县级市,其中,江阴市普通小学教育生均公共财政预算教育事业费由 2013 年的 12046 元,下降到 2014 年的 11681 元,缩减部分达到了 365 元,降幅为 3.03%;而宜兴市则由 2013 年的 11204 元,增长至2014 年的 12412 元,增加了 1208 元,增幅达到 10.78%,江阴与宜兴市的差距由 2013年的 842 元,缩减至 2014 年的 731 元,表明无锡市的组内差异正逐步走向均衡化。

　　苏州市下辖常熟市、张家港市、昆山市、太仓市四个县级市,其中,常熟市普通小学教育的生均公共财政预算教育事业费由 2013 年的 13097 元,大幅下降至 2014年的 12265 元,缩减了 832 元,降幅达到 6.35%;张家港市则由 2013 年的 12226元,小幅攀升至 2014 年的 12324 元,增长了 98 元,增幅仅为 0.80%;昆山市由 2013年的 13960 元,下降到 2014 年的 13885 元,缩减了 75 元;而太仓市则由 2013 年的19159 元,大幅下降到 2014 年的 16743 元,减少部分达到了 2416 元,降幅为12.61%。2013 年,苏州地区普通小学教育生均公共财政预算教育事业费差距最大的为张家港市与太仓市,两市生均公共财政预算教育事业费的极差为 6933 元,而2014 年则是常熟市与太仓市,两地区间的极差为 4478 元。相较于 2013 年,苏州地区 2014 年的组内极差下降了 2455 元,显示出一定的均衡发展态势。

　　常州市下辖溧阳市与金坛市两个县级市,其中,溧阳市的生均公共财政预算教育事业费由 2013 年的 10788 元,小幅增至 2014 年的 10977 元,增长了 189 元,增幅为 1.75%。而金坛市则由 2013 年的 11016 元,大幅增长到 2014 年的 13495 元,增长部分达到了 2479 元,增幅为 22.50%,溧阳市与金坛市的生均差距由 2013 年的 228 元,进一步扩大到 2014 年的 2518 元。

　　镇江市下辖丹阳、扬中、句容三个县级市,其中,丹阳市普通小学教育的生均公共财政预算教育事业费 2013 年的 11528 元,增长到 2014 年的 12097 元,增长了569 元,增幅为 4.94%;扬中市由 2013 年的 12375 元,下降到 2014 年的 11733 元,缩减了 642 元,降幅达到 5.19%;句容市则由 2013 年的 17709 元,下降到 2014 年的 16855 元,减少了 854 元,降幅为 4.82%。2013 年,丹阳市与句容市构成镇江地区普通小学教育生均公共财政预算教育事业费的最大组内差距为 6181 元,而 2014年扬中市与句容市构成的最大组内差距则大幅缩减至 5122 元。

由此可见,苏南地区各辖市内部,普通小学教育生均公共财政预算教育事业费用的差距正不断缩小。但是,需要指出的是,苏南各辖市间的组间差距仍然不容忽视,如 2014 年溧阳市普通小学教育的生均公共财政预算教育事业费用为 10977元,相较于句容市的 16855 元,两地区间的极差达到了 5878 元,反映出苏南地区常州市与镇江市间较大的组间差距。

5. 苏南地区普通初中教育生均公共财政预算教育事业费的组内差异

苏南地区由南京、无锡、苏州、常州、镇江四市构成,剔除南京市,在义务教育阶段,普通初中教育生均公共财政预算教育事业费,苏南地区各市间存在着一定的组内差距:

表 4 - 17　2014 年苏南地区普通初中教育生均公共财政预算教育事业费的组内差异（元）

区　　域	2013 年	2014 年	增长率(%)
江阴市	18146	19301	4.88
宜兴市	15311	16241	6.07
常熟市	18089	18508	2.32
张家港市	16875	16941	0.39
昆山市	21099	21736	3.02
太仓市	21519	18170	−15.56
溧阳市	14041	14931	6.34
金坛市	14325	16948	18.31
丹阳市	16160	18289	13.17
扬中市	22515	20464	−9.11
句容市	17471	22738	30.18

具体来看,无锡市下辖江阴与宜兴两个县级市,其中,江阴市普通初中教育生均公共财政预算教育事业费由 2013 年的 18146 元,增长到 2014 年的 19301 元,增长部分达到了 1155 元,增幅为 4.88%;而宜兴市则由 2013 年的 15311 元,增长至2014 年的 16241 元,增长了 930 元,增幅达到 6.07%,江阴与宜兴市的差距由 2013年的 2835 元,扩大到了 2014 年的 3060 元。

苏州市下辖常熟市、张家港市、昆山市、太仓市四个县级市,其中,常熟市普通初中教育的生均公共财政预算教育事业费由 2013 年的 18089 元,增长到 2014 年的 18508 元,增长了 419 元,降幅达到 2.32%;张家港市则由 2013 年的 16875 元,小幅攀升至 2014 年的 16941 元,增长了 66 元,增幅仅为 0.39%;昆山市由 2013 年的 21099 元,增长到 2014 年的 21736 元,增长了 637 元,增幅为 3.02%;而太仓市则由 2013 年的 21519 元,大幅下降到 2014 年的 18170 元,减少部分达到了 3349元,降幅达到 15.56%。2013 年,苏州地区普通初中教育生均公共财政预算教育事业费差距最大的为张家港市与太仓市,两市生均公共财政预算教育事业费的极差为 4644 元,而 2014 年则为张家港市与昆山市构成了苏州地区最大组内差距,两地区的极差为 4795 元。相较于 2013 年,苏州地区 2014 年的组内极差进一步上升了 151 元。

常州市下辖溧阳市与金坛市两个县级市,其中,溧阳市的生均公共财政预算教育事业费由 2013 年的 14041 元,小幅增至 2014 年的 14931 元,增长了 890 元,增幅达到 6.34%;而金坛市则由 2013 年的 14325 元,大幅增长到 2014 年的 16948 元,增长部分达到了 2623 元,增幅为 18.31%,溧阳市与金坛市的生均差距由 2013 年的 284 元,进一步扩大到 2014 年的 2017 元。

镇江市下辖丹阳、扬中、句容三个县级市,其中,丹阳市普通初中教育的生均公共财政预算教育事业费由 2013 年的 16160 元,大幅增长至 2014 年的 18289 元,增长了 2129 元,增幅达到 13.17%;扬中市由 2013 年的 22515 元,下降到 2014 年的 20464 元,减少了 2051 元,降幅达到 9.11%;句容市则由 2013 年的 17471 元,大幅增长至 2014 年的 22738 元,增长部分为 5267 元,增幅达到 30.18%。2013 年,丹阳市与扬中市构成镇江地区普通初中教育生均公共财政预算教育事业费的最大差距,组内极差达到了 6355 元,而 2014 年丹阳市与句容市构成的最大组内差距则大幅缩减至 4449 元。

由此可见,苏南地区各辖市内部,普通初中教育生均公共财政预算教育事业费用的差距正不断缩小。但是,需要指出的是,苏南各辖市间的组间差距仍然不容忽视,如 2014 年溧阳市普通初中教育的生均公共财政预算教育事业费用为 14931 元,相较于句容市的 22738 元,两地区间的极差达到了 7807 元,反映了苏南地区常州市与镇江市间较大的组间差距。

6. 苏南地区义务教育生均公共财政预算教育事业费的组内差异

苏南地区由南京、无锡、苏州、常州、镇江四市构成,剔除南京市,两阶段义务教育生均公共财政预算教育事业费,在苏南地区间存在着一定的组内差距:

表 4-18　2014 年苏南地区义务教育生均公共财政预算教育事业费的组内差异　　（元）

区　　域	2013 年	2014 年	增长率(%)
江阴市	30192	30982	2.62
宜兴市	26515	28653	8.06
常熟市	31186	30773	−1.32
张家港市	29101	29265	0.56
昆山市	35059	35621	1.60
太仓市	40678	34913	−14.17
溧阳市	24829	25908	4.35

续 表

区 域	2013 年	2014 年	增长率(%)
金坛市	25341	30443	20.13
丹阳市	27688	30386	9.74
扬中市	34890	32197	−7.72
句容市	35180	39573	12.49

具体来看,无锡市下辖江阴与宜兴两个县级市,其中,江阴市义务教育生均公共财政预算教育事业费由 2013 年的30192 元,增长到 2014 年的30982 元,增长部分达到了 790 元,增幅为 2.62%;而宜兴市则由 2013 年的 26515 元,增长至 2014 年的 28653 元,增长了 2138 元,增幅达到 8.06%,江阴与宜兴市义务教育生均公共财政预算教育事业费的差距由 2013 年的 3677 元,缩小到 2014 年的 2329 元。

苏州市下辖常熟市、张家港市、昆山市、太仓市四个县级市,其中,常熟市义务教育生均公共财政预算教育事业费由 2013 年的 31186 元,下降到 2014 年的 30773 元,缩减了 413 元,降幅达到 1.32%;张家港市则由 2013 年的 29101 元,小幅攀升至 2014 年的 29265 元,增长了 164 元,增幅仅为 0.56%;昆山市由 2013 年的 35059 元,增长到 2014 年的 35621 元,增长了 562 元,增幅为 1.60%;而太仓市则由 2013 年的 40678 元,大幅下降到 2014 年的 34913 元,减少部分达到了 5765 元,降幅达到 14.17%。2013 年,苏州地区义务教育生均公共财政预算教育事业费差距最大的为张家港市与太仓市,两市生均公共财政预算教育事业费的极差为 11577 元,而 2014 年则为张家港市与昆山市构成了苏州地区最大组内差距,两地区的极差为 6356 元。相较于 2013 年,2014 年苏州地区义务教育生均公共财政预算教育事业费组内差距缩小了 5221 元。

常州市下辖溧阳市与金坛市两个县级市,其中,溧阳市的生均公共财政预算教育事业费由 2013 年的 24829 元,小幅增至 2014 年的 25908 元,增长了 1079 元,增幅达到 4.35%;而金坛市则由 2013 年的 25341 元,大幅增长到 2014 年的 30443 元,增长部分达到了 5102 元,增幅为 20.13%,溧阳市与金坛市的生均差距由 2013 年的 512 元,进一步扩大到 2014 年的 4535 元。

镇江市下辖丹阳、扬中、句容三个县级市,其中,丹阳市义务教育的生均公共财政预算教育事业费由 2013 年的 27688 元,大幅增长至 2014 年的 30386 元,增长了 2698 元,增幅达到了 9.74%;扬中市由 2013 年的 34890 元,下降到 2014 年的 32197 元,减少了 2693 元,降幅达到 7.72%;句容市则由 2013 年的 35180 元,大幅增长至 2014 年的 39573 元,增长部分为 4393 元,增幅达到 12.49%。2013 年,丹阳市与句容市构成镇江地区普通初中教育生均公共财政预算教育事业费的最大差距,组内极差达到了 7492 元,而 2014 年依旧是丹阳市与句容市构成了镇江市的最大组内差距,且相较于 2013 年,最大组内差距扩大至了 9187 元。

由此可见,苏南地区各辖市内部,义务教育生均公共财政预算教育事业费用的差距正不断缩小。但是,需要指出的是,苏南各辖市间的组间差距仍然不容忽视,如 2014 年溧阳市义务教育的生均公共财政预算教育事业费用为 25908 元,相较于句容市的 39573 元,两地区间的极差达到了 13665 元,反映了苏南地区常州市与镇江市之间在义务教育投入上较大的组间差距。

7. 苏中地区普通小学教育生均公共财政预算教育事业费的组内差异

苏中地区由南通、扬州、泰州三市构成,义务教育阶段,普通小学的教育生均公共财政预算教育事业费,在苏中地区间存在着一定的组内差距:

表 4-19　2014 年苏中地区普通小学教育生均公共财政预算教育事业费的组内差异（元）

区　　域	2013 年	2014 年	增长率(%)
海安县	12886	15274	18.53
如东县	16581	20256	22.16
启东市	14759	14741	−0.12
如皋市	10286	11263	9.50
海门市	13557	14575	7.51
宝应县	9513	10098	6.15
仪征市	8907	9356	5.04
高邮市	12124	13969	15.22
兴化市	9703	9743	0.41
靖江市	10439	11389	9.10
泰兴市	6689	7374	10.24

具体来看,南通市下辖海安、如东两县以及启东、如皋、海门三个县级市,其中,海安县普通小学教育的生均公共财政预算教育事业费由 2013 年的 12886 元,增长到 2014 年的 15274 元,增长部分为 2388 元,增幅达到了 18.53%;如东县则由 2013 年的 16581 元增长到 2014 年的 20256 元,增长部分为 3675 元,增幅达到22.16%;启东市则由 2013 年的 14759 元,略微下降至 2014 年的 14741 元,减少了 18 元,降幅仅为 0.12%;如皋市由 2013 年的 10286 元增长到 2014 年的 11263 元,增长了 977 元,增幅为 9.50%;海门市则由 2013 年的 13557 元上涨到 2014 年的 14575 元,增加部分达到了 1018 元,增幅为 7.51%。如东县普通小学教育生均公共财政预算教育事业费增长的绝对量与增幅均列南通市之首,如东县与如皋市在普通小学教育生均公共财政预算教育事业费上 6295 元的差距,构成了 2013 年南通市最大的组内差距,而如东县与如皋市依旧构成了 2014 年南通市的最大组内差距,两地区的组内差距的极值为 8993 元,相较于 2013 年,进一步扩大了 2698 元。

扬州市下辖宝应县、仪征市与高邮市两个县级市,其中,宝应县普通小学教育生均公共财政预算教育事业费由 2013 年的 9513 元,增长至 2014 年的 10098 元,增加部分为 585 元,增幅为 6.15%;仪征市则由 2013 年的 8907 元,提升至 2014 年的 9356 元,增长部分达到了 449 元,增幅为 5.04%;而高邮市则由 2013 年的 12124 元,增加至 2014 年的 13969 元,增长了 1845 元,增幅为 15.22%。从增长的绝对量与增幅上看,高邮市普通小学教育生均公共财政预算教育事业费的增长列扬州市之首,而仪征市与高邮市则构成了 2013 年扬州市的最大组内差距,两地区的生均教育公共财政预算事业费相差 3217 元;高邮市与仪征市则构成了 2014 年的最大组内差距,两地区的生均教育公共财政预算事业费相差 4613 元。因此,扬州市的组内差距在 2013—2014 年扩大了 1396 元。

泰州市下辖兴化、靖江、泰兴三个县级市,其中,兴化市普通小学教育生均公共财政预算教育事业费由 2013 年的 9703 元,增长到 2014 年的 9743 元,增长部分为 40 元,增幅仅为 0.41%;靖江市则由 2013 年的 10439 元增长到了 2014 年的 11389 元,增长部分为 950 元,增幅为 9.10%;而泰兴市则由 2013 年的 6689 元增长到 2014 年的 7374 元,仅增加了 685 元,相应增幅为 10.24%。靖江市的绝对量与泰兴市的增幅列泰州各县级市之首,而靖江市与泰兴市则构成了 2013 年泰州市的最大组内差距,两地区的生均教育公共财政预算事业费相差 3750 元;而靖江市与泰兴市依旧构成了 2014 年的最大组内差距,两地区的生均教育公共财政预算事业费相差 4015 元,由此可见,泰州市的组内差距在 2013—2014 年进一步扩大了 265 元。

同样,苏中各辖市间仍存在不同程度的组间差距,如 2014 年泰兴市生均公共财政预算教育事业费用为 7374 元,相较于如东县的 20256 元,两地区的组间差距为 12882 元,反映出苏中地区泰州市与南通市普通小学教育生均公共财政预算教育事业费存在较大差距。

8. 苏中地区普通初中教育生均公共财政预算教育事业费的组内差异

苏中地区由南通、扬州、泰州三市构成,义务教育阶段下,普通初中的教育生均公共财政预算教育事业费,在苏中地区间存在着一定的组内差距:

表 4-20　2014 年苏中地区普通初中教育生均公共财政预算教育事业费的组内差异（元）

区　域	2013 年	2014 年	增长率(%)
海安县	15920	18271	14.77
如东县	16046	21559	34.36
启东市	18819	18388	－2.29
如皋市	12503	14165	13.29
海门市	17252	23653	37.10
宝应县	13932	15317	9.94
仪征市	10898	11500	5.52

续　表

区　　域	2013 年	2014 年	增长率(%)
高邮市	10969	13033	18.82
兴化市	11902	12724	6.91
靖江市	14079	15083	7.13
泰兴市	9668	10850	12.23

　　具体来看,南通市下辖海安、如东两县以及启东、如皋、海门三个县级市,其中,海安县普通初中教育的生均公共财政预算教育事业费由 2013 年的 15920 元,增长到 2014 年的 18271 元,增长部分为 2351 元,增幅达到了 14.77%;如东县则由 2013 年的 16046 元,大幅增长至 2014 年的 21559 元,增长部分为 5513 元,增幅达到了 34.36%;启东市则由 2013 年的 18819 元,略微下降至 2014 年的 18388 元,减少了 431 元,降幅仅为 2.29%;如皋市由 2013 年的 12503 元,增长到 2014 年的 14165 元,增长了 1662 元,增幅为 13.29%;海门市则由 2013 年的 17252 元,大幅攀升至 2014 年的 23653 元,增加部分达到了 6401 元,增幅达到了 37.10%。海门市普通初中教育生均公共财政预算教育事业费增长的绝对量与增幅均列南通市之首,启东市与如皋市在普通初中教育生均公共财政预算教育事业费上 6316 元的差距,构成了 2013 年南通市最大的组内差距,而海门市与如皋市则构成了 2014 年南通市的最大组内差距,两地区的组内差距的极值为 9488 元,相较于 2013 年的组内差距,则进一步扩大了 3172 元。

　　扬州市下辖宝应县、仪征市与高邮市两个县级市,其中,宝应县普通初中教育生均公共财政预算教育事业费由 2013 年的 13932 元,增长至 2014 年的 15317 元,增加部分为 1385 元,增幅为 9.94%;仪征市则由 2013 年的 10898 元,提升至 2014 年的 11500 元,增长部分达到了 602 元,增幅为 5.52%;而高邮市则由 2013 年的 10696 元,增加至 2014 年的 13033 元,增长了 2337 元,增幅达到了 18.82%。从增长的绝对量与增幅上看,高邮市普通初中教育生均公共财政预算教育事业费的增长列扬州市之首,而宝应县与高邮市则构成了 2013 年扬州市的最大组内差距,两地区的生均教育公共财政预算事业费相差 3034 元;宝应县与仪征市则构成了 2014 年的最大组内差距,两地区的生均教育公共财政预算事业费相差 3817 元。因此,扬州市的组内差距在 2013—2014 年进一步扩大了 783 元。

　　泰州市下辖兴化、靖江、泰兴三个县级市,其中,兴化市普通初中教育生均公共财政预算教育事业费由 2013 年的 11902 元,增长到 2014 年的 12724 元,增长部分为 822 元,增幅为 6.91%;靖江市则由 2013 年的 14079 元,增长到了 2014 年的 15083 元,增长部分为 1004 元,增幅为 7.13%;而泰兴市则由 2013 年的 9668 元,增长到了 2014 年的 10850 元,增加了 1182 元,增幅达到了 12.23%。泰兴市增长的绝对量与增幅均列泰州各县级市之首,而靖江市与泰兴市则构成了 2013 年泰州市的最大组内差距,两地区的生均教育公共财政预算事业费相差 4411 元;而靖江市与泰兴市依旧构成了 2014 年的最大组内差距,两地区的生均教育公共财政预算事业费相差 4233 元,由此可见,泰州市的组内差距在 2013—2014 年略微缩小了 178 元。

同样,苏中各辖市间在普通初中教育生均公共财政预算教育事业费用上也存在着一定程度的组间差距,如 2014 年泰兴市生均公共财政预算教育事业费用为 10850 元,相较于海门市的 23653 元,两地区的组间差距为 12803 元,反映出苏中地区泰州市与南通市在普通初中教育生均公共财政预算教育事业费上存在较大差距。

9. 苏中地区义务教育生均公共财政预算教育事业费的组内差异

苏中地区由南通、扬州、泰州三市构成,两阶段义务教育的生均公共财政预算教育事业费,在苏中地区间存在着一定的组内差距:

表 4-21　2014 年苏中地区义务教育生均公共财政预算教育事业费的组内差异　　(元)

区　域	2013 年	2014 年	增长率(%)
海安县	28806	33545	16.45
如东县	32627	41815	28.16
启东市	33578	33129	-1.34
如皋市	22789	25428	11.58
海门市	30809	38228	24.08
宝应县	23445	25415	8.40
仪征市	19805	20856	5.31
高邮市	23093	27002	16.93
兴化市	21605	22467	3.99
靖江市	24518	26472	7.97
泰兴市	16357	18224	11.41

具体来看,南通市下辖海安、如东两县以及启东、如皋、海门三个县级市,其中,海安县义务教育生均公共财政预算教育事业费由 2013 年的 28806 元,增长到 2014 年的 33545 元,增长部分为 4739 元,增幅达到 16.45%;如东县则由 2013 年的 32627 元,大幅增长至 2014 年的 41815 元,增长部分达到了 9188 元,增幅达到 28.16%;启东市则由 2013 年的 33578 元,略微下降至 2014 年的 33129 元,减少了 449 元,降幅仅为 1.34%;如皋市由 2013 年的 22789 元增长到 2014 年的 25428 元,增长了 2699 元,增幅为 11.58%;海门市则由 2013 年的 30809 元,大幅攀升至 2014 年的 38228 元,增加部分达到了 7419 元,增幅达到 24.08%。启东县与如皋市在义务教育教育生均公共财政预算教育事业费上 10789 元的差距,构成了 2013 年南通

市最大的组内差距,而启东县与如皋市依旧构成了 2014 年南通市的最大组内差距,两地区的组内差距的极值为 16387 元,相较于 2013 年的组内差距则进一步扩大了 5598 元。

扬州市下辖宝应县、仪征市与高邮市两个县级市,其中,宝应县义务教育生均公共财政预算教育事业费由 2013 年的 23445 元,增长至 2014 年的 25415 元,增加了 1970 元,增幅为 8.40%;仪征市则由 2013 年的 19805 元,提升至 2014 年的 20856 元,增长了 1051 元,增幅为 5.31%;而高邮市则由 2013 年的 23093 元,增加至 2014 年的 27002 元,增长了 3909 元,增幅达到 16.93%。宝应县与仪征市构成了 2013 年扬州市的最大组内差距,两地区义务教育生均教育公共财政预算事业费相差 3640 元;而仪征市与高邮市则构成了 2014 年的最大组内差距,两地区的生均教育公共财政预算事业费相差 6146 元。因此,扬州市的组内差距在 2013—2014 年进一步扩大了 2506 元。

泰州市下辖兴化、靖江、泰兴三个县级市,其中,兴化市义务教育生均公共财政预算教育事业费由 2013 年的 21605 元,增长到 2014 年的 22467 元,增长部分为 862 元,增幅为 3.99%;靖江市则由 2013 年的 24518 元,增长到了 2014 年的 26472 元,增长部分为 1954 元,增幅为 7.97%;而泰兴市则由 2013 年的 16357 元,增长到了 2014 年的 18224 元,增加了 1867 元,增幅达到了 11.41%。靖江市与泰兴市则构成了 2013 年泰州市的最大组内差距,两地区义务教育生均教育公共财政预算事业费相差 8161 元;而靖江市与泰兴市依旧构成了 2014 年的最大组内差距,两地区的生均教育公共财政预算事业费相差 8248 元,由此可见,泰州市的组内差距在 2013—2014 年略微扩大了 87 元。

苏中各辖市间在义务教育生均公共财政预算教育事业费上,也存在着一定程度的组间差距,如 2014 年泰兴市义务教育生均公共财政预算教育事业费用为 18224 元,相较于如东县的 41815 元,两地区的组间差距为 23591 元,反映出苏中地区泰州市与南通市在义务教育生均公共财政预算教育事业费上存在较大差距。

10. 苏北地区普通小学教育生均公共财政预算教育事业费的组内差异

苏北地区由徐州、盐城、淮安、连云港、宿迁五市构成,普通小学教育生均公共财政预算公用经费支出在苏北五市内部存在着如下差异:

表 4 - 22　2014 年苏北地区普通小学教育生均公共财政预算教育事业费的组内差异（元）

区　　域	2013 年	2014 年	增长率(%)
丰县	8943	9041	1.10
沛县	9741	9424	－3.25
睢宁县	7736	10140	31.08
新沂市	7428	7438	0.13

区　　域	2013 年	2014 年	增长率(%)
邳州市	7860	8438	7.35
响水县	6185	6280	1.54
滨海县	8239	8570	4.02
阜宁县	9813	11306	15.21
射阳县	9360	10303	10.07
建湖县	10659	9443	−11.41
东台市	11034	11964	8.43
大丰市	12208	17251	41.31
涟水县	8403	9479	12.80
洪泽县	14443	16032	11.00
盱眙县	8884	8905	0.24
金湖县	15809	12647	−20.00
赣榆县	8151	9196	12.82
东海县	7426	7886	6.19
灌云县	6141	6140	−0.02
灌南县	7313	7897	7.99
沭阳县	8878	12175	37.14
泗阳县	8728	9650	10.56
泗洪县	6959	8792	26.34

　　具体来看,徐州市下辖丰县、沛县、睢宁县三个县以及新沂市、邳州市两个县级市,除沛县外,各县与县级市普通小学教育生均公共财政预算公用经费支出在2013—2014 年均为正增长。其中,丰县普通小学教育生均公共财政预算公用经费支出由 2013 年的 8943 元,增长到 2014 年的 9041 元,增长了 98 元,增幅仅为1.10%;沛县则由 2013 年的 9741 元,降至 2014 年的 9424 元,减少了 317 元,降幅为 3.25%;睢宁县由 2013 年的 7736 元,增长到 2014 年的 10140 元,增长部分达到了 2404 元,相应增幅达到 31.08%;新沂市普通小学教育生均公共财政预算公用经费支出则由 2013 年的 7428 元,略微增长到 2014 年的 7438 元,增长了 10 元,增幅为 0.13%;而邳州市则由 2013 年的 7860 元,增长到 2014 年的 8438 元,增长了 578元,增幅为 7.35%。沛县与新沂市则构成了 2013 年徐州市的最大组内差距,两地区普通小学教育生均教育公共财政预算公用经费支出相差 2313 元;而沛县与睢宁县则构成了 2014 年的最大组内差距,两地区的生均教育公共财政预算公用经费支出相差 2712 元,因此,徐州市的组内差距在 2013—2014 年略微扩大了 399 元。

　　盐城市下辖响水县、滨海县、阜宁县、射阳县、建湖县以及东台与大丰两个县级市,除建湖县以外,各县与县级市普通小学教育生均公共财政预算公用经费支出在2013—2014年均为正向增长。其中,响水县的生均公共财政预算公用经费支出由2013年的6185元,增长到2014年的6280元,增长了95元,增幅仅为1.54%;滨海县由2013年的8239元,增长到2014年的8570元,增长了331元,相应增幅为4.02%;阜宁县则由2013年的9813元,大幅攀升至2014年的11306元,增长部分达到了1493元,增幅达到了15.21%;射阳县由2013年的9360元,增长到2014年的10303元,增长了943元,增幅为10.07%;建湖县由2013年的10659元,下降到2014年的9443元,缩减了1216元,降幅为11.41%;东台市则由2013年的11034元,增长到2014年的11964元,上涨了930元,增幅达到了8.43%;大丰市则由2013年的12208元,大幅增长至2014年的17251元,增长部分达到了5043元,增幅为41.31%。响水县与大丰市构成了2013年盐城市的最大组内差距,两地区普通小学教育生均教育公共财政预算公用经费支出相差6023元;而响水县与大丰市依旧构成了2014年盐城最大组内差距,两地区的生均教育公共财政预算公用经费支出相差10971元。因此,盐城市的组内差距在2013—2014年进一步扩大了4948元。

　　淮安市下辖涟水、洪泽、盱眙、金湖四县,除金湖县外,各县普通小学教育生均公共财政预算公共经费支出在2013—2014年均为正增长。其中,涟水县的生均公共财政预算公用经费支出由2013年的8403元,增长到2014年的9479元,增长部分为1076元,增幅12.80%;洪泽县由2013年的14443元,蹿升至2014年的16032元,增长部分达到了1589元,增幅为11.00%;盱眙县由2013年的8884元,仅增长到2014年的8905元,增长了21元,增幅为0.24%;而金湖县则由2013年的15809元,下降到2014年的12647元,缩减部分达到3162元,降幅达到了20.00%。涟水县与金湖县则构成了2013年淮安的最大组内差距,两地区生均教育公共财政预算公用经费支出相差7406元;洪泽县与盱眙县则构成了2014年的最大组内差距,两地区的生均教育公共财政预算公用经费支出相差7127元,可见,淮安市的组内差距在2013—2014年略微缩小了279元。

　　连云港市下辖赣榆、东海、灌云与灌南四县,除灌云县以外,各县普通小学教育生均公共财政预算公用经费支出在2013—2014年均表现出正增长的态势。其中,赣榆县的普通小学教育生均公共财政预算公用经费支出2013年的8151元,增长到2014年的9196元,增长了1045元,增幅为12.82%;东海县由2013年的7426元,增长到2014年的7886元,上涨了460元,增幅达到6.19%;灌云县则由2013年的6141元,略微降至2014年的6140元,仅减少了1元,相应的降幅为0.02%;而灌南县则由2013年的7313元,增长到了2014年的7897元,增长部分达584元,增幅为7.99%。赣榆县与灌云县构成了2013年连云港市的最大组内差距,两地区生均教育公共财政预算公用经费支出相差 2010 元;而赣榆县与灌云县依旧构成了 2014 年的最大组内差距,两地区的生均教育公共财政预算公用经费支出相差 3056 元,由此判断,连云港的组内差距在 2013—2014 年进一步扩大了 1046 元。

宿迁市下辖沭阳、泗阳、泗洪三县,各县普通小学教育生均公共财政预算公用经费支出在 2013—2014 年均为正增长。其中,沭阳县普通小学教育生均公共财政预算公用经费支出由 2013 年的 8878 元,增长到了 2014 年的 12175 元,增长部分达到了 3297 元,相应增幅达到了 37.14%;泗阳县则由 2013 年的 8728 元,上升到 2014 年的 9650 元,增长了 922 元,增幅为 10.56%;而泗洪县则由 2013 年的 6959 元,增长到了 2014 年的 8792 元,增长了 1833 元,增幅为 26.34%。沭阳县与泗阳县则构成了 2013 年宿迁市的最大组内差距,两地区的生均教育公共财政预算公用经费支出相差 1919 元;而 2014 年则依旧为沭阳县与泗阳县构成了最大组内差距,两地区的生均教育公共财政预算公用经费支出相差 3383 元,因此,宿迁市的组内差距在 2013—2014 年则进一步扩大了 1464 元。

此外,苏北各辖市间普通小学教育生均教育公共财政预算公用经费支出亦存在着组间差距,如 2014 年灌云县普通小学教育生均公共财政预算公用经费支出仅为 6140 元,相较于大丰市的 17251 元,两地区的组间差距为 11111 元,反映出苏北地区连云港与盐城市在普通小学教育生均公共财政预算公用经费支出上存在较大差距。

11. 苏北地区普通初中教育生均公共财政预算教育事业费的组内差异

苏北地区由徐州、盐城、淮安、连云港、宿迁五市构成,普通初中教育生均公共财政预算公用经费支出在苏北五市内部存在着如下差异:

表 4-23 2014 年苏北地区普通初中教育生均公共财政预算教育事业费的组内差异(元)

区　　域	2013 年	2014 年	增长率(%)
丰县	10308	11092	7.61
沛县	12952	27090	109.16
睢宁县	10818	20097	85.77
新沂市	12464	14208	13.99
邳州市	12154	13733	12.99
响水县	18127	19640	8.35
滨海县	9325	10825	16.09
阜宁县	17579	19937	13.41
射阳县	16900	20112	19.01
建湖县	11561	14358	24.19

续　表

区　　域	2013 年	2014 年	增长率(%)
东台市	13663	17037	24.69
大丰市	12325	14660	18.95
涟水县	10313	13744	33.27
洪泽县	15491	18476	19.27
盱眙县	14495	16361	12.87
金湖县	11946	10431	−12.68
赣榆县	13856	15972	15.27
东海县	11397	14271	25.22
灌云县	5938	6827	14.97
灌南县	9332	10203	9.33
沭阳县	11019	13240	20.16
泗阳县	11351	13134	15.71
泗洪县	7905	13212	67.13

具体来看,徐州市下辖丰县、沛县、睢宁县三个县以及新沂市、邳州市两个县级市,各县与县级市普通初中教育生均公共财政预算公用经费支出在 2013—2014 年均为正增长。其中,丰县普通初中教育生均公共财政预算公用经费支出由 2013 年的 10308 元,增长到 2014 年的 11092 元,增长了 784 元,增幅为 7.61%;沛县则由 2013 年的 12952 元,大幅增长至 2014 年的 27090 元,增长了 14138 元,相应增幅达到了 109.16%;睢宁县由 2013 年的 10818 元,增长到 2014 年的 20097 元,增长部分达到了 9279 元,相应增幅达到了 85.77%;新沂市普通初中教育生均公共财政预算公用经费支出则由 2013 年的 12464 元,略微增长到 2014 年的 14208 元,增长了 1744 元,增幅为 13.99%;而邳州市则由 2013 年的 12154 元,增长到 2014 年的 13733 元,增长了 1579 元,增幅为 12.99%。丰县与新沂市则构成了 2013 年徐州市的最大组内差距,两地区普通初中教育生均教育公共财政预算公用经费支出相差 2156 元;而丰县与沛县则构成了 2014 年的最大组内差距,两地区的生均教育公共财政预算公用经费支出相差 15998 元,因此,徐州市的组内差距在 2013—2014 年进一步扩大了 13842 元。

盐城市下辖响水县、滨海县、阜宁县、射阳县、建湖县以及东台与大丰两个县级市,各县与县级市普通初中教育生均公共财政预算公用经费支出在 2013—2014 年均为正向增长。其中,响水县的生均公共财政预算公用经费支出由 2013 年的 18127 元,增长到 2014 年的 19640 元,增长了 1513 元,增幅为 8.35%;滨海县由 2013 年的 9325 元,增长到 2014 年的 10825 元,增长了 1500 元,相应增幅为

16.09%;阜宁县则由 2013 年的 17579 元,大幅攀升至 2014 年的 19937 元,增长部分达到了 2358 元,增幅达到了 13.41%;射阳县由 2013 年的 16900 元,大幅增长到 2014 年的 20112 元,增长部分达到了 3212 元,相应增幅为 19.01%;建湖县由 2013 年的 11561 元,增长到 2014 年的 14358 元,增长了 2797 元,增幅为 24.19%;东台市则由 2013 年的 13663 元,增长到 2014 年的 17037 元,上涨了 3374 元,增幅达到了 24.69%;大丰市则由 2013 年的 12325 元,大幅增长至 2014 年的 14660 元,增长部分达到了 2335 元,增幅为 18.95%。响水县与滨海县构成了 2013 年盐城市的最大组内差距,两地区普通初中教育生均教育公共财政预算公用经费支出相差 8802 元;而射阳县与滨海县则构成了 2014 年盐城最大组内差距,两地区的生均教育公共财政预算公用经费支出相差 9287 元。因此,盐城市的组内差距在 2013—2014 年间进一步扩大了 485 元。

淮安市下辖涟水、洪泽、盱眙、金湖四县,除金湖县外,其余各县普通初中教育生均公共财政预算公共经费支出在 2013—2014 年均为正增长。其中,涟水县的生均公共财政预算公用经费支出由 2013 年的 10313 元,增长到 2014 年的 13744 元,增长部分为 3431 元,增幅达到了 33.27%;洪泽县由 2013 年的 15491 元,蹿升至 2014 年的 18476 元,增长部分达到了 2985 元,增幅为 19.27%;盱眙县由 2013 年的 14495 元,增长到 2014 年的 16361 元,增长了 1866 元,增幅为 12.87%;而金湖县则由 2013 年的 11946 元,下降到 2014 年的 10431 元,缩减部分达到 1515 元,降幅达到了 12.68%。涟水县与洪泽县则构成了 2013 年淮安的最大组内差距,两地区生均教育公共财政预算公用经费支出相差 5178 元;洪泽县与金湖县则构成了 2014 年的最大组内差距,两地区的生均教育公共财政预算公用经费支出相差 8045 元,可见,淮安市的组内差距在 2013—2014 年略微扩大了 2867 元。

连云港市下辖赣榆、东海、灌云与灌南四县,除灌云县以外,其余各县普通初中教育生均公共财政预算公用经费支出在 2013—2014 年均表现出正增长的态势。其中,赣榆县普通初中教育生均公共财政预算公用经费支出 2013 年的 13856 元,增长到 2014 年的 15972 元,增长了 2116 元,增幅为 15.27%;东海县由 2013 年的 11397 元,增长到 2014 年的 14271 元,上涨了 2874 元,增幅达到了 25.22%;灌云县则由 2013 年的 5938 元,略微增长至 2014 年的 6827 元,仅增加了 889 元,相应的增幅为 14.97%;而灌南县则由 2013 年的 9332 元,增长到了 2014 年的 10203 元,增长部分达 871 元,增幅为 9.33%。赣榆县与灌云县构成了 2013 年连云港市的最大组内差距,两地区生均教育公共财政预算公用经费支出相差 7918 元;而赣榆县与灌云县依旧构成了 2014 年的最大组内差距,两地区的生均教育公共财政预算公用经费支出相差 9145 元,由此判断,连云港市的组内差距在 2013—2014 年进一步地扩大了 1227 元。

宿迁市下辖沭阳、泗阳、泗洪三县,各县普通初中教育生均公共财政预算公用经费支出在 2013—2014 年均为正增长。其中,沭阳县普通初中教育生均公共财政预算公用经费支出由 2013 年的 11019 元,增长到了 2014 年的 13240 元,增长部分达到了 2221 元,相应增幅达到了 20.16％;泗阳县则由 2013 年的 11351 元,上升到 2014 年的 13134 元,增长了 1783 元,增幅为 15.71％;而泗洪县则由 2013 年的 7905 元,大幅增长到了 2014 年的 13212 元,增长部分达到了 5307 元,增幅为 67.13％。泗阳县与泗洪县则构成了 2013 年宿迁市的最大组内差距,两地区的生均教育公共财政预算公用经费支出相差 3446 元;而沭阳县与泗阳县则构成了 2014 年的最大组内差距,两地区普通初中教育生均教育公共财政预算公用经费支出相差 106 元,因此,宿迁市的组内差距在 2013—2014 年缩小了 3340 元。

此外,苏北各辖市间普通初中教育生均教育公共财政预算公用经费支出亦存在着组间差距,如 2014 年灌云县普通初中教育生均公共财政预算公用经费支出仅为 6827 元,相较于沛县的 27090 元,两地区的组间差距为 20263 元,反映出苏北地区连云港市与徐州市在普通初中教育生均公共财政预算公用经费支出上存在较大差距。

12. 苏北地区义务教育生均公共财政预算教育事业费的组内差异

苏北地区由徐州、盐城、淮安、连云港、宿迁五市构成,义务教育生均公共财政预算公用经费支出在苏北五市内部存在着如下差异:

表 4－24　2014 年苏北地区义务教育生均公共财政预算教育事业费的组内差异　（元）

区　域	2013 年	2014 年	增长率(％)
丰县	19251	20133	4.58
沛县	22693	36541	60.90
睢宁县	18554	30237	62.97
新沂市	19892	21646	8.82
邳州市	20014	22171	10.78
响水县	24312	25920	6.61
滨海县	17564	19395	10.42
阜宁县	27392	31234	14.06
射阳县	26260	30415	15.82
建湖县	22220	23801	7.12
东台市	24697	29001	17.43
大丰市	24533	31911	30.07
涟水县	18716	23223	24.08
洪泽县	29934	34508	15.28
盱眙县	23379	25266	8.07

区　　域	2013 年	2014 年	增长率(%)
金湖县	27755	23078	-16.85
赣榆县	22007	25168	14.36
东海县	18823	22157	17.71
灌云县	12079	12967	7.35
灌南县	16645	18100	8.74
沭阳县	19897	25415	27.73
泗阳县	20079	22784	13.47
泗洪县	14864	22004	48.04

　　具体来看,徐州市下辖丰县、沛县、睢宁县三个县以及新沂市、邳州市两个县级市,各县与县级市义务教育生均公共财政预算公用经费支出在 2013—2014 年均为正增长。其中,丰县义务教育生均公共财政预算公用经费支出由 2013 年的 19251 元,增长到 2014 年的 20133 元,增长了 882 元,增幅为 4.58%;沛县则由 2013 年的 22693 元,大幅增长至 2014 年的 36541 元,增长了 13848 元,相应增幅达到了 60.90%;睢宁县由 2013 年的 18554 元,大幅增长到 2014 年的 30237 元,增长部分达到了 11683 元,相应增幅达到了 62.97%;新沂市两阶段义务教育生均公共财政预算公用经费支出则由 2013 年的 19892 元,略微增长到 2014 年的 21646 元,增长了 1754 元,增幅为 8.82%;而邳州市则由 2013 年的 20014 元,增长到 2014 年的 22171 元,增长了 2157 元,增幅为 10.78%。沛县与睢宁县构成了 2013 年徐州市的最大组内差距,两阶段义务教育生均教育公共财政预算公用经费支出相差 4139 元;而沛县与丰县则构成了 2014 年的最大组内差距,两地区的生均教育公共财政预算公用经费支出相差 16411 元,因此,徐州市的组内差距在 2013—2014 年进一步扩大了 12272 元。

　　盐城市下辖响水县、滨海县、阜宁县、射阳县、建湖县以及东台与大丰两个县级市,各县与县级市义务教育教育生均公共财政预算公用经费支出在 2013—2014 年均为正向增长。其中,响水县的生均公共财政预算公用经费支出由 2013 年的 24312 元,增长到 2014 年的 25920 元,增长了 1608 元,增幅为 6.61%;滨海县由 2013 年的 17564 元,增长到 2014 年的 19395 元,增长了 1831 元,相应增幅为 10.42%;阜宁县则由 2013 年的 27392 元,大幅攀升至 2014 年的 31234 元,增长部分达到了 3842 元,增幅达到了 14.06%;射阳县由 2013 年的 26260 元,大幅增长到 2014 年的 30415 元,增长部分达到了 4155 元,相应增幅为 15.82%;建湖县由 2013 年的 22220 元,增长到 2014 年的 23801 元,增长了 1581 元,增幅为 7.12%;东台市则由 2013 年的 24697 元,增长到 2014 年的 29001 元,上涨了 4304 元,增幅达到了

7.12%；大丰市则由 2013 年的 24533 元，大幅增长至 2014 年的 31911 元，增长部分达到了 7378 元，增幅为 30.07%。阜宁县与滨海县构成了 2013 年盐城市的最大组内差距，两地区两阶段义务教育生均教育公共财政预算公用经费支出相差 9827元；而阜宁县与滨海县依旧构成了 2014 年盐城最大组内差距，两地区的生均教育公共财政预算公用经费支出相差 11839 元。因此，盐城市的组内差距在 2013—2014 年进一步地扩大了 2012 元。

淮安市下辖涟水、洪泽、盱眙、金湖四县，除金湖县外，其余各县义务教育生均公共财政预算公共经费支出在 2013—2014 年均为正增长。其中，涟水县的生均公共财政预算公用经费支出由 2013 年的 18716 元，增长到 2014 年的 23223 元，增长部分为 4507 元，增幅达到了 24.08%；洪泽县由 2013 年的 29934 元，蹿升至 2014年的 34508 元，增长部分达到了 4574 元，增幅为 15.28%；盱眙县由 2013 年的23379 元，增长到 2014 年的 25266 元，增长了 1887 元，增幅为 8.07%；而金湖县则由 2013 年的 27755 元，下降到 2014 年的 23078 元，缩减部分达到 4677 元，降幅达到了 16.85%。涟水县与洪泽县则构成了 2013 年淮安的最大组内差距，两地区生均教育公共财政预算公用经费支出相差 11218 元；洪泽县与金湖县则构成了 2014年的最大组内差距，两地区的生均教育公共财政预算公用经费支出相差 11430 元，可见，淮安市的组内差距在 2013—2014 年略微扩大了 212 元。

连云港市下辖赣榆、东海、灌云与灌南四县，各县义务教育生均公共财政预算公用经费支出在 2013—2014 年均表现出正增长的态势。其中，赣榆县义务教育生均公共财政预算公用经费支出 2013 年的 22007 元，增长到 2014 年的 25168元，增长了 3161 元，增幅为 14.36%；东海县由 2013 年的 18823 元，增长到 2014年的 22157 元，上涨了 3334 元，增幅达到了 17.71%；灌云县则由 2013 年的12079 元，略微增长至 2014 年的 12967 元，仅增加了 888 元，相应的增幅为7.35%；而灌南县则由 2013 年的 16645 元，增长到了 2014 年的 18100 元，增长部分达 1455 元，增幅为 8.74%。赣榆县与灌云县构成了 2013 年连云港市的最大组内差距，两地区生均教育公共财政预算公用经费支出相差 9928 元；而赣榆县与灌云县依旧构成了 2014 年的最大组内差距，两地区的生均教育公共财政预算公用经费支出相差 12201 元，由此判断，连云港市的组内差距在 2013—2014年进一步地扩大了 2273 元。

宿迁市下辖沭阳、泗阳、泗洪三县，各县两阶段义务教育生均公共财政预算公用经费支出在 2013—2014 年均为正增长。其中，沭阳县义务教育生均公共财政预算公用经费支出由 2013 年的 19897 元，增长到 2014 年的 25415 元，增长部分达到了 5518 元，相应增幅达到了 27.73%；泗阳县则由 2013 年的 20079 元，上升到 2014年的 22784 元，增长了 2705 元，增幅为 13.47%；而泗洪县则由 2013 年的 14864元，大幅增长到了 2014 年的 22004 元，增长部分达到了 7140 元，增幅为 48.04%。

泗阳县与泗洪县则构成了 2013 年宿迁市的最大组内差距,两地区的生均教育公共财政预算公用经费支出相差 5215 元;而沭阳县与泗洪县则构成了 2014 年的最大组内差距,两地区义务教育生均教育公共财政预算公用经费支出相差 3411 元,因此,宿迁市的组内差距在 2013—2014 年缩小了 1804 元。

此外,苏北各辖市间义务教育生均教育公共财政预算公用经费支出亦存在着组间差距,如 2014 年灌云县义务教育生均公共财政预算公用经费支出仅为 12967 元,相较于沛县的 36541 元,两地区的组间差距为 23574 元,反映出苏北地区连云港市与徐州市在义务教育生均公共财政预算公用经费支出上存在较大差距。

(三)义务教育生均公共财政预算公用经费支出的区域均衡发展评价

1. 全省普通小学教育生均公共财政预算公用事业费的省内组间差距

2014 年,江苏省普通小学教育生均公共财政预算公用经费支出在苏南、苏中、苏北地区间,表现出一定的区域差异。其中,南京市、苏州市、无锡市、常州市、镇江市构成的苏南地区,生均公共财政预算公用经费支出的均值由 2013 年的 2568 元,略微增长到 2014 年的 2620 元,增长了 52 元,增幅为 2.02%,总体说来基本保持不变;南通、扬州、泰州三市构成的苏中地区,生均公共财政预算公用经费支出的均值由 2013 年的 2606 元,大幅攀升至到 2014 年的 3680 元,增长部分达到 1074 元,增幅达到了 41.21%;徐州市、盐城市、淮安市、连云港市、宿迁市构成的苏北地区,生均公共财政预算公用经费支出的均值由 2013 年的 2804 元,下降到 2014 年的 2669 元,缩减了 135 元,降幅为 4.81%。

表 4-25 2014 年江苏省普通小学教育生均公共财政预算公用经费的区域差异 (元)

区　　域	2013 年	2014 年	增长率(%)
苏南	2568	2620	2.02
苏中	2606	3680	41.21
苏北	2804	2669	−4.81
均值	2659	2990	12.45

从绝对量上看,苏中地区普通小学教育生均公共财政预算公用经费支出增长显著,2013 年苏中地区与苏北地区生均公共财政预算公用经费相差 198 元,但 2014 年反超苏北地区 1011 元;与此同时,2013 年苏中地区生均公共财政预算公用经费支出与苏南地区间的差距为 38 元,但 2014 年苏中、苏南地区生均公共财政预算公用经费的差距进一步扩大,区域差距达到了 1060 元。此外,由于苏北地区生均公共财政预算公用经费在2013—2014年为负增长,缩小了苏南、苏北间的区域差距,两地间的投入差距由 2013 年的 236 元,缩小到 2014 年的 49 元。因此,由于苏南生均公共财政预算公用经费的基本不变,苏北地区的负增长态势以

及苏中地区较大幅度的正增长,致使江苏省普通小学教育生均公共财政预算公用经费支出的区域非均衡发展,主要表现为苏中地区与苏南、苏北地区间的区域差距。

2. 全省普通初中教育生均公共财政预算公用经费的省内组间差距

2014 年,江苏省普通初中教育生均公共财政预算公用经费支出在苏南、苏中、苏北地区间,表现出一定的区域差异。其中,南京市、苏州市、无锡市、常州市、镇江市构成的苏南地区,生均公共财政预算教育事业费的均值由 2013 年的 3413 元,小幅降至 2014 年的 3265 元,减少了 148 元,降幅为 4.34%;南通、扬州、泰州三市构成的苏中地区,生均公共财政预算公用经费支出的均值由 2013 年的 2768 元,大幅攀升至 2014 年的 3302 元,增长部分达到了 534 元,增幅达到了 19.29%;徐州市、盐城市、淮安市、连云港市、宿迁市构成的苏北地区,生均公共财政预算公用经费支出的均值由 2013 年的 3361 元,下降到了 2014 年的 3062 元,减少了 299 元,降幅为 8.90%。

表 4-26　2014 年江苏省普通初中教育生均公共财政预算公用经费的区域差异　（元）

区　　域	2013 年	2014 年	增长率(%)
苏南	3413	3265	-4.34
苏中	2768	3302	19.29
苏北	3361	3062	-8.90
均值	3181	3201	0.63

从绝对量上看,苏中地区普通初中教育生均公共财政预算公用经费支出的增长最为显著,2013 年苏中地区与苏南地区在生均公共财政预算公用经费支出上,相差 645 元,但由于苏中地区的大幅度增长,2014 年苏中反超苏南地区,两地区间的差距为 37 元;与此同时,2013 年苏中地区生均公共财政预算公用经费与苏北地区间相差 593 元,但由于苏北地区的负增长态势,2014 年苏中反超苏北地区,两地区间的差距为 240 元。此外,由于苏南、苏北地区生均公共财政预算公用经费在2013—2014 年为负增长,但苏北的降幅高于苏南地区,致使两地区间的地区差异,由 2013 年的 52 元,扩大到 2014 年的 203 元。因此,江苏省普通初中教育生均公共财政预算公用经费的区域非均衡发展,主要表现为苏南与苏中地区的区域差距日趋缩小,但苏中与苏北地区间的差距却呈现出扩大的趋势。

3. 全省义务教育生均公共财政预算公用经费的省内组间差距

2014 年,江苏省两阶段义务教育的生均公共财政预算公用经费在苏南、苏中、苏北地区间,表现出一定的区域差异。其中,南京市、苏州市、无锡市、常州市、镇江市构成的苏南地区,生均公共财政预算公用经费的均值由 2013 年的 5981 元,略微降至 2014 年的 5885 元,减少了 96 元,降幅为 1.61%;南通、扬州、泰州三市构成的苏中地区,义务教育生均公共财政预算公用经费的均值由 2013 年的 5374 元,大幅攀升至 2014 年的 6982 元,增长部分达到了 1608 元,增幅达到了 29.92%;徐州市、盐城市、淮安市、连云港市、宿迁市构成的苏北地区,义务教育生均公共财政预算公用经费的均值由 2013 年的 6165 元,缩减到 2014 年的 5731 元,减少 434 元,降幅为 7.04%。

表 4-27　2014 年江苏省义务教育生均公共财政预算公用经费的区域差异　　（元）

区　域	2013 年	2014 年	增长率(%)
苏南	5981	5885	−1.61
苏中	5374	6982	29.92
苏北	6165	5731	−7.04
均值	5840	6199	6.15

从绝对量上看,苏中地区义务教育的生均公共财政预算公用经费的增长最为显著,2013 年苏中地区与苏南地区生均公共财政预算公用经费支出相差 607 元,但 2014 年由于苏中地区的大幅增长以及苏南地区的负增长态势,苏中反超苏南地区,两地区间的差距为 1097 元;与此同时,2013 年苏中地区生均公共财政预算公用经费与苏北地区相差 791 元,但 2014 年由于苏北地区的负增长,苏中反超苏北地区,并拉大两地区间的差距到 1251 元。此外,由于苏北地区生均公共财政预算教育事业费在 2013—2014 年的降幅高于苏南地区,因而,苏南、苏北间的地区差异,由 2013 年的 184 元,缩减至 2014 年的 154 元。

4. 苏南地区普通小学教育生均公共财政预算公用经费的组内差异

苏南地区由南京、无锡、苏州、常州、镇江四市构成,剔除南京市,在义务教育阶段,普通小学的教育生均公共财政预算公用经费,在苏南地区间存在着一定的组内差距:

表 4-28　2014 年苏南地区普通小学教育生均公共财政预算公用经费的组内差异　　（元）

区　域	2013 年	2014 年	增长率(%)
江阴市	2212	1759	−20.48
宜兴市	971	3559	266.53
常熟市	2832	1300	−54.10
张家港市	2403	2927	21.81
昆山市	4539	3912	−13.81
太仓市	8266	5683	−31.25
溧阳市	733	1049	43.11
金坛市	619	700	13.09

续　表

区　　域	2013 年	2014 年	增长率(%)
丹阳市	2302	4109	78.50
扬中市	3401	2206	−35.14
句容市	7734	6895	−10.85

具体来看,无锡市下辖江阴与宜兴两个县级市,其中,江阴市普通小学教育生均公共财政预算公用经费由 2013 年的 2212 元,下降到 2014 年的 1759 元,缩减部分达到了 453 元,降幅达到了 20.48%;而宜兴市则由 2013 年的 971 元,大幅增长到了 2014 年的 3559 元,增长部分达到了 2588 元,增幅达到了 266.53%,江阴与宜兴市的差距由 2013 年的 1241 元,扩大到了 2014 年的 1800 元。

苏州市下辖常熟市、张家港市、昆山市、太仓市四个县级市,其中,常熟市普通小学教育的生均公共财政预算公用经费由 2013 年的 2832 元,大幅下降至 2014 年的 1300 元,缩减了 1532 元,降幅达到了 54.10%;张家港市则由 2013 年的 2403 元,小幅攀升至 2014 年的 2927 元,增长了 524 元,增幅为 21.81%;昆山市由 2013 年的 4539 元,下降到 2014 年的 3912 元,缩减了 627 元;而太仓市则由 2013 年的 8266 元,大幅下降到 2014 年的 5683 元,减少部分达到了 2583 元,降幅为 31.25%。2013 年,苏州地区普通小学教育生均公共财政预算公用经费差距最大的为张家港市与太仓市,两市生均公共财政预算公用经费的极差为 5863 元,而 2014 年则是常熟市与太仓市,两地区间的极差为 4383 元。相较于 2013 年,苏州地区 2014 年的组内极差下降了 1480 元,显示出一定的均衡发展态势。

常州市下辖溧阳市与金坛市两个县级市,其中,溧阳市的生均公共财政预算公用经费由 2013 年的 733 元,小幅增至 2014 年的 1049 元,增长了 316 元,增幅为 43.11%;而金坛市则由 2013 年的 619 元,增长到 2014 年的 700 元,增长部分达到了 81 元,增幅为 13.09%,溧阳市与金坛市的生均差距由 2013 年的 114 元,进一步扩大到 2014 年的 349 元。

镇江市下辖丹阳、扬中、句容三个县级市,其中,丹阳市普通小学教育的生均公共财政预算公用经费由 2013 年的 2302 元,增长到 2014 年的 4109 元,增长了 1807 元,增幅为 78.50%;扬中市由 2013 年的 3401 元,下降到 2014 年的 2206 元,缩减了 1195 元,降幅达到了 35.14%;句容市则由 2013 年的 7734 元,下降到了 2014 年的 6895 元,减少了 839 元,降幅为 10.85%。2013 年,丹阳市与句容市构成镇江地区普通小学教育生均公共财政预算公用经费的最大组内差距,两地区间相差 5432 元;而 2014 年扬中市与句容市构成的最大组内差距则大幅缩减至 4689 元。

由此可见,苏南地区各辖市内部,普通小学教育生均公共财政预算公用经费的差距正不断缩小。但是,需要指出的是,苏南各辖市间的组间差距仍然不容忽视,如 2014 年金坛市普通小学教育的生均公共财政预算公用经费为 700 元,相较于句容市的 6895 元,两地区间的极差达到了 6195 元,反映了苏南地区常州市与镇江市间较大的组间差距。

5. 苏南地区普通初中教育生均公共财政预算公用经费的组内差异

苏南地区由南京、无锡、苏州、常州、镇江四市构成,剔除南京市,义务教育阶段下,普通初中教育生均公共财政预算公用经费,在苏南地区间存在着一定的组内差距:

表 4-29　2014 年苏南地区普通初中教育生均公共财政预算公用经费的组内差异　(元)

区　　域	2013 年	2014 年	增长率(%)
江阴市	3461	2633	-23.92
宜兴市	1220	2035	66.80
常熟市	2373	2222	-6.36
张家港市	2567	3696	44.02
昆山市	5682	6101	7.37
太仓市	6574	3177	-51.67
溧阳市	979	1407	43.72
金坛市	851	1000	17.51
丹阳市	2253	5537	145.76
扬中市	8151	2457	-69.86
句容市	3238	7912	144.35

具体来看,无锡市下辖江阴与宜兴两个县级市,其中,江阴市普通初中教育生均公共财政预算公用经费由 2013 年的 3461 元,下降到 2014 年的 2633 元,减少了 828 元,降幅为 23.92%;而宜兴市则由 2013 年的 1220 元,增长至 2014 年的 2035 元,增长了 815 元,增幅达到了 66.80%,江阴与宜兴市的差距由 2013 年的 2241 元,缩减至 2014 年的 598 元。

苏州市下辖常熟市、张家港市、昆山市、太仓市四个县级市,其中,常熟市普通初中教育的生均公共财政预算公用费用由 2013 年的 2373 元,降至 2014 年的 2222 元,减少了 151 元,降幅为 6.36%;张家港市则由 2013 年的 2567 元,增长到 2014 年的 3696 元,增长了 1129 元,增幅达到了 44.02%;昆山市由 2013 年的 5682 元,增长到 2014 年的 6101 元,增长了 419 元,增幅为 7.37%;而太仓市则由 2013 年的 6574 元,大幅下降到 2014 年的 3177 元,减少部分达到了 3397 元,降幅达到了 51.67%。2013 年,苏州地区普通初中教育生均公共财政预算公用经费差距最大的为常熟市与太仓市,两市生均公共财政预算公用经费的极差为 4201 元,而 2014 年则为常熟市与昆山市构成了苏州地区最大组内差距,两地区的极差为 3879 元。相较于 2013 年,苏州地区 2014 年的组内极差略微缩小了 322 元。

常州市下辖溧阳市与金坛市两个县级市,其中,溧阳市的生均公共财政预算公用经费由 2013 年的 979 元,小幅增至 2014 年的 1407 元,增长了 428 元,增幅达到了 43.72%;而金坛市则由 2013 年的 851 元,增长到 2014 年的 1000 元,增长部分达到了 149 元,增幅为 17.51%,溧阳市与金坛市的生均差距由 2013 年的 128 元,进一步扩大到 2014 年的 407 元。

镇江市下辖丹阳、扬中、句容三个县级市,其中,丹阳市普通初中教育的生均公共财政预算公用经费由 2013 年的 2253 元,大幅增长至 2014 年的 5537 元,增长了 3284 元,增幅达到了 145.76%;扬中市由 2013 年的 8151 元,大幅下降到 2014 年的 2457 元,减少了 5694 元,降幅达到了 69.86%;句容市则由 2013 年的 3238 元,大幅增长至 2014 年的 7912 元,增长部分为 4674 元,增幅达到了 144.35%。2013 年,丹阳市与扬中市构成镇江地区普通初中教育生均公共财政预算公用经费的最大差距,组内极差达到了 5898 元,而 2014 年扬中市与句容市构成的最大组内差距略微缩减至 5455 元。

由此可见,苏南地区各辖市内部,普通初中教育生均公共财政预算公用经费的差距正不断缩小。但是,需要指出的是,苏南各辖市间的组间差距仍然不容忽视,如 2014 年金坛市普通初中教育的生均公共财政预算公用经费仅为 1000 元,相较于句容市的 7912 元,两地区间的极差达到了 6912 元,反映了苏南地区常州市与镇江市间较大的组间差距。

6. 苏南地区义务教育生均公共财政预算公用经费的组内差异

苏南地区由南京、无锡、苏州、常州、镇江四市构成,剔除南京市,两阶段义务教育生均公共财政预算公用经费,在苏南地区间存在着一定的组内差距:

表 4 - 30 2014 年苏南地区义务教育生均公共财政预算公用经费的组内差异　　(元)

区　域	2013 年	2014 年	增长率(%)
江阴市	5673	4392	−22.58
宜兴市	2191	5594	155.32
常熟市	5205	3522	−32.33
张家港市	4970	6623	33.26
昆山市	10221	10013	−2.04
太仓市	14840	8860	−40.30
溧阳市	1712	2456	43.46
金坛市	1470	1700	63.27
丹阳市	4555	9646	111.77
扬中市	11552	4663	−59.63
句容市	10972	14807	34.95

具体来看，无锡市下辖江阴与宜兴两个县级市，其中，江阴市义务教育生均公共财政预算公用经费由 2013 年的 5673 元，下降到 2014 年的 4392 元，减少了 1281 元，降幅为 22.58%；而宜兴市则由 2013 年的 2191 元，增长至 2014 年的 5594 元，增长了 3403 元，增幅达到了 155.32%，江阴与宜兴市义务教育生均公共财政预算公用经费的差距由 2013 年的 3482 元，缩小到了 2014 年的 1202 元。

苏州市下辖常熟市、张家港市、昆山市、太仓市四个县级市，其中，常熟市义务教育生均公共财政预算公用经费由 2013 年的 5205 元，下降到 2014 年的 3522 元，缩减了 1683 元，降幅达到了 32.33%；张家港市则由 2013 年的 4970 元，小幅攀升至 2014 年的 6623 元，增长了 1653 元，增幅为 33.26%；昆山市由 2013 年的 10221 元，略微下降到 2014 年的 10013 元，缩减了 208 元，降幅为 2.04%；而太仓市则由 2013 年的 14840 元，大幅下降到 2014 年的 8860 元，减少部分达到了 5980 元，降幅达到了 40.30%。2013 年，苏州地区义务教育生均公共财政预算公用经费差距最大的为张家港市与太仓市，两市生均公共财政预算公用经费的极差为 9870 元，而 2014 年则为常熟市与昆山市构成了苏州地区最大组内差距，两地区的极差为 6491 元。相较于 2013 年，2014 年苏州地区义务教育生均公共财政预算公用经费组内差距缩小了 3379 元。

常州市下辖溧阳市与金坛市两个县级市，其中，溧阳市的生均公共财政预算公用经费由 2013 年的 1712 元，小幅增至 2014 年的 2456 元，增长了 744 元，增幅达到了 43.46%；而金坛市则由 2013 年的 1470 元，增长到了 2014 年的 1700 元，增长部分达到了 230 元，增幅为 63.27%，溧阳市与金坛市的生均差距由 2013 年的 242 元，进一步扩大到 2014 年的 756 元。

镇江市下辖丹阳、扬中、句容三个县级市，其中，丹阳市义务教育的生均公共财政预算公用经费由 2013 年的 4555 元，大幅增长至 2014 年的 9646 元，增长了 5091 元，增幅达到了 111.77%；扬中市由 2013 年的 11552 元，下降到 2014 年的 4663 元，减少了 6889 元，降幅达到了 59.63%；句容市则由 2013 年的 10972 元，大幅增长至 2014 年的 14807 元，增长部分为 3835 元，增幅达到了 34.95%。2013 年，丹阳市与扬中市构成镇江地区普通初中教育生均公共财政预算公用经费的最大差距，组内极差达到了 6997 元，而 2014 年则为扬中市与句容市构成了镇江市的最大组内差距，且相较于 2013 年，最大组内差距扩大至 10144 元。

由此可见，苏南地区各辖市内部，义务教育生均公共财政预算公用经费的差距正不断缩小。但是，需要指出的是，苏南各辖市间的组间差距仍然不容忽视，如 2014 年金坛市义务教育的生均公共财政预算公用经费仅为 1700 元，相较于句容市的 14807 元，两地区间的极差达到了 13107 元，反映了苏南地区常州市与镇江市间在义务教育投入上较大的组间差距。

7. 苏中地区普通小学教育生均公共财政预算公用经费的组内差异

苏中地区由南通、扬州、泰州三市构成,义务教育阶段下,普通小学的教育生均公共财政预算公用经费,在苏中地区间存在着一定的组内差距:

表4-31 2014年苏中地区普通小学教育生均公共财政预算公用经费的组内差异 (元)

区 域	2013年	2014年	增长率(%)
海安县	2436	2441	0.21
如东县	3118	5316	70.49
启东市	2420	1918	−20.74
如皋市	2310	2294	−0.69
海门市	2966	3860	30.14
宝应县	3466	3123	−9.90
仪征市	1133	906	−20.04
高邮市	3331	4232	27.05
兴化市	914	918	0.44
靖江市	882	3672	316.33
泰兴市	671	890	32.64

具体来看,南通市下辖海安、如东两县以及启东、如皋、海门三个县级市,其中,海安县普通小学教育的生均公共财政预算公用经费由2013年的2436元,略微增长到2014年的2441元,增长了5元,增幅为0.21%;如东县则由2013年的3118元,大幅增长到2014年的5316元,增长部分为2198元,增幅达到了70.49%;启东市则由2013年的2420元,略微下降至2014年的1918元,减少了502元,降幅为20.74%;如皋市由2013年的2310元,下降到2014年的2294元,减少了16元,降幅仅为0.69%;海门市则由2013年的2966元,上涨到2014年的3860元,增加部分达到了894元,增幅为30.14%。如东县与如皋市在普通小学教育生均公共财政预算公用经费808元的差距,构成了2013年南通市最大的组内差距,而如东县与启东市则构成了2014年南通市的最大组内差距,两地区的组内差距的极值为3398元,相较于2013年,进一步扩大了2590元。

扬州市下辖宝应县、仪征市与高邮市两个县级市,其中,宝应县普通小学教育生均公共财政预算公用经费由2013年的3466元,略微下降到2014年的3123元,缩减了343元,降幅为9.90%;仪征市则由2013年的1133元,下降到2014年的906元,减少了227元,降幅为20.04%;而高邮市则由2013年的3331元,增加至2014年的4232元,增长了901元,增幅为27.05%。宝应县与仪征市构成了2013年扬州市的最大组内差距,两地区普通小学生均教育公共财政预算公用经费相差2333元;而高邮市与仪征市则构成了2014年的最大组内差距,两地区普通小学教育生均教育公共财政预算公用经费相差 3326 元。因此,扬州市的组内差距在 2013—2014 年进一步扩大了 993 元。

泰州市下辖兴化、靖江、泰兴三个县级市,其中,兴化市普通小学教育生均公共财政预算公用经费支出由 2013 年的 914 元,略微增长到 2014 年的 918 元,仅增加了 4 元,增幅仅为 0.44%;靖江市则由 2013 年的 882 元,大幅增长到了 2014 年的 3672 元,增长部分为 2790 元,增幅达到了 316.33%;而泰兴市则由 2013 年的 671 元,增长到 2014 年的 890 元,仅增加了 219 元,相应增幅为 32.64%。兴化市与泰兴市则构成了 2013 年泰州市的最大组内差距,两地区的生均教育公共财政预算公用经费支出相差 243 元;而靖江市与泰兴市则构成了 2014 年的最大组内差距,两地区普通小学教育生均教育公共财政预算公用经费相差 2782 元,由此可见,泰州市的组内差距在 2013—2014 年进一步扩大了 2539 元。

同样,苏中各辖市间仍存在不同程度的组间差距,如 2014 年泰兴市生均公共财政预算公用经费仅为 890 元,相较于如东县的 5316 元,两地区的组间差距为 4426 元,反映出苏中地区泰州市与南通市普通小学教育的生均公共财政预算公用经费存在较大差距。

8. 苏中地区普通初中教育生均公共财政预算公用经费的组内差异

苏中地区由南通、扬州、泰州三市构成,义务教育阶段下,普通初中教育生均公共财政预算公用经费,在苏中地区间存在着一定的组内差距:

表 4 - 32　2014 年苏中地区普通初中教育生均公共财政预算公用经费的组内差异　(元)

区　　域	2013 年	2014 年	增长率(%)
海安县	3246	3280	1.05
如东县	3869	6129	58.41
启东市	3559	1698	-32.29
如皋市	2099	2194	4.53
海门市	3433	7535	119.49
宝应县	4063	4701	15.67
仪征市	1311	1517	15.71
高邮市	2713	1985	-26.83
兴化市	1139	1204	5.71
靖江市	1161	4275	268.22
泰兴市	1073	1248	16.31

具体来看,南通市下辖海安、如东两县以及启东、如皋、海门三个县级市,其中,海安县普通初中教育生均公共财政预算公用经费由 2013 年的 3246 元,略微增长

到 2014 年的 3280 元,仅增长了 34 元,增幅为 1.05%;如东县则由 2013 年的 3869 元,大幅增长至 2014 年的 6129 元,增长部分为 2260 元,增幅达到了 58.41%;启东市则由 2013 年的 3559 元,下降到 2014 年的 1698 元,减少了 1861 元,降幅为 32.29%;如皋市由 2013 年的 2099 元,增长到 2014 年的 2194 元,增长了 95 元,增幅为 4.53%;海门市则由 2013 年的 3433 元,大幅攀升至 2014 年的 7535 元,增加部分达到了 4102 元,增幅达到了 119.49%。如东县与如皋市在普通初中教育生均公共财政预算公用经费上 1770 元的差距,构成了 2013 年南通市最大的组内差距,而海门市与启东市则构成了 2014 年南通市的最大组内差距,两地区组内差距的极值为 5837 元,相较于 2013 年的组内差距则进一步扩大了 4067 元。

扬州市下辖宝应县、仪征市与高邮市两个县级市,其中,宝应县普通初中教育生均公共财政预算公用经费由 2013 年的 4063 元,略微增长至 2014 年的 4701 元,增加部分为 638 元,增幅为 15.67%;仪征市则由 2013 年的 1311 元,提升至 2014 年的 1517 元,增长了 206 元,增幅为 15.71%;而高邮市则由 2013 年的 2713 元,下降到 2014 年的 1985 元,缩减了 728 元,降幅为 26.83%。宝应县与仪征市则构成了 2013 年扬州市的最大组内差距,两地区普通初中教育生均教育公共财政预算公用经费相差 2752 元;而宝应县与仪征市依旧构成了 2014 年的最大组内差距,两地区普通初中教育生均教育公共财政预算公用经费相差 3184 元。因此,扬州市的组内差距在 2013—2014 年进一步扩大了 432 元。

泰州市下辖兴化、靖江、泰兴三个县级市,其中,兴化市普通初中教育生均公共财政预算公用经费由 2013 年的 1139 元,略微增长到 2014 年的 1204 元,增长部分为 65 元,增幅为 5.71%;靖江市则由 2013 年的 1161 元,大幅增长到了 2014 年的 4275 元,增长部分为 3114 元,增幅达到了 268.22%;而泰兴市则由 2013 年的 1073 元,增长到了 2014 年的 1248 元,增加了 175 元,增幅为 16.31%。靖江市与泰兴市则构成了 2013 年泰州市的最大组内差距,两地区普通初中教育生均教育公共财政预算公用经费相差 88 元;而靖江市与兴化市则构成了 2014 年的最大组内差距,两地区普通初中教育生均教育公共财政预算公用经费相差 3071 元,由此可见,泰州市的组内差距在 2013—2014 年进一步扩大了 2983 元。

同样,苏中各辖市间在普通初中教育生均公共财政预算公用经费上也存在着一定程度的组间差距,如 2014 年兴化市生均公共财政预算公用经费仅为 1204 元,相较于海门市的 7535 元,两地区的组间差距为 6331 元,反映出苏中地区泰州市与南通市在普通初中教育生均公共财政预算公用经费上的较大差距。

9. 苏中地区义务教育生均公共财政预算公用经费的组内差异

苏中地区由南通、扬州、泰州三市构成,两阶段义务教育生均公共财政预算公用经费,在苏中地区间存在着一定的组内差距:

表 4-33　2014 年苏中地区义务教育生均公共财政预算公用经费的组内差异　　（元）

区　　域	2013 年	2014 年	增长率(%)
海安县	5592	5721	2.31
如东县	6987	11445	63.80
启东市	5979	3616	−39.52
如皋市	4409	4488	1.79
海门市	6399	11395	78.07
宝应县	7529	7824	3.92
仪征市	2444	2423	−0.86
高邮市	6044	6217	2.86
兴化市	2053	2122	3.36
靖江市	2043	7947	288.99
泰兴市	1744	2138	22.59

具体来看,南通市下辖海安、如东两县以及启东、如皋、海门三个县级市,其中,海安县义务教育生均公共财政预算公用经费由 2013 年的 5592 元,增长到 2014 年的 5721 元,增长部分为 129 元,增幅为 2.31%;如东县则由 2013 年的 6987 元,大幅增长至 2014 年的 11445 元,增长部分达到了 4458 元,增幅达到了 63.80%;启东市则由 2013 年的 5979 元,下降到了 2014 年的 3616 元,减少了 2363 元,降幅为 39.52%;如皋市由 2013 年的 4409 元,增长到 2014 年的 4488 元,增长了 79 元,增幅仅为 1.79%;海门市则由 2013 年的 6399 元,大幅攀升至 2014 年的 11395 元,增加部分达到了 4996 元,增幅达到了 78.07%。如东县与如皋市在义务教育教育生均公共财政预算公用经费上 2578 元的差距,构成了 2013 年南通市最大的组内差距,而如东县与启东市则构成了 2014 年南通市的最大组内差距,两地区的组内差距的极值为 7829 元,相较于 2013 年的组内差距则进一步扩大了 5251 元。

扬州市下辖宝应县、仪征市与高邮市两个县级市,其中,宝应县义务教育生均公共财政预算公用经费由 2013 年的 7529 元,增长至 2014 年的 7824 元,增加了 295 元,增幅为 3.92%;仪征市则由 2013 年的 2444 元,下降到 2014 年的 2423 元,减少了 21 元,降幅为 0.86%;而高邮市则由 2013 年的 6044 元,增加至 2014 年的 6217 元,增长了 173 元,增幅为 2.86%。宝应县与仪征市构成了 2013 年扬州市的最大组内差距,两地区义务教育生均教育公共财政预算公用经费相差 5085 元;而宝应县与仪征市依旧构成了 2014 年的最大组内差距,两地区的生均教育公共财政预算公用经费相差 5401 元。因此,扬州市的组内差距在 2013—2014 进一步扩大了 316 元。

泰州市下辖兴化、靖江、泰兴三个县级市,其中,兴化市义务教育生均公共财政预算公用经费由 2013 年的 2053 元,增长到 2014 年的 2122 元,增长部分为 69 元,增幅为 3.36%;靖江市则由 2013 年的 2043 元,增长到了 2014 年的 7947 元,增长部分为 5904 元,增幅达到了 288.99%;而泰兴市则由 2013 年的 1744 元,增长到了 2014 年的 2138 元,增加了 394 元,增幅为 22.59%。兴化市与泰兴市则构成了 2013 年泰州市的最大组内差距,两地区义务教育生均教育公共财政预算公用经费相差 309 元;而靖江市与泰兴市则构成了 2014 年的最大组内差距,两地区义务教育生均教育公共财政预算公用经费相差 5825 元,由此可见,泰州市的组内差距在 2013—2014 年进一步扩大了 5516 元。

苏中各辖市间在义务教育生均公共财政预算公用经费上,也存在着一定程度的组间差距,如 2014 年兴化市义务教育生均公共财政预算公用经费仅为 2122 元,相较于如东县的 11445 元,两地区的组间差距为 9323 元,反映出苏中地区泰州市与南通市在义务教育生均公共财政预算公用经费上存在较大差距。

10. 苏北地区普通小学教育生均公共财政预算公用经费的组内差异

苏北地区由徐州、盐城、淮安、连云港、宿迁五市构成,普通小学教育生均公共财政预算公用经费支出在苏北五市内部存在着如下差异:

表 4 - 34　2014 年苏北地区普通小学教育生均公共财政预算公用经费的组内差异　（元）

区　　域	2013 年	2014 年	增长率(%)
丰县	1887	2996	58.77
沛县	2424	2788	15.02
睢宁县	1315	4152	215.74
新沂市	3661	3686	0.68
邳州市	4189	4211	0.53
响水县	1191	1511	26.87
滨海县	997	2361	136.81
阜宁县	3009	5148	71.09
射阳县	1304	2210	69.48
建湖县	3709	3231	−12.89
东台市	2204	2257	2.40
大丰市	4308	8294	92.53
涟水县	3111	4057	30.41
洪泽县	8143	8893	9.21
盱眙县	3551	3662	3.13
金湖县	4938	1595	−67.70

续　表

区　　域	2013 年	2014 年	增长率(%)
赣榆县	3413	4234	24.06
东海县	3434	3466	0.93
灌云县	1817	1627	−10.46
灌南县	2751	3556	29.26
沭阳县	1313	2155	64.13
泗阳县	1256	2330	85.51
泗洪县	1642	4238	158.10

　　具体来看,徐州市下辖丰县、沛县、睢宁县三个县以及新沂市、邳州市两个县级市,各县与县级市普通小学教育生均公共财政预算公用经费支出在 2013—2014 年均为正增长。其中,丰县普通小学教育生均公共财政预算公用经费支出由 2013 年的 1887 元,增长到 2014 年的 2996 元,增长了 1109 元,增幅为 58.77%;沛县则由 2013 年的 2424 元,增长到 2014 年的 2788 元,增长了 364 元,增幅为 15.02%;睢宁县由 2013 年的 1315 元,大幅增长到 2014 年的 4152 元,增长部分达到了 2837 元,相应增幅达到了 215.74%;新沂市普通小学教育生均公共财政预算公用经费支出则由 2013 年的 3661 元,略微增长到 2014 年的 3686 元,增长了 25 元,增幅仅为 0.68%;而邳州市则由 2013 年的 4189 元,增长到 2014 年的 4211 元,增长了 22 元,增幅为 0.53%。邳州市与睢宁县则构成了 2013 年徐州市的最大组内差距,两地区普通小学教育生均教育公共财政预算公用经费支出相差 2974 元;而邳州市与沛县则构成了 2014 年的最大组内差距,两地区的生均教育公共财政预算公用经费支出相差 1423 元,因此,徐州市的组内差距在 2013—2014 年缩小了 1551 元。

　　盐城市下辖响水县、滨海县、阜宁县、射阳县、建湖县以及东台与大丰两个县级市,除建湖县以外,各县与县级市普通小学教育生均公共财政预算公用经费支出在 2013—2014 年间均为正向增长。其中,响水县的生均公共财政预算公用经费支出由 2013 年的 1191 元,增长到 2014 年的 1511 元,增长了 320 元,增幅为 26.87%;滨海县由 2013 年的 997 元,大幅增长到 2014 年的 2361 元,增长了 1364 元,相应增幅为 136.81%;阜宁县则由 2013 年的 3009 元,大幅攀升至 2014 年的 5148 元,增长部分达到了 2139 元,增幅达到了 71.09%;射阳县由 2013 年的 1304 元,增长到 2014 年的 2210 元,增长了 906 元,增幅为 69.48%;建湖县由 2013 年的 3709 元,下降到 2014 年的 3231 元,缩减了 478 元,降幅为 12.89%;东台市则由 2013 年的 2204 元,增长到 2014 年的 2257 元,上涨了 53 元,增幅为 2.40%;大丰市则由 2013 年的 4308 元,大幅增长至 2014 年的 8294 元,增长部分达到了 3986 元,增幅为 92.53%。滨海县与大丰市构成了 2013 年盐城市的最大组内差距,两地区普通小学教育生均教育公共财政预算公用经费支出相差 3311 元;而响水县与大丰市则构成了 2014 年盐城最大组内差距,两地区的生均教育公共财政预算公用经费支出相差 6783 元。因此,盐城市的组内差距在 2013—2014 年进一步地扩大了 3472 元。

淮安市下辖涟水、洪泽、盱眙、金湖四县,除金湖县外,各县普通小学教育生均公共财政预算公共经费支出在 2013—2014 年均为正增长。其中,涟水县的生均公共财政预算公用经费支出由 2013 年的 3111 元,增长到 2014 年的 4057 元,增长部分为 946 元,增幅为30.41%;洪泽县由 2013 年的 8143 元,蹿升至 2014 年的 8893 元,增长部分达到了 750 元,增幅为 9.21%;盱眙县由 2013 年的 3551 元,增长到 2014 年的 3662 元,仅增长了 111 元,增幅为 3.13%;而金湖县则由 2013 年的 4938 元,大幅下降到 2014 年的 1595 元,缩减部分达到 3343 元,降幅达到了 67.70%。涟水县与洪泽县构成了 2013 年淮安的最大组内差距,两地区生均教育公共财政预算公用经费支出相差 5032 元;而洪泽县与金湖县则构成了 2014 年的最大组内差距,两地区的生均教育公共财政预算公用经费支出相差 7298 元,可见,淮安市的组内差距在 2013—2014 年进一步扩大了 2266 元。

连云港市下辖赣榆、东海、灌云与灌南四县,除灌云县以外,各县普通小学教育生均公共财政预算公用经费支出在 2013—2014 年均表现出正增长的态势。其中,赣榆县的普通小学教育生均公共财政预算公用经费支出 2013 年的 3413 元,增长到 2014 年的 4234 元,增长了 821 元,增幅为 24.06%;东海县由 2013 年的 3434 元,增长到 2014 年的 3466 元,上涨了 32 元,增幅仅为 0.93%;灌云县则由 2013 年的 1817 元,略微降至 2014 年的 1627 元,减少了 190 元,相应的降幅为 10.46%;而灌南县则由 2013 年的 2751 元,增长到了 2014 年的 3556 元,增长部分达 805 元,增幅为 29.26%。东海县与灌云县构成了 2013 年连云港市的最大组内差距,两地区生均教育公共财政预算公用经费支出相差 1617 元;而赣榆县与灌云县依旧构成了 2014 年的最大组内差距,两地区的生均教育公共财政预算公用经费支出相差 2607 元,由此判断,连云港市的组内差距在 2013—2014 年进一步地扩大了 990 元。

宿迁市下辖沭阳、泗阳、泗洪三县,各县普通小学教育生均公共财政预算公用经费支出在 2013—2014 年均为正增长。其中,沭阳县普通小学教育生均公共财政预算公用经费支出由 2013 年的 1313 元,增长到了 2014 年的 2155 元,增长部分达到了 842 元,相应增幅达到了 64.13%;泗阳县则由 2013 年的 1256 元,上升到 2014 年的 2330 元,增长了 1074 元,增幅为 85.51%;而泗洪县则由 2013 年的 1642 元,大幅增长到了 2014 年的 4238 元,增长了 2596 元,增幅为 158.10%。泗阳县与泗洪县构成了 2013 年宿迁市的最大组内差距,两地区的生均教育公共财政预算公用经费支出相差 386 元;而沭阳县与泗洪县则构成了 2014 年的最大组内差距,两地区的生均教育公共财政预算公用经费支出相差 2469 元,因此,宿迁市的组内差距在 2013—2014 年则进一步扩大了 2083 元。

此外,苏北各辖市间普通小学教育生均教育公共财政预算公用经费支出亦存在着组间差距,如 2014 年响水县普通小学教育生均公共财政预算公用经费支出仅为 1511 元,相较于洪泽县的 8893 元,两地区的组间差距为 7382 元,反映出苏北地区盐城市与淮安市在普通小学教育生均公共财政预算公用经费支出上存在较大差距。

11. 苏北地区普通初中教育生均公共财政预算教育事业费的组内差异

苏北地区由徐州、盐城、淮安、连云港、宿迁五市构成,普通初中教育生均公共财政预算公用经费支出在苏北五市内部存在着如下差异:

表 4 - 35 2014 年苏北地区普通初中教育生均公共财政预算公用经费的组内差异 (元)

区 域	2013 年	2014 年	增长率(%)
丰县	1190	1336	12.27
沛县	2578	14888	477.50
睢宁县	2305	10244	344.43
新沂市	3748	4033	7.60
邳州市	6648	6718	1.05
响水县	9142	9434	3.19
滨海县	1046	2318	127.63
阜宁县	6329	7746	22.39
射阳县	3615	5098	41.02
建湖县	1450	3584	147.17
东台市	1896	3953	107.54
大丰市	1549	1578	1.87
涟水县	3923	6171	57.30
洪泽县	6547	7617	16.34
盱眙县	3272	3276	0.12
金湖县	2360	1007	−57.33
赣榆县	4381	5124	16.96
东海县	4208	4379	4.06
灌云县	2500	1554	−37.84
灌南县	2620	2627	0.27
沭阳县	1594	2477	55.40

区　　域	2013 年	2014 年	增长率(%)
泗阳县	1432	2242	56.56
泗洪县	1506	5597	271.65

　　具体来看,徐州市下辖丰县、沛县、睢宁县三个县以及新沂市、邳州市两个县级市,各县与县级市普通初中教育生均公共财政预算公用经费支出在 2013—2014 年均为正增长。其中,丰县普通初中教育生均公共财政预算公用经费支出由 2013 年的 1190 元,增长到 2014 年的 1336 元,增长了 146 元,增幅为 12.27%;沛县则由 2013 年的 2578 元,大幅增长至 2014 年的 14888 元,增长了 12310 元,相应增幅达到了 477.50%;睢宁县由 2013 年的 2305 元,增长到 2014 年的 10244 元,增长部分达到了 7939 元,相应增幅达到了 344.43%;新沂市普通初中教育生均公共财政预算公用经费支出则由 2013 年的 3748 元,略微增长到 2014 年的 4033 元,增长了 285 元,增幅为 7.60%;而邳州市则由 2013 年的 6648 元,增长到 2014 年的 6718 元,增长了 70 元,增幅为 1.05%。丰县与邳州市构成了 2013 年徐州市的最大组内差距,两地区普通初中教育生均教育公共财政预算公用经费支出相差 5458 元;而丰县与沛县则构成了 2014 年的最大组内差距,两地区的生均教育公共财政预算公用经费支出相差 13552 元,因此,徐州市的组内差距在 2013—2014 年进一步扩大了 8094 元。

　　盐城市下辖响水县、滨海县、阜宁县、射阳县、建湖县以及东台与大丰两个县级市,各县与县级市普通初中教育生均公共财政预算公用经费支出在 2013—2014 年均为正向增长。其中,响水县的生均公共财政预算公用经费支出由 2013 年的 9142 元,增长到 2014 年的 9434 元,增长了 292 元,增幅为 3.19%;滨海县由 2013 年的 1046 元,增长到 2014 年的 2318 元,增长了 1272 元,相应增幅为 127.63%;阜宁县则由 2013 年的 6329 元,大幅攀升至 2014 年的 7746 元,增长部分达到了 1417 元,增幅达到了 22.39%;射阳县由 2013 年的 3615 元,大幅增长到 2014 年的 5098 元,增长部分达到了 1483 元,相应增幅为 41.02%;建湖县由 2013 年的 1450 元,增长到 2014 年的 3584 元,增长了 2134 元,增幅为 147.17%;东台市则由 2013 年的 1896 元,增长到 2014 年的 3953 元,上涨了 2057 元,增幅达到了 107.54%;大丰市则由 2013 年的 1549 元,增长到了 2014 年的 1578 元,增长部分为 29 元,增幅为 1.87%。响水县与滨海县构成了 2013 年盐城市的最大组内差距,两地区普通初中教育生均教育公共财政预算公用经费支出相差 8096 元;而响水县与大丰市则构成了 2014 年盐城最大组内差距,两地区的生均教育公共财政预算公用经费支出相差 7856 元。因此,盐城市的组内差距在 2013—2014 年缩小了 240 元。

　　淮安市下辖涟水、洪泽、盱眙、金湖四县,除金湖县外,各县普通初中教育生均公共财政预算公共经费支出在 2013—2014 年均为正增长。其中,涟水县的生均公共财政预算公用经费支出由 2013 年的 3923 元,增长到 2014 年的 6171 元,增长部分为 2248 元,增幅达到了 57.30%;洪泽县由 2013 年的 6547 元,蹿升至 2014 年的 7617 元,增长部分达到了 1070 元,增幅为 16.34%;盱眙县由 2013 年的 3272 元,增长到 2014 年的 3276 元,仅增长了 4 元,增幅为 0.12%;而金湖县则由 2013 年的 2360 元,下降到 2014 年的 1007 元,缩减部分达到 1353 元,降幅达到了 57.33%。洪泽县与金湖县构成了 2013 年淮安的最大组内差距,两地区生均教育公共财政预算公用经费支出相差 4187 元;而洪泽县与金湖县依旧构成了 2014 年的最大组内差距,两地区的生均教育公共财政预算公用经费支出相差 6610 元,可见,淮安市的组内差距在 2013—2014 年略微扩大了 2423 元。

连云港市下辖赣榆、东海、灌云与灌南四县,除灌云县以外,各县普通初中教育生均公共财政预算公用经费支出在 2013—2014 年均表现出正增长的态势。其中,赣榆县普通初中教育生均公共财政预算公用经费支出由 2013 年的 4381 元,增长到 2014 年的 5124 元,增长了 743 元,增幅为 16.96%;东海县由 2013 年的 4208 元,增长到 2014 年的 4379 元,上涨了 171 元,增幅达到了 4.06%;灌云县则由 2013 年的 2500 元,下降到了 2014 年的 1554 元,缩减了 946 元,降幅为 37.84%;而灌南县则由 2013 年的 2629 元,增长到了 2014 年的 2627 元,增长了 7 元,增幅为 0.27%。赣榆县与灌云县构成了 2013 年连云港市的最大组内差距,两地区生均教育公共财政预算公用经费支出相差 1881 元;而赣榆县与灌云县依旧构成了 2014 年的最大组内差距,两地区的生均教育公共财政预算公用经费支出相差 3570 元,由此判断,连云港市的组内差距在 2013—2014 年进一步扩大了 1689 元。

宿迁市下辖沭阳、泗阳、泗洪三县,各县普通初中教育生均公共财政预算公用经费支出在 2013—2014 年均为正增长。其中,沭阳县普通初中教育生均公共财政预算公用经费支出由 2013 年的 1594 元,增长到了 2014 年的 2477 元,增长部分达到了 883 元,相应增幅达到了 55.40%;泗阳县则由 2013 年的 1432 元,上升到 2014 年的 2242 元,增长了 810 元,增幅为 56.56%;而泗洪县则由 2013 年的 1506 元,大幅增长到了 2014 年的 5597 元,增长部分达到了 4091 元,增幅为 271.65%。沭阳县与泗阳县构成了 2013 年宿迁市的最大组内差距,两地区的生均教育公共财政预算公用经费支出相差 162 元;而泗洪县与泗阳县则构成了 2014 年的最大组内差距,两地区普通初中教育生均教育公共财政预算公用经费支出相差 3355 元,因此,宿迁市的组内差距在 2013—2014 年进一步扩大了 3193 元。

此外,苏北各辖市间普通初中教育生均教育公共财政预算公用经费支出亦存在着组间差距,如 2014 年金湖县普通初中教育生均公共财政预算公用经费支出仅为 1007 元,相较于沛县的 14888 元,两地区的组间差距为 13881 元,反映出苏北地区淮安市与徐州市在普通初中教育生均公共财政预算公用经费支出上的较大差距。

12. 苏北地区义务教育生均公共财政预算教育事业费的组内差异

苏北地区由徐州、盐城、淮安、连云港、宿迁五市构成,两阶段义务教育生均公共财政预算公用经费支出在苏北五市内部存在着如下差异:

表 4-36　2014 年苏北地区义务教育生均公共财政预算公用经费的组内差异　　（元）

区　域	2013 年	2014 年	增长率（%）
丰县	3077	4332	40.79
沛县	5002	17676	253.38
睢宁县	3620	14396	297.68
新沂市	7409	7719	4.18
邳州市	10837	10929	0.85
响水县	10333	10945	5.92
滨海县	2043	4679	129.03
阜宁县	9338	12894	38.08
射阳县	4919	7308	48.57
建湖县	5159	6815	32.10
东台市	4100	6210	51.46
大丰市	5857	9872	68.55
涟水县	7034	10228	45.41
洪泽县	14690	16510	12.39
盱眙县	6823	6938	1.69
金湖县	7298	2602	−64.35
赣榆县	7794	9358	20.07
东海县	7642	7845	2.66
灌云县	4317	3181	−26.31
灌南县	5371	6183	15.12
沭阳县	2907	4632	59.34
泗阳县	2688	4572	70.09
泗洪县	3148	9835	212.42

具体来看,徐州市下辖丰县、沛县、睢宁县三个县以及新沂、邳州市两个县级市,各县与县级市义务教育生均公共财政预算公用经费支出在 2013—2014 年均为正增长。其中,丰县两阶段义务教育生均公共财政预算公用经费支出由 2013 年的 3077 元,增长到 2014 年的 4332 元,增长了 1255 元,增幅为 40.79%;沛县则由 2013 年的 5002 元,大幅增长至 2014 年的 17676 元,增长了 12674 元,相应增幅达

到了 253.38%;睢宁县由 2013 年的 3620 元,大幅增长到 2014 年的 14396 元,增长部分达到了 10776 元,相应增幅达到了 297.68%;新沂市两阶段义务教育生均公共财政预算公用经费支出则由 2013 年的 7409 元,略微增长到 2014 年的 7719 元,增长了 310 元,增幅为 4.18%;而邳州市则由 2013 年的 10837 元,增长到 2014 年的 10929 元,增长了 92 元,增幅为 0.85%。丰县与邳州市构成了 2013 年徐州市的最大组内差距,两阶段义务教育生均教育公共财政预算公用经费支出相差 7760 元;而沛县与丰县则构成了 2014 年的最大组内差距,两地区的生均教育公共财政预算公用经费支出相差 13344 元,因此,徐州市的组内差距在 2013—2014 年进一步扩大了 5584 元。

盐城市下辖响水县、滨海县、阜宁县、射阳县、建湖县以及东台与大丰两个县级市,各县与县级市义务教育教育生均公共财政预算公用经费支出在 2013—2014 年均为正向增长。其中,响水县的生均公共财政预算公用经费支出由 2013 年的 10333 元,增长到 2014 年的 10945 元,增长了 612 元,增幅为 5.92%;滨海县由 2013 年的 2043 元,增长到 2014 年的 4679 元,增长了 2636 元,相应增幅为 129.03%;阜宁县则由 2013 年的 9338 元,大幅攀升至 2014 年的 12894 元,增长部分达到了 3556 元,增幅达到了 38.08%;射阳县由 2013 年的 4919 元,大幅增长到 2014 年的 7308 元,增长部分达到了 2389 元,相应增幅为 48.57%;建湖县由 2013 年的 5159 元,增长到 2014 年的 6815 元,增长了 1656 元,增幅为 32.10%;东台市则由 2013 年的 4100 元,增长到 2014 年的 6210 元,上涨了 2110 元,增幅达到了 51.46%;大丰市则由 2013 年的 5857 元,大幅增长至 2014 年的 9872 元,增长部分达到了 4015 元,增幅为 68.55%。响水县与滨海县构成了 2013 年盐城市的最大组内差距,两地区两阶段义务教育生均教育公共财政预算公用经费支出相差 8290 元;而阜宁县与滨海县则构成了 2014 年盐城最大组内差距,两地区的生均教育公共财政预算公用经费支出相差 8215 元。因此,盐城市的组内差距在 2013—2014 年略微缩小了 75 元。

淮安市下辖涟水、洪泽、盱眙、金湖四县,除金湖县外,各县义务教育生均公共财政预算公共经费支出在 2013—2014 年均为正增长。其中,涟水县的生均公共财政预算公用经费支出由 2013 年的 7034 元,增长到 2014 年的 10228 元,增长部分为 3194 元,增幅达到了 45.41%;洪泽县由 2013 年的 14690 元,蹿升至 2014 年的 16510 元,增长部分达到了 1820 元,增幅为 12.39%;盱眙县由 2013 年的 6823 元,增长到 2014 年的 6938 元,增长了 115 元,增幅为 1.69%;而金湖县则由 2013 年的 7298 元,下降到 2014 年的 2602 元,缩减部分达到 4696 元,降幅达到了 64.35%。洪泽县与盱眙县构成了 2013 年淮安的最大组内差距,两地区生均教育公共财政预算公用经费支出相差 7867 元;而洪泽县与金湖县则构成了 2014 年的最大组内差距,两地区的生均教育公共财政预算公用经费支出相差 13908 元,可见,淮安市的组内差距在 2013—2014 年进一步扩大了 6041 元。

连云港市下辖赣榆、东海、灌云与灌南四县,除灌云县外,各县义务教育生均公共财政预算公用经费支出在 2013—2014 年均表现出正增长的态势。其中,赣榆县义务教育生均公共财政预算公用经费支出 2013 年的 7794 元,增长到 2014 年的 9358 元,增长了 1564 元,增幅为 20.07%;东海县由 2013 年的 7642 元,增长到 2014 年的 7845 元,上涨了 203 元,增幅为 2.66%;灌云县则由 2013 年的 4317 元,降到 2014 年的 3181 元,缩减了 1136 元,降幅为 26.31%;而灌南县则由 2013 年的 5371 元,增长到了 2014 年的 6183 元,增长部分达 812 元,增幅为 15.12%。赣榆县与灌云县构成了 2013 年连云港市的最大组内差距,两地区生均教育公共财政预算公用经费支出相差 3477 元;而赣榆县与灌云县依旧构成了 2014 年的最大组内差距,两地区的生均教育公共财政预算公用经费支出相差 677 元,由此判断,连云港市的组内差距在 2013—2014 年进一步扩大了 2700 元。

宿迁市下辖沭阳、泗阳、泗洪三县,各县两阶段义务教育生均公共财政预算公用经费支出在 2013—2014 年均为正增长。其中,沭阳县义务教育生均公共财政预算公用经费支出由 2013 年的 2907 元,增长到了 2014 年的 4632 元,增长部分达到了 1725 元,相应增幅达到了 59.34%;泗阳县则由 2013 年的 2688 元,上升到 2014 年的 4572 元,增长了 1884 元,增幅为 70.09%;而泗洪县则由 2013 年的 3148 元,大幅增长到了 2014 年的 9835 元,增长部分达到了 6687 元,增幅为 212.42%。泗阳县与泗洪县则构成了 2013 年宿迁市的最大组内差距,两地区的生均教育公共财政预算公用经费支出相差 460 元;而泗阳县与泗洪县依旧构成了 2014 年的最大组内差距,两地区义务教育生均教育公共财政预算公用经费支出相差 5263 元,因此,宿迁市的组内差距在 2013—2014 年进一步扩大了 4803 元。

此外,苏北各辖市间义务教育生均教育公共财政预算公用经费支出亦存在着组间差距,如 2014 年金湖县义务教育生均公共财政预算公用经费支出仅为 2602 元,相较于沛县的 17676 元,两地区的组间差距为 15074 元,反映出苏北地区淮安市与徐州市在义务教育生均公共财政预算公用经费支出上存在较大差距。

四、江苏省义务教育区域均衡发展的改进建议

义务教育的均衡发展是促进教育公平的重要途径,也是一个地区义务教育发展水平的表现形式。从财政视角推动义务教育区域均衡发展的具体思路如下:

(一)增强义务教育投入,保障义务教育区域均衡发展

2014 年,全省义务教育投入相较于 2013 年有了一定的增长,普通小学、初中教育以及两阶段义务教育的生均公共财政预算教育事业费、生均公共财政预算公用经费,均较上年呈不同程度的增长态势。从某种意义上讲,较高的义务教育经费投入水平,保障义务教育经费投入的充足性,是义务教育区域均衡发展的重要

保障。

（二）强化省级政府财政统筹教育投入的力度，加大对经济欠发达地区义务教育的财政转移支付，缩小不同区域之间及同一区域内部的差距

2014年，经济欠发达的苏北地区与苏南地区、苏中地区教育投入的差距正逐步缩小。但是，由于苏北地区经济发展水平最低，当地政府财政支付能力有限，使得该区域在义务教育经费投入上处于长期短缺的状态。因此，省级政府需要发挥更大的宏观调控力度，加大对苏北地区教育财政转移支付的强度，切实解决义务教育资源配置不均衡的问题，推动义务教育在苏南、苏中、苏北地区的协调发展。

第五章 高中教育均衡发展状况分析与评价

一、各省辖市普通高中教育发展基本概况

2014 年,除个别辖市以外,江苏省下辖各市的普通高中教育,大体上在 2013 年的基础上,产生了不同程度的下滑。具体来看,南京市的高中数量由 2013 年的 56 所,下降到 2014 年的 54 所,减少了 2 所,降幅为 3.57%;高中招生人数由 2013 年的 25400 人,下降到 2014 年的 25143 人,减少了 257 人,降幅为 1.01%;而毕业生人数则由 2013 年的 29900 人,降至 2014 年的 28255 人,缩减了 1645 人,降幅为 5.50%;在校生人数由 2013 年的 80800 人,下降到 2014 年的 77468 人,减少了 3332 人,降幅为 4.12%;专任教师数则由 2013 年的 8000 人,下降到 2014 年的 7915 人,减少了 85 人,降幅为 1.06%。

表 5-1 2014 年各辖市高中教育发展基本情况

省辖市	学校数(所)		招生人数(人)		毕业生数(人)		在校生数(人)		专任教师数(人)	
	2013 年	2014 年	2013 年	2014 年	2013 年	2014 年	2013 年	2014 年	2013 年	2014 年
南京	56	54	25400	25143	29900	28255	80800	77468	8000	7915
苏州	65	66	26500	26809	29600	27466	80400	78879	9100	9099
无锡	44	45	22000	21400	25300	24260	68700	65702	6800	6780
南通	53	52	30200	26741	40700	36718	100000	90933	9900	9783
徐州	77	77	44700	43462	57100	54782	150400	141964	12500	12419
常州	36	34	18000	16789	20400	19611	56400	53291	4800	4824
盐城	56	54	34200	31628	43000	38946	111000	104217	9500	9384
淮安	29	29	27100	24489	32500	31258	86600	79530	6800	6561
扬州	38	35	23600	21920	27900	26555	75900	70500	6200	6147
泰州	38	37	22300	20393	30600	26799	73100	66981	7000	7057
镇江	23	21	11100	10392	14900	13767	37600	34028	3600	3561
连云港	35	36	25900	25012	37300	31876	86100	80525	7000	6919
宿迁	28	27	30300	25602	36700	36375	102800	90187	6100	6091

苏州市的高中数由 2013 年的 65 所,增长到 2014 年的 66 所,新增高中 1 所,

增幅为1.54%；高中招生人数由2013年的26500人，略微增长到2014年的26809人，增长了309人，增幅为1.17%；高中毕业人数由2013年的29600人，下降到了2014年的27466人，减少了2134人，降幅为7.21%；在校生人数由2013年的80400人，下降到了2014年的78879人，缩减了151人，降幅为1.89%；而专任教师数由2013年的9100人，略微下降到2014年的9099人，仅减少了1名高中专任教师，相应降幅为0.01%。

无锡市的高中数量由2013年的44所，略微增长到2014年的145所，新增了1所，增幅为2.27%；高中招生人数由2013年的22000人，下降到2014年的21400人，减少了600人，降幅为2.73%；高中毕业人数由2013年的25300人，下降到2014年的24260人，减少了1040人，降幅达到了4.11%；高中在学人数由2013年的68700人，下降到2014年的65702人，减少了2998人，降幅达到了4.36%；而专职教师数则由2013年的6800人，下降到2014年的6780人，流失了20名专任教师，降幅为0.29%。

南通市的普通高中数量由2013年的53所，略微下降到2014年的52所，减少了1所，降幅为1.89%；高中招生人数则由2013年的30200人，下降到2014年的26741人，减少了3469人，降幅达到了11.45%；高中毕业生数由2013年的40700人，下降到2014年的36718人，缩减部分达3982人，降幅为978%；高中在学人数则由2013年的10000人，下降到2014年的90933人，减少了9067人，降幅达到了9.07%；专任教师数则由2013年的9900人，下降到2014年的9783人，流失了117名高中专任教师，降幅达到了1.18%。

徐州市的高中数量在2013—2014年维持不变，均为77所高中；高中招生人数则由2013年的44700人，下降到2014年的43462人，减少了1238人，降幅达到了2.77%；毕业生数则由2013年的57100人，下降到2014年的54782人，减少了2318人，降幅达到了4.06%；高中在学人数由2013年的150400人，下降到2014年的141964人，减少了8436人，降幅达到了5.61%；专任教师数由2013年的12500人，下降到2014年的12419人，流失了81名高中专任教师，降幅为0.65%。

常州市的高中数量由2013年的36所，略微下降到2014年的34所，减少了2所，降幅为5.56%；高中招生人数由2013年的18000人，下降到2014年的16789人，减少了1211人，降幅达到了6.73%；毕业生人数由2013年的20400人，下降到了2014年的19611人，减少了789人，降幅为3.87%；而在学人数则由2013年的56400人，下降到2014年的53291人，减少了3109人，降幅达到了5.51%；专任教师数由2013年的4800人，略微增长到了2014年的4824人，新增24名高中专任教师，相应增幅为0.5%。

盐城市的普通高中数量由2013年的56所，略微下降到了2014年的54所，减少了2所，降幅为3.57%；高中招生人数由2013年的34200人，下降到2014年的

31628 人,减少了 2572 人,降幅达到了 7.52％;毕业生人数由 2013 年的 43000 人,下降到了 2014 年的 38946 人,减少了 4054 人,相应的降幅达到了 9.43％;高中在学人数由 2013 年的 111000 人,下降到了 2014 年的 104217 人,减少了 6783 人,增幅达到了 6.11％;专任教师则数由 2013 年的 9500 人,下降到了 2014 年的 9384 人,减少了 116 名高中专任教师,降幅为 1.22％。

淮安市的普通高中数量在 2013—2014 年维持不变,均为 29 所;高中招生人数由 2013 年的 27100 人,缩减至 2014 年的 24489 人,减少了 2611 人,降幅达到了 9.63％;毕业生人数由 2013 年的 32500 人,缩减至 2014 年的 31258 人,缩减了 1242 人,降幅为 3.82％;高中在学人数由 2013 年的 86600 人,下降到了 2014 年的 79530 人,减少了 7070 人,降幅达到了 8.16％;专任教师数由 2013 年的 6800 人,下降到了 2014 年的 6561 人,减少了 239 名高中专任教师,降幅为 3.51％。

扬州市的高中数量由 2013 年的 38 所,小幅下降到 2014 年的 35 所,减少了 3 所,降幅为 7.89％;高中招生人数由 2013 年的 23600 人,缩减至 2014 年的 21920 人,减少了 1680 人,降幅为 7.12％;毕业生人数由 2013 年的 27900 人,缩减至 2014 年的 26555 人,减少了 1345 人,降幅为 4.82％;高中在学人数由 2013 年的 75900 人,缩减至 2014 年的 70500 人,减少了 5400 人,降幅达到了 7.11％;专任教师数由 2013 年的 6200 人,下降到 2014 年的 6147 人,减少了 53 名高中专任教师,降幅为 0.85％。

泰州市的高中数量由 2013 年的 38 所,略微降至 2014 年的 37 所,减少了 1 所,降幅为 2.63％;高中招生人数由 2013 年的 22300 人,缩减至 2014 年的 20393 人,减少了 1907 人,降幅达到了 8.55％;毕业生人数由 2013 年的 30600 人,缩减至 2014 年的 26799 人,减少了 3801 人,降幅达到了 12.42％;高中在学人数由 2013 年的 73100 人,大幅下降到 2014 年的 66981 人,缩减了 6119 人,降幅达到了 8.37％;而专任教师数却由 2013 年的 7000 人,略微增长到了 2014 年的 7057 人,新增了 57 名高中专任教师,相应增幅为 0.81％。

镇江市普通高中数量由 2013 年的 23 所,小幅降至 2014 年的 21 所,减少了 2 所,降幅为 8.70％;高中招生人数由 2013 年的 11100 人,降低到 2014 年的 10392 人,减少了 708 人,降幅为 6.38％;毕业生人数由 2013 年的 14900 人,缩减至 2014 年的 13767 人,减少了 1133 人,降幅达到了 7.60％;而高中在学人数由 2013 年的 37600 人,下降到了 2014 年的 34028 人,减少了 3572 人,降幅达到了 9.5％;专任教师数则由 2013 年的 3600 人,下降到了 2014 年的 3561 人,减少了 39 名高中专任教师,降幅为 1.08％。

连云港市普通高中数量由 2013 年的 35 所,小幅上涨到了 2014 年的 36 所,新增了 1 所,增幅为 2.86％;高中招生人数由 2013 年的 25900 人,下降到了 2014 年的 25012 人,减少了 888 人,相应增幅为 3.43％;毕业生人数由 2013 年的 37300

人,缩减至 2014 年的 31876 人,减少了 5424 人,降幅达到了 1.54%;而高中在学人数由 2013 年的 86100 人,大幅下降到了 2014 年的 80525 人,减少了 5575 人,降幅达到了 6.48%;高中专任教师数则由 2013 年的 7000 人,下降到了 2014 年的 6919人,流失了 81 名高中专任教师,降幅为 1.16%。

宿迁市普通高中数量由 2013 年的 28 所,下降到 2014 年的 27 所,减少了 1所,降幅达到了 3.57%;高中招生人数由 2013 年的 30300 人,下降到了 2014 年的25602 人,减少招生 4698 人,降幅达到了 15.50%;毕业生人数由 2013 年的 36700人,缩减至 2014 年的 36375 人,减少了 325 人,降幅为 0.89%;而高中在学人数由2013 年的 102800 人,大幅下降到 2014 年的 90187 人,减少了 12613 人,降幅达到了 12.27%;专任教师数则由 2013 年的 6100 人,略微下降到了 2014 年的 6091 人,减少了 9 人,降幅为 0.15%。

二、江苏省高中教育财政投入分析

2014 年,江苏省政府持续加强对高中教育经费投入的投入力度,加强相关政策的进一步完善与落实,规范对高中教育教育经费使用的管理,不断开拓高中教育发展的新格局。

(一) 各辖市普通高中教育生均公共财政预算教育事业费支出变动

2014 年,江苏省普通高中教育的生均公共财政预算教育事业费为 14642 元,相较于 2013 的 12788 元,增长了 1854 元,较 2013 年增长了 14.50 个百分点。具体到各辖市方面,南京市普通高中教育生均公共财政预算教育事业费由 2013 年的16377 元,增长到 2014 年的 18882 元,增长了 2505 元,增幅为 15.30%。无锡市普通高中教育的生均公共财政预算教育事业费由 2013 年 19947 元,略微降至 2014年的 19901 元,缩减了 46 元,降幅仅为 0.23%。徐州市普通高中教育的生均公共财政预算教育事业费由 2013 年 11753 元,增长到了 2014 年的 12148 元,增长了395 元,增幅为 3.36%。常州市普通高中教育的生均公共财政预算教育事业费由2013 年的 15360 元,大幅增长到了 2014 年的 20337 元,增长部分达到了 4977 元,增幅达到了 32.40%。苏州市普通高中教育的生均公共财政预算教育事业费由2013 的 25968 元,增长到 2014 年的 28726 元,增加部分达到了 2758 元,增幅达到了 10.62%。南通市普通高中教育的生均公共财政预算教育事业费由 2013 年14851 元,大幅攀升至 2014 年的 16639 元,增长了 1788 元,增幅达到了 12.04%。连云港市普通高中教育的生均公共财政预算教育事业费由 2013 年的 10728 元,增长到了 2014 年的 11304 元,增加了 576 元,增幅为 5.37%。淮安市普通高中教育的生均公共财政预算教育事业费由 2013 年的 10428 元,略微下降到 2014 年的10203 元,缩减了 225 元,降幅为 2.16%。盐城市普通高中教育的生均公共财政预算教育事业费由 2013 年的 10186 元,大幅增长到 2014 年的 15784 元,增长部分达到了 5598 元,增幅达到了 54.96％。扬州市普通高中教育的生均公共财政预算教育事业费由 2013 年 10842 元,增长到 2014 年的 11857 元,增长了 1015 元,增幅为9.36％。镇江市普通高中教育的生均公共财政预算教育事业费由 2013 年的 14556元,增长到 2014 年的 15217 元,增长了 661 元,增幅为 4.54％。泰州市普通高中教育的生均公共财政预算教育事业费由 2013 年 10290 元,略微增长到 2014 年的10552 元,增长了 262 元,增幅为 2.55％。宿迁市普通高中教育的生均公共财政预算教育事业费由 2013 年的 5440 元,增长到 2014 年的 7832 元,增长部分达到了2392 元,相应增幅为 43.97％。

表 5-2　2014 年各辖市普通高中教育生均公共财政预算教育事业费支出及增长情况（元）

地　区	2013 年	2014 年	增长率(%)
江苏省	12788	14642	14.50
南京市	16377	18882	15.30
无锡市	19947	19901	－0.23
徐州市	11753	12148	3.36
常州市	15360	20337	32.40
苏州市	25968	28726	10.62
南通市	14851	16639	12.04
连云港市	10728	11304	5.37
淮安市	10428	10203	－2.16
盐城市	10186	15784	54.96
扬州市	10842	11857	9.36
镇江市	14556	15217	4.54
泰州市	10290	10552	2.55
宿迁市	5440	7832	43.97

就各辖市普通高中教育生均公共财政预算教育事业费的支出情况而言,南京市、徐州市、常州市、苏州、南通市、连云港市、盐城市、扬州市、镇江市、泰州市以及宿迁市呈正向增长趋势,常州市以 4977 元增长的绝对值与 32.4％的增幅列各市之首;而无锡市与淮安市则呈现出负增长的态势,普通高中教育生均公共财政预算教育事业费,与上年相比均呈现出不同程度的下降,淮安市以 225 元的绝对值与2.16％的负增长速度,列各市之首。

（二）各辖市普通高中教育生均公共财政预算公用经费支出变动

2014 年,江苏省普通高中教育生均公共财政预算公用经费支出为 3442 元,相较于 2013 年的 2792 元有了小幅增长,增长部分为 650 元,增长率为 23.28％。具体到各辖市方面,南京市普通高中教育生均公共财政预算公用经费由 2013 年的 1826 元,增长到 2014 年的 2029 元,增长了 203 元,增幅为 11.12%。无锡市普通高中教育生均公共财政预算公用经费由 2013 年的 3451 元,小幅增长至 2014 年的 3675 元,增长了 224 元,增幅为 6.49%。徐州市普通高中教育生均公共财政预算公用经费由 2013 年的 1390 元,略微下降至 2014 年的 994 元,缩减了 396 元,降幅达到了 28.49%。常州市普通高中教育生均公共财政预算公用经费由 2013 年的 2887 元,大幅增长至 2014 年的 8052 元,增长部分达 5165 元,增幅达到了 178.91%。苏州市普通高中教育生均公共财政预算公用经费由 2013 年的 2890 元,上升到 2014 年的 3534 元,增长了 644 元,增幅为 22.28%。南通市普通高中教育生均公共财政预算公用经费由 2013 年的 2398 元,增长到 2014 年的 2746 元,增加了 348 元,增幅为 14.51%。连云港市普通高中教育生均公共财政预算公用经费由 2013 年的 3294 元,大幅下降到了 2014 年的 1472 元,减少了 1822 元,降幅达到了 55.31%。淮安市普通高中教育生均公共财政预算公用经费由 2013 年的 2824 元,大幅下降到了 2014 年的 1757 元,下降部分达到了 1067 元,降幅为 37.76%。盐城市普通高中教育生均公共财政预算公用经费由 2013 年的 1216 元,大幅增长到了 2014 年的 6115 元,增长部分达到了 4899 元,增幅则达到了 402.88%。扬州市普通高中教育生均公共财政预算公用经费由 2013 年的 2408 元,增长到 2014 年的 3288 元,增长了 880 元,增幅为 36.54%。镇江市普通高中教育生均公共财政预算公用经费由 2013 年的 2152 元,增长到 2014 年的 2716 元,增长了 564 元,增幅为 26.21%。泰州市普通高中教育生均公共财政预算公用经费由 2013 年的 2153 元,小幅增长到了 2014 年的 2372 元,增长了 219 元,增幅为 10.17%。宿迁市普通高中教育的生均公共财政预算公用经费由 2013 年的 789 元,增长到 2014 年的 1042 元,增长了 253 元,增幅达到了 32.07%。

表 5-3　2013—2014 年普通高中教育生均公共财政预算公用经费支出及增长情况　(元)

地　　区	2013 年	2014 年	增长率(%)
江苏省	2792	3442	23.28
南京市	1826	2029	11.12
无锡市	3451	3675	6.49
徐州市	1390	994	−28.49
常州市	2887	8052	178.91
苏州市	2890	3534	22.28
南通市	2398	2746	14.51
连云港市	3294	1472	−55.31
淮安市	2824	1757	−37.76

地　　区	2013 年	2014 年	增长率(%)
盐城市	1216	6115	402.88
扬州市	2408	3288	36.54
镇江市	2152	2716	26.21
泰州市	2153	2372	10.17
宿迁市	789	1042	32.07

就各辖市普通高中教育生均公共财政预算公用经费支出的增长情况而言,南京市、无锡市、常州市、苏州市、南通市、盐城市、扬州市、镇江市、泰州市以及宿迁市呈正向增长趋势。其中,盐城市以4899元增长的绝对值与402.88%的增幅列各市之首;而徐州市、连云港市以及淮安市则呈现出负增长的态势,普通高中教育生均公共财政预算公用经费支出,与上年相比均呈现出不同程度的降低。其中,连云港市以1822元的绝对值与55.31%的负增长速度,列各市之首。

三、江苏省义务教育区域均衡发展状况评价

(一)普通高中教育发展的区域均衡状况评价

2013—2014 年,江苏省各辖区在普通高中教育的发展上,苏南、苏中、苏北地区表现出一定的非均衡性,其中,苏南地区包括了南京市、苏州市、无锡市、常州市与镇江市;苏中地区涵盖了南通市、扬州市与泰州市;苏北地区则由徐州市、盐城市、淮安市、连云港市、宿迁市构成。具体来看,2013 年,苏南、苏中、苏北地区普通高中数为 224 所、129 所以及 225 所,分别占比总体规模的 38.75%、22.32%以及38.93%;2014 年苏南、苏中、苏北地区普通高中学校数则为 220 所、124 所以及 223所,在总体规模中的占比为 38.80%、21.87%以及 39.33%,与 2013 年相比,苏南地区减少了 4 所高中,在江苏省总体规模中的比重上升了 0.05 个百分点;而苏中与苏北地区则分别缩减了 5 所与 2 所普通高中,苏中地区在总体规模中的比重下降了 0.45 个百分点,而苏北地区则提高了 0.4 个百分点。

表 5 - 4　2014 年江苏省普通高中教育区域非均衡发展现状

省辖市	学校数(所)		招生人数(人)		毕业生数(人)		在校生数(人)		专任教师数(人)	
	2013 年	2014 年	2013 年	2014 年	2013 年	2014 年	2013 年	2014 年	2013 年	2014 年
苏南	224	220	103000	100533	120100	113359	323900	309368	32300	32179
苏中	129	124	76100	69054	99200	90072	249000	228414	23100	22987
苏北	225	223	162200	150193	206600	193237	536900	496423	41900	41374
总计	578	567	341300	319780	425900	396668	1109800	1034205	97300	96540

普通高中招生人数方面,2013 年苏南、苏中、苏北地区分别招收新生 103000

人、76100 人、162200 人,各项数据至 2014 年变动到 100533 人、69054 人以及 150193 人,苏南、苏中以及苏北地区分别下降了 2467 人、7046 人以及 12007 人。毕业生人数方面,苏南、苏中、苏北地区分别由 2013 年的 120100 人、99200 人以及 206600 人,下降到了 2014 年的 113359 人、90072 人以及 193237 人,各区域减少的人数分别为 6741 人、9128 人以及 13363 人,相应的降幅分别为 5.61%、9.20%以及 6.47%。

在校生人数方面,苏南、苏中及苏北地区也呈负增长的态势。其中,苏南地区由 2013 年的 323900 人,下降到了 2014 年的 309368 人,减少了 14532 人,降幅达到了 4.49%;苏中地区由 2013 年的 249000 人,下降到了 2014 年的 228414 人,减少了 20586 名高中在校生,降幅达到了 8.27%;苏北地区则由 2013 年的 536900 人,下降到了 2014 年的 496423 人,减少了 40477 人,降幅达到了 7.54%。

同样呈负增长的还有区域间高中专任教师数。苏南地区高中专任教师数由 2013 年的 32300 人,略微下降到了 2014 年的 32179 人,减少了 121 人,降幅为 0.37%;苏中地区由 2013 年的 23100 人,下降到了 2014 年的 22987 人,减少了 113 人,降幅为 0.49%;苏北地区则由 2013 年的 41900 人,下降到了 2014 年的 41374 人,减少了 526 名高中专任教师,降幅为 1.26%。

基于苏南、苏北、苏中地区普通高中教育的学校数、招生人数、毕业生数、在校生数以及专任教师数的比较,江苏省普通高中教育的非均衡发展主要表现为普通高中数、在学人数以及专任教师数的分布不均,苏南地区普通高中教育的师生比由 2013 年的 1∶10.23,下降到了 2014 年的 1∶9.61;苏中地区普通高中教育的师生比由 2013 年的 1∶10.78,下降到了 2014 年的 1∶9.94;而苏北地区普通高中教育的师生比则由 2013 年的 1∶12.81,下降到了 2014 年的 1∶12.00,苏北地区普通高中在校生数远高于苏南与苏中地区,师生比虽呈现出下降的趋势,但仍高于苏南与苏中地区,反映了苏北高中教育在师资力量上的不足。

(二)普通高中教育生均公共财政预算教育事业费的区域均衡发展评价

2014 年,江苏省普通高中教育生均公共财政预算教育事业费在苏南、苏中、苏北地区间,表现出一定的区域差异。其中,南京市、苏州市、无锡市、常州市、镇江市构成的苏南地区,生均公共财政预算教育事业费的均值由 2013 年的 18442 元,增长到了 2014 年的 20613 元,增长部分达到了 2171 元,相应增幅为 11.77%;南通、扬州、泰州三市构成的苏中地区,生均公共财政预算教育事业费的均值由 2013 年的 11994 元,略微增长到了 2014 年的 13016 元,增长部分为 1022 元,增幅为 8.52%;徐州市、盐城市、淮安市、连云港市、宿迁市构成的苏北地区,生均公共财政预算教育事业费的均值由 2013 年的 9707 元,大幅增长到了 2014 年的 11454 元,增加部分达 1747 元,相应的增幅为 18.00%。

表 5-5 **2014 年江苏省普通高中教育生均公共财政预算教育事业费的区域差异**

（元/%）

区　　域	2013 年	2014 年	增长率（%）
苏南	18442	20613	11.77
苏中	11994	13016	8.52
苏北	9707	11454	18.00
均值	13381	15028	12.31

从绝对量上看，苏南地区普通高中教育生均公共财政预算教育事业费增长显著，2013 年苏南地区与苏中地区高中经教育生均公共财政预算教育事业费相差6448 元，但由于苏南地区的大幅度增长，2014 年苏南与苏中地区的区域差距进一步拉大到了 7597 元；与此同时，2013 年苏中地区生均公共财政预算教育事业费，与苏北地区间的差距为 2287 元，但由于苏北地区的增幅高于苏中地区，致使苏中与苏北地区高中教育生均公共财政预算教育事业费的差距在 2014 年缩小至 1562元。此外，虽然苏北地区生均公共财政预算教育事业费，在 2013—2014 年的增幅显著，但由于基数以及增长的绝对量上与苏南地区存在不小差距，因而造成了苏南、苏北间的区域差距进一步扩大，两地间的投入差距由 2013 年的 8735 元，扩大至 2014 年的 9159 元。

（三）普通高中教育生均公共财政预算教育事业费的组内均衡发展评价

1. 苏南地区普通高中教育生均公共财政预算教育事业费的组内差异

苏南地区由南京、无锡、苏州、常州、镇江四市构成，剔除南京市，普通高中的教育生均公共财政预算教育事业费，在苏南地区间存在着一定的组内差距：

表 5-6 **2014 年苏南地区普通高中教育生均公共财政预算教育事业费的组内差异**

（元/%）

区　　域	2013 年	2014 年	增长率（%）
江阴市	15853	18960	19.60
宜兴市	10611	13923	31.21
常熟市	17415	18384	5.56
张家港市	16846	22410	33.03
昆山市	45915	34265	−25.37
太仓市	24916	19022	−23.66
溧阳市	8572	11669	36.13
金坛市	11853	14244	20.17

区　　域	2013 年	2014 年	增长率(%)
丹阳市	13750	16502	20.01
扬中市	32199	70418	118.70
句容市	15987	20880	30.61

具体来看,无锡市下辖江阴与宜兴两个县级市,其中,江阴市普通高中教育生均公共财政预算教育事业费由 2013 年的 15853 元,增长到了 2014 年的 18960 元,增加部分达到了 3107 元,相应增幅为 19.60%;而宜兴市则由 2013 年的 10611 元,增长到了 2014 年的 13923 元,增长部分达到了 33112 元,相应增幅为 31.21%,江阴与宜兴市的差距由 2013 年的 5242 元,略微缩小至 2014 年的 5037 元,表明无锡市的组内差异正逐步走向均衡化。

苏州市下辖常熟市、张家港市、昆山市、太仓市四个县级市,其中,常熟市普通高中教育的生均公共财政预算教育事业费由 2013 年的 17415 元,略微增长至 2014 年的 18384 元,增长了 969 元,增幅为 5.56%;张家港市则由 2013 年的 16846 元,大幅增长到了 2014 年的 22410 元,增长部分达到了 5564 元,相应的增幅达到了 33.03%;昆山市由 2013 年的 45915 元,大幅下降到了 2014 年的 34265 元,缩减部分达到了 11650 元,降幅为 25.37%;而太仓市则由 2013 年的 24916 元,大幅下降到 2014 年的 19022 元,减少部分为 5894 元,降幅为 23.66%。2013 年,苏州地区普通高中教育生均公共财政预算教育事业费差距最大的为张家港市与昆山市,两市高中教育生均公共财政预算教育事业费的极差为 29069 元,而 2014 年则为昆山市与常熟市,两地区间的极差为 15881 元。相较于 2013 年,苏州地区 2014 年的组内极差大幅缩小了 13188 元,显示出一定的均衡发展态势。

常州市下辖溧阳市与金坛市两个县级市,其中,溧阳市高中教育的生均公共财政预算教育事业费由 2013 年的 8572 元,大幅增长到了 2014 年的 11669 元,增长部分达 3097 元,增幅为 36.13%;而金坛市则由 2013 年的 11853 元,大幅增长到了 2014 年的 14244 元,增长部分达到了 2391 元,增幅为 20.17%,溧阳市与金坛市的生均差距由 2013 年的 3281 元,略微缩小至 2014 年的 2575 元。

镇江市下辖丹阳、扬中、句容三个县级市,其中,丹阳市普通高中教育的生均公共财政预算教育事业费由 2013 年的 13750 元,增长到 2014 年的 16502 元,增长了 2752 元,增幅为 20.01%;扬中市由 2013 年的 32199 元,大幅增长到了 2014 年的 70418 元,增长部分达到了 38219 元,相应的增幅为 118.70%;句容市则由 2013 年的 15987 元,增长到了 2014 年的 20880 元,增长部分达 4893 元,相应增幅为 30.61%。2013 年,丹阳市与扬中市构成了镇江地区普通高中教育生均公共财政预算教育事业费的最大组内差距为 18499 元,而 2014 年则依旧为扬中市与句容市构成的最大组内差距,且两地区的组内差距进一步扩大至 53916 元。

由此可见,苏南地区各辖市内部,普通高中教育生均公共财政预算教育事业费
用的差距正不断缩小。但是,需要指出的是,苏南各辖市间的组间差距仍然不容忽
视,如 2014 年溧阳市普通高中教育的生均公共财政预算教育事业费用为 11669
元,相较于扬中市的 70418 元,两地区间的极差达到了 58749 元,反映了苏南地区
常州市与镇江市间较大的组间差距。

2. 苏中地区普通高中教育生均公共财政预算教育事业费的组内差异

苏中地区由南通、扬州、泰州三市构成,在义务教育阶段,普通高中的教育生均
公共财政预算教育事业费,在苏中地区间存在着一定的组内差距:

表 5 - 7　2014 年苏中地区普通高中教育生均公共财政预算教育事业费的组内差异　(元)

区　　域	2013 年	2014 年	增长率(%)
海安县	4249	14288	236.27
如东县	14590	15507	6.29
启东市	16002	16494	3.07
如皋市	10357	13307	28.48
海门市	15950	15472	−3.00
宝应县	12198	19196	57.37
仪征市	7888	7225	−8.41
高邮市	10489	12108	15.44
兴化市	5154	7531	46.12
靖江市	14056	14779	5.14
泰兴市	7166	7588	5.89

具体来看,南通市下辖海安、如东两县以及启东、如皋、海门三个县级市,其中,
海安县普通高中教育的生均公共财政预算教育事业费由 2013 年的 4249 元,大幅
增长到了 2014 年的 14288 元,增长部分为 10039 元,增幅达到了 236.27%;如东县
则由 2013 年的 14590 元,增长到了 2014 年的 15507 元,增长部分为 917 元,增幅
为 6.29%;启东市则由 2013 年的 16002 元,略微增长到了 2014 年的 16494 元,仅
增长了 492 元,增幅仅为 3.07%;如皋市由 2013 年的 10357 元,增长到 2014 年的
13307 元,增长了 2950 元,增幅达到了 28.48%;而海门市则由 2013 年的 15950 元,
略微下降到了 2014 年的 15472 元,缩减了 478 元,降幅为 3.00%。启东市与海安
县在普通高中教育生均公共财政预算教育事业费上 11753 元的差距,构成了 2013
年南通市最大的组内差距,而如东县与如皋市则构成了 2014 年南通市的最大组内
差距,两地区的组内差距的极值为 3187 元,相较于 2013 年,大幅度减少了
8566 元。

扬州市下辖宝应县、仪征市与高邮市两个县级市,其中,宝应县普通高中教育生均公共财政预算教育事业费由 2013 年的 12198 元,大幅增长到了 2014 年的 19196 元,增加部分达到了 6998 元,相应的增幅为 57.37%;仪征市则由 2013 年的 7888 元了,略微下降到了 2014 年的 7225 元,缩减部分为 663 元,相应的降幅为 8.41%;而高邮市则由 2013 年的 10489 元,增长到了 2014 年的 12108 元,增长了 1619 元,增幅为 15.44%。宝应县与仪征市构成了 2013 年扬州市的最大组内差距,两地区普通高中教育的生均教育公共财政预算事业费相差 4310 元;而宝应县与仪征市依旧构成了 2014 年的最大组内差距,两地区普通高中教育的生均教育公共财政预算事业费相差 11971 元。因此,扬州市的组内差距在 2013—2014 年进一步扩大了 7661 元。

泰州市下辖兴化、靖江、泰兴三个县级市,其中,兴化市普通高中教育生均公共财政预算教育事业费由 2013 年的 5154 元,增长到 2014 年的 7531 元,增长部分为 2377 元,增幅达到了 46.12%;靖江市则由 2013 年的 14056 元,略微增长到了 2014 年的 14779 元,增长部分为 723 元,增幅为 5.14%;而泰兴市则由 2013 年的 7166 元,略微增长到了 2014 年的 7588 元,仅增长了 422 元,相应增幅为 5.89%。靖江市与兴化市构成了 2013 年泰州市的最大组内差距,两地区普通高中教育的生均教育公共财政预算事业费相差 8902 元;而靖江市与兴化市依旧构成了 2014 年的最大组内差距,两地区普通高中教育的生均教育公共财政预算事业费相差 7248 元,由此可见,泰州市的组内差距在 2013—2014 年略微缩小了 1645 元。

同样,苏中各辖市间仍存在不同程度的组间差距,如 2014 年仪征市普通高中教育生均公共财政预算教育事业费用为 7225 元,相较于宝应县的 19196 元,两地区的组间差距为 11971 元,反映出苏中地区普通高中教育的生均公共财政预算教育事业费存在较大差距。

3. 苏北地区普通高中教育生均公共财政预算教育事业费的组内差异

苏北地区由徐州、盐城、淮安、连云港、宿迁五市构成,普通高中教育生均公共财政预算教育事业费在苏北五市内部存在着如下差异:

表 5 - 8　2014 年苏北地区普通高中教育生均公共财政预算教育事业费的组内差异　(元)

区　　域	2013 年	2014 年	增长率(%)
丰县	9463	9480	0.18
沛县	10653	7803	−26.75
睢宁县	10470	6706	−35.95
新沂市	10698	11397	5.60
邳州市	6148	10052	63.50
响水县	9115	9797	7.48

区　域	2013 年	2014 年	增长率(%)
滨海县	6424	8111	26.26
阜宁县	14344	15078	5.12
射阳县	12357	16239	31.42
建湖县	24207	15020	−37.95
东台市	12247	13862	13.19
大丰市	16446	16465	0.12
涟水县	5978	7091	18.62
洪泽县	12502	18805	50.42
盱眙县	6532	7131	9.17
金湖县	32621	25681	−21.27
赣榆县	9713	12572	29.43
东海县	7240	10081	39.24
灌云县	6600	5849	−11.38
灌南县	7462	9486	27.12
沭阳县	7260	11082	52.64
泗阳县	6655	6769	1.71
泗洪县	6777	7959	17.44

　　具体来看,徐州市下辖丰县、沛县、睢宁县三个县以及新沂市、邳州市两个县级市,除沛县与睢宁县外,其余各县与县级市普通高中教育生均公共财政预算公用经费支出在 2013—2014 年均为正增长。其中,丰县普通高中教育生均公共财政预算教育事业费的支出由 2013 年的 9463 元,小幅增长到了 2014 年的 9480 元,增长了 17 元,增幅仅为 0.18%;而沛县则由 2013 年的 10653 元,大幅下降到了 2014 年的 7803 元,缩减部分的达到了 2850 元,相应的降幅为 26.75%;睢宁县由 2013 年的 10470 元,大幅下降到了 2014 年的 6706 元,缩减部分达到了 3764 元,相应降幅为 35.95%;新沂市普通高中教育生均公共财政预算教育事业费则由 2013 年的 10698 元,略微增长到 2014 年的 11397 元,增长了 699 元,增幅为 5.60%;而邳州市则由 2013 年的 6148 元,大幅增长到了 2014 年的 10052 元,增长部分达到了 3904 元,相应的增幅为 63.50%。新沂市与邳州市则构成了 2013 年徐州市的最大组内差距,两地区普通高中教育生均教育公共财政预算教育事业费相差 4550 元;而新沂市与睢宁县则构成了 2014 年的最大组内差距,两地区普通高中教育的生均教育公共财政预算教育事业费相差 4691 元,因此,徐州市的组内差距在 2013—2014 年略微扩大了 141 元。

盐城市下辖响水县、滨海县、阜宁县、射阳县、建湖县以及东台与大丰两个县级市，除建湖县以外，各县与县级市普通高中教育生均公共财政预算教育事业费在2013—2014年均为正向增长。其中，响水县普通高中教育的生均公共财政预算教育事业费由2013年的9115元，增长到了2014年的9797元，增长了682元，增幅为7.48％；滨海县由2013年的6424元，大幅增长到了2014年的8111元，增长部分达到了1687元，相应增幅为26.26％；阜宁县则由2013年的14344元，增长到了2014年的15078元，增长部分为734元，增幅为5.12％；射阳县由2013年的12357元，大幅增长到了2014年的16239元，增长部分达3882元，相应的增幅为31.42％；建湖县则由2013年的24207元，大幅下降到了2014年的15020元，缩减部分达到了9187元，相应的降幅为37.95％；东台市则由2013年的12247元，略微增长到了2014年的13862元，增长了1615元，增幅为13.19％；而大丰市则由2013年的16446元，略微增长至2014年的16465元，增长了19元，相应增幅为0.12％。滨海县与建湖县构成了2013年盐城市的最大组内差距，两地区普通高中教育生均教育公共财政预算教育事业费相差17783元；而滨海县与大丰市则构成了2014年盐城最大组内差距，两地区普通高中教育的生均教育公共财政预算教育事业费8354元。因此，盐城市的组内差距在2013—2014年缩小了9429元。

淮安市下辖涟水、洪泽、盱眙、金湖四县，除金湖县外，各县普通高中教育生均公共财政预算教育事业费在2013—2014年均为正增长。其中，涟水县普通高中教育生均公共财政预算教育事业费支出由2013年的5978元，略微增长到了2014年的7091元，增长部分为1113元，增幅为18.62％；洪泽县由2013年的12502元，大幅攀升到了2014年的18805元，增长部分达到了6303元，相应的增幅为50.42％；盱眙县由2013年的6531元，略微增长到了2014年的7131元，仅增长了599元，增幅仅为9.17％；而金湖县则由2013年的32621元，大幅下降到了2014年的25681元，缩减部分达到了6940元，相应的降幅达到了21.27％。涟水县与金湖县构成了2013年淮安的最大组内差距，两地区普通高中教育生均教育公共财政预算教育事业费相差26643元；而涟水县与金湖县依旧构成了2014年的最大组内差距，两地区普通高中教育的生均教育公共财政预算教育事业费相差18590元，可见，淮安市的组内差距在2013—2014年缩小了8053元。

连云港市下辖赣榆、东海、灌云与灌南四县，除灌云县以外，各县普通高中教育生均公共财政预算教育事业费在2013—2014年均表现出正增长的态势。其中，赣榆县的普通高中教育生均公共财政预算教育事业费由2013年的9713元，增长到了2014年的12572元，增长了2859元，增幅为29.43％；东海县由2013年的7240元，大幅增长到了2014年的10081元，上涨了2841元，增幅达到了39.24％；而灌云县则由2013年的6600元，下降到了2014年的5849元，减少部分达751元，相应的降幅为1.38％；而灌南县则由2013年的7462元，大幅增长到了2014年的

9486 元,增长了 2024 元,增幅达到了 27.12%。赣榆县与灌云县构成了 2013 年连云港市的最大组内差距,两地区普通高中教育生均教育公共财政预算教育事业费相差 3113 元;而赣榆县与灌云县依旧构成了 2014 年的最大组内差距,两地区普通高中教育的生均教育公共财政预算教育事业费相差 6723 元,由此判断,连云港市的组内差距在 2013—2014 年进一步扩大了 3610 元。

宿迁市下辖沭阳、泗阳、泗洪三县,各县普通高中教育生均公共财政预算教育事业费在 2013—2014 年均为正增长。其中,沭阳县普通高中教育生均公共财政预算教育事业费由 2013 年的 7260 元,大幅增长到了 2014 年的 11082 元,增长部分达到了 3822 元,相应增幅为 52.64%;泗阳县则由 2013 年的 6655 元,略微增长到了 2014 年的 6769 元,仅增长了 114 元,相应的增幅仅为 1.71%;而泗洪县则由 2013 年的 6777 元,大幅攀升到了 2014 年的 7959 元,增长了 1182 元,增幅达到了 17.44%。沭阳县与泗阳县构成了 2013 年宿迁市的最大组内差距,两地区普通高中教育的生均教育公共财政预算教育事业费相差 605 元;而 2014 年则依旧为沭阳县与泗阳县构成了最大组内差距,两地区普通高中教育的生均教育公共财政预算教育事业费相差 4313 元,因此,宿迁市的组内差距在 2013—2014 年则进一步扩大了 3708 元。

此外,苏北各辖市间普通高中教育生均教育公共财政预算教育事业费亦存在着组间差距,如 2014 年灌云县普通高中教育生均公共财政预算教育事业费仅为 5849 元,相较于金湖县的 25681 元,两地区的组间差距为 19832 元,反映出苏北地区连云港市与淮安市在普通高中教育生均公共财政预算教育事业费上的较大差距。

(四)普通高中教育生均公共财政预算公用经费的区域均衡发展评价

2014 年,江苏省普通高中教育生均公共财政预算公用经费在苏南、苏中、苏北地区间,表现出一定的区域差异。其中,南京市、苏州市、无锡市、常州市、镇江市构成的苏南地区,普通高中教育生均公共财政预算公用经费的均值由 2013 年的 2641 元,增长到了 2014 年的 4001 元,增长部分达到了 1360 元,相应增幅为 51.50%;南通、扬州、泰州三市构成的苏中地区,普通高中教育生均公共财政预算公用经费的均值由 2013 年的 2320 元,略微增长到了 2014 年的 2802 元,增长部分为 482 元,增幅为 20.78%;徐州市、盐城市、淮安市、连云港市、宿迁市构成的苏北地区,普通高中教育生均公共财政预算公用经费的均值由 2013 年的 1903 元,小幅上升到了 2014 年的 2276 元,增加部分达 373 元,相应的增幅为 19.60%。

表 5 - 9　2014 年江苏省普通高中教育生均公共财政预算公用经费的区域差异　　(元)

区　　域	2013 年	2014 年	增长率(%)
苏南	2641	4001	51.50
苏中	2320	2802	20.78

区　域	2013 年	2014 年	增长率(%)
苏北	1903	2276	19.60
均值	2288	3027	32.30

从绝对量上看，苏南地区普通高中教育生均公共财政预算公用经费增长显著，2013 年苏南地区与苏中地区高中教育生均公共财政预算公用经费相差 321 元，但由于苏南地区的大幅度增长，2014 年苏南与苏中地区的区域差距进一步拉大到了 1199 元；与此同时，2013 年苏中地区生均公共财政预算教育事业费，与苏北地区间的差距为 417 元，但由于苏中地区的增幅高于苏北地区，致使苏中与苏北地区高中教育生均公共财政预算公用经费的差距在 2014 年扩大到了 526 元。此外，虽然苏北地区普通高中教育生均公共财政预算公用经费，在 2013—2014 年不断增长，但由于基数以及增长的绝对量上与苏南地区存在不小差距，因而造成了苏南、苏北间的区域差距进一步扩大，两地的差距由 2013 年的 738 元，扩大至 2014 年的 1725 元。

（五）普通高中教育生均公共财政预算公用经费的组内均衡发展评价

1. 苏南地区普通高中教育生均公共财政预算公用经费的组内差异

苏南地区由南京、无锡、苏州、常州、镇江四市构成，剔除南京市，普通高中的教育生均公共财政预算公用经费，在苏南地区间存在着一定的组内差距：

表 5 - 10　2014 年苏南地区普通高中教育生均公共财政预算公用经费的组内差异　（元）

区　域	2013 年	2014 年	增长率(%)
江阴市	1425	2242	57.33
宜兴市	557	3320	496.05
常熟市	1117	946	−15.31
张家港市	965	4961	414.09
昆山市	26121	11492	−56.00
太仓市	9521	2607	−72.62
溧阳市	319	502	57.37
金坛市	2890	3534	22.28
丹阳市	1378	4257	208.93
扬中市	18691	57863	209.58
句容市	3388	6897	103.57

具体来看，无锡市下辖江阴与宜兴两个县级市，其中，江阴市普通高中教育生均公共财政预算公用经费由 2013 年的 1425 元，增长到了 2014 年的 2242 元，增加部分达到了 817 元，相应增幅为 57.33%；而宜兴市则由 2013 年的 557 元，大幅增

长到了 2014 年的 3320 元,增长部分达到了 2763 元,相应增幅为 496.05%,江阴市与宜兴市的差距由 2013 年的 868 元,略微扩大到了 2014 年的 1078 元。

苏州市下辖常熟市、张家港市、昆山市、太仓市四个县级市,其中,常熟市普通高中教育的生均公共财政预算公用经费由 2013 年的 1117 元,略微下降到了 2014 年的 946 元,缩减了 171 元,降幅为 15.31%;张家港市则由 2013 年的 965 元,大幅增长到了 2014 年的 4961 元,增长部分达到了 3996 元,相应的增幅达到了 414.09%;昆山市由 2013 年的 26121 元,大幅下降到了 2014 年的 11492 元,缩减部分达到了 14629 元,降幅达到了 56.00%;而太仓市则由 2013 年的 9521 元,大幅下降到 2014 年的 2607 元,减少部分为 6914 元,降幅为 72.62%。2013 年,苏州地区普通高中教育生均公共财政预算公用经费差距最大的为张家港市与昆山市,两市高中教育生均公共财政预算公用经费的极差为 25156 元,而 2014 年则为昆山市与常熟市,两地区间的极差为 10546 元。相较于 2013 年,苏州地区 2014 年的组内差距大幅缩小了 14610 元,显示出一定的均衡发展态势。

常州市下辖溧阳市与金坛市两个县级市,其中,溧阳市高中教育的生均公共财政预算公用经费由 2013 年的 319 元,上升到了 2014 年的 502 元,增长部分为 183 元,增幅为 57.37%;而金坛市则由 2013 年的 2890 元,大幅增长到了 2014 年的 3534 元,增长部分达到了 644 元,增幅为 22.28%,溧阳市与金坛市的生均差距由 2013 年的 2571 元,略微扩大到了 2014 年的 3032 元。

镇江市下辖丹阳、扬中、句容三个县级市,其中,丹阳市普通高中教育的生均公共财政预算公用经费由 2013 年的 1378 元,大幅攀升至 2014 年的 4257 元,增长部分达到了 2879 元,增幅为 208.93%;扬中市由 2013 年的 18691 元,大幅增长到了 2014 年的 57863 元,增长部分达到了 39172 元,相应的增幅为 209.58%;句容市则由 2013 年的 3388 元,增长到了 2014 年的 6897 元,增长部分达 3509 元,相应增幅为 103.57%。2013 年,丹阳市与扬中市构成了镇江地区普通高中教育生均公共财政预算公用经费的最大组内差距,两地区的教育投入相差 17313 元,而 2014 年则依旧为扬中市与句容市构成的最大组内差距,且两地区的组内差距进一步扩大至 53606 元。

由此可见,苏南地区各辖市内部,普通高中教育生均公共财政预算公用经费的差距正不断缩小。但是,需要指出的是,苏南各辖市间的组间差距仍然不容忽视,如 2014 年溧阳市普通高中教育的生均公共财政预算公用经费仅为 502 元,相较于扬中市的 57863 元,两地区间的极差达到了 57361 元,反映了苏南地区常州市与镇江市间较大的组间差距。

2. 苏中地区普通高中教育生均公共财政预算公用经费的组内差异

苏中地区由南通、扬州、泰州三市构成,普通高中教育的生均公共财政预算公用经费,在苏中地区间存在着一定的组内差距:

表 5-11 2014 年苏中地区普通高中教育生均公共财政预算公用经费的组内差异 （元）

区 域	2013 年	2014 年	增长率(%)
海安县	824	870	5.58
如东县	1129	1913	69.44
启东市	2093	2713	29.62
如皋市	770	646	-16.10
海门市	2774	1555	-43.94
宝应县	9569	14606	52.64
仪征市	2078	643	-69.49
高邮市	3837	3631	-5.37
兴化市	546	850	55.68
靖江市	601	3422	469.38
泰兴市	511	638	24.85

具体来看,南通市下辖海安、如东两县以及启东、如皋、海门三个县级市,其中,海安县普通高中教育的生均公共财政预算公用经费由 2013 年的 824 元,略微增长到 2014 年的 870 元,增长了 46 元,增幅仅为 5.38%;如东县则由 2013 年的 1129 元,大幅增长到 2014 年的 1913 元,增长部分为 784 元,增幅达到了 69.44%;启东市则由 2013 年的 2093 元,增长到了 2014 年的 2713 元,增长了 620 元,增幅为 29.62%;如皋市由 2013 年的 770 元,略微下降到了 2014 年的 646 元,减少了 124 元,降幅为 16.10%;海门市则由 2013 年的 2774 元,下降到了 2014 年的 1555 元,缩减部分达到了 1219 元,降幅为 43.94%。如皋市与海门市在普通高中教育生均公共财政预算公用经费 2004 元的差距,构成了 2013 年南通市最大的组内差距,而启东市与如皋市则构成了 2014 年南通市的最大组内差距,两地区的组内差距的极值为 2067 元,相较于 2013 年,略微扩大了 63 元。

扬州市下辖宝应县、仪征市与高邮市两个县级市,其中,宝应县普通高中教育生均公共财政预算公用经费由 2013 年的 9569 元,大幅增长到了 2014 年的 14606 元,增长部分达到了 5037 元,相应的增幅为 52.64%;仪征市则由 2013 年的 2078 元,大幅缩减至 2014 年的 643 元,减少部分达到了 1435 元,降幅为 69.49%;而高邮市则由 2013 年的 3837 元,略微下降到了 2014 年的 3631 元,减少了 206 元,降幅为 5.37%。宝应县与仪征市构成了 2013 年扬州市的最大组内差距,两地区普通高中教育生均教育公共财政预算公用经费相差 7491 元;而宝应县与仪征市依旧构成了 2014 年的最大组内差距,两地区普通高中教育生均教育公共财政预算公用经费相差 13963 元。因此,扬州市的组内差距在 2013—2014 年进一步扩大了 6472 元。

　　泰州市下辖兴化、靖江、泰兴三个县级市,其中,兴化市普通高中教育生均公共财政预算公用经费支出由 2013 年的 546 元,略微增长到 2014 年的 850 元,增加了 304 元,增幅达到了 55.68%;靖江市则由 2013 年的 601 元,大幅增长到了 2014 年的 3422 元,增长部分达到了 2821 元,增幅达到了 469.38%;而泰兴市则由 2013 年的 511 元,增长到 2014 年的 638 元,仅增加了 127 元,相应增幅为 24.85%。靖江市与泰兴市则构成了 2013 年泰州市的最大组内差距,两地区的生均教育公共财政预算公用经费支出相差 90 元;而靖江市与泰兴市依旧构成了 2014 年的最大组内差距,两地区普通高中教育生均教育公共财政预算公用经费相差 2784 元,由此可见,泰州市的组内差距在 2013—2014 年进一步扩大了 2694 元。

　　同样,苏中各辖市间仍存在不同程度的组间差距,如 2014 年泰兴市生均公共财政预算公用经费仅为 638 元,相较于宝应县的 14606 元,两地区的组间差距为 13968 元,反映出苏中地区泰州市与扬州市在普通高中教育的生均公共财政预算公用经费存在较大差距。

　　3. 苏北地区普通高中教育生均公共财政预算公用经费的组内差异

　　苏北地区由徐州、盐城、淮安、连云港、宿迁五市构成,普通高中教育生均公共财政预算公用经费支出,在苏北五市内部存在着如下差异:

表 5-12　2014 年苏北地区普通高中教育生均公共财政预算公用经费的组内差异　(元)

区　　域	2013 年	2014 年	增长率(%)
丰县	2064	2499	21.03
沛县	2583	584	−77.39
睢宁县	2303	203	−91.19
新沂市	3617	4008	10.81
邳州市	904	2366	161.73
响水县	1619	2425	49.78
滨海县	531	1164	119.21
阜宁县	3927	5564	41.69
射阳县	5252	9949	89.43
建湖县	15068	6132	−59.30
东台市	4141	4444	7.32
大丰市	11167	11964	7.14
涟水县	1587	1956	23.28
洪泽县	4453	10567	137.30
盱眙县	714	719	0.70
金湖县	25967	15083	−41.91

续　表

区　　域	2013 年	2014 年	增长率(%)
赣榆县	3096	4664	50.65
东海县	2300	2727	18.57
灌云县	2955	1564	−47.07
灌南县	1251	1381	10.39
沭阳县	1331	1978	48.61
泗阳县	1506	1514	0.53
泗洪县	1327	3142	136.77

　　具体来看,徐州市下辖丰县、沛县、睢宁县三个县以及新沂市、邳州市两个县级市,除沛县与睢宁县外,各县与县级市普通高中教育生均公共财政预算公用经费支出在 2013—2014 年均为正增长。其中,丰县普通高中教育生均公共财政预算公用经费支出由 2013 年的 2064 元,小幅增长到了 2014 年的 2499 元,增长了 435 元,增幅仅为 21.03%;而沛县则由 2013 年的 2583 元,大幅下降到了 2014 年的 584元,缩减部分的达到了 1999 元,相应的降幅为 77.39%;睢宁县由 2013 年的 2303元,大幅下降到了 2014 年的 203 元,缩减部分达到了 2100 元,相应降幅为91.19%;新沂市普通高中教育生均公共财政预算公用经费支出则由 2013 年的 3617 元,略微增长到 2014 年的 4008 元,增长了 391 元,增幅为 10.81%;而邳州市则由 2013年的 904 元,大幅增长到了 2014 年的 2366 元,增长部分达到了 1462 元,相应的增幅为 161.73%。新沂市与邳州市则构成了 2013 年徐州市的最大组内差距,两地区普通高中教育生均教育公共财政预算公用经费支出相差 2713 元;而新沂市与睢宁县则构成了 2014 年的最大组内差距,两地区普通高中教育的生均教育公共财政预算公用经费支出相差 3805 元,因此,徐州市的组内差距在 2013—2014 年进一步扩大了 1092 元。

　　盐城市下辖响水县、滨海县、阜宁县、射阳县、建湖县以及东台与大丰两个县级市,除建湖县以外,各县与县级市普通高中教育生均公共财政预算公用经费支出在2013—2014 年均为正向增长。其中,响水县普通高中教育的生均公共财政预算公用经费支出由 2013 年的 1619 元,增长到 2014 年的 2425 元,增长了 806 元,增幅为 49.78%;滨海县由 2013 年的 531 元,大幅增长到了 2014 年的 1164 元,增长部分达到了 633 元,相应增幅为 119.21%;阜宁县则由 2013 年的 3927 元,大幅攀升至 2014 年的 5564 元,增长部分达到了 1637 元,增幅为 41.69%;射阳县由 2013 年的 5252 元,大幅增长到了 2014 年的 9949 元,增长部分达 4697 元,相应的增幅为89.43%;建湖县则由 2013 年的 15068 元,大幅下降到了 2014 年的 6132 元,缩减了8936 元,降幅为 59.30%;东台市则由 2013 年的 4141 元,增长到了 2014 年的 4444

元,仅增长了303元,增幅仅为7.32%;而大丰市则由2013年的11167元,略微增长至2014年的11964元,增长了800元,相应增幅为7.14%。滨海县与建湖县构成了2013年盐城市的最大组内差距,两地区普通高中教育生均教育公共财政预算公用经费支出相差14537元;而滨海县与大丰市则构成了2014年盐城最大组内差距,两地区普通高中教育的生均教育公共财政预算公用经费支出相差10800元。因此,盐城市的组内差距在2013—2014年缩小了3737元。

淮安市下辖涟水、洪泽、盱眙、金湖四县,除金湖县外,各县普通高中教育生均公共财政预算公共经费支出在2013—2014年均为正增长。其中,涟水县普通高中教育生均公共财政预算公用经费支出由2013年的1587元,略微增长到了2014年的1956元,增长部分为369元,增幅为23.28%;洪泽县由2013年的4453元,大幅攀升到了2014年的10567元,增长部分达到了6114元,相应的增幅为137.30%;盱眙县由2013年的714元,略微增长到了2014年的719元,仅增长了5元,增幅仅为0.70%;而金湖县则由2013年的25967元,大幅下降到了2014年的15083元,缩减部分达到了10884元,相应的降幅达到了41.91%。盱眙县与金湖县构成了2013年淮安的最大组内差距,两地区普通高中教育生均教育公共财政预算公用经费支出相差25253元;而盱眙县与金湖县依旧构成了2014年的最大组内差距,两地区普通高中教育的生均教育公共财政预算公用经费支出相差14364元,可见,淮安市的组内差距在2013—2014年缩小了10889元。

连云港市下辖赣榆、东海、灌云与灌南四县,除灌云县以外,各县普通高中教育生均公共财政预算公用经费支出在2013—2014年均表现出正增长的态势。其中,赣榆县的普通高中教育生均公共财政预算公用经费支出2013年的3096元,增长到了2014年的4664元,增长了1568元,增幅为50.65%;东海县由2013年的2300元,略微增长到了2014年的2727元,上涨了427元,增幅为18.57%;而灌云县则由2013年的2955元,大幅下降到了2014年的1564元,减少部分达1391元,相应的降幅为47.07%;而灌南县则由2013年的1251元,略微增长到了2014年的1381元,仅增长了130元,增幅为10.39%。赣榆县与灌南县构成了2013年连云港市的最大组内差距,两地区普通高中教育生均教育公共财政预算公用经费支出相差1845元;而赣榆县与灌南县依旧构成了2014年的最大组内差距,两地区普通高中教育的生均教育公共财政预算公用经费支出相差3083元,由此判断,连云港市的组内差距在2013—2014年进一步扩大了1238元。

宿迁市下辖沭阳、泗阳、泗洪三县,各县普通高中教育生均公共财政预算公用经费支出在2013—2014年均为正增长。其中,沭阳县普通高中教育生均公共财政预算公用经费支出由2013年的1331元,增长到了2014年的1978元,增长部分达到了647元,相应增幅为48.61%;泗阳县则由2013年的1506元,略微增长到了2014年的1514,仅增长了8元,相应的增幅为0.53%;而泗洪县则由2013年的

1327 元,大幅攀升到了 2014 年的 3142 元,增长了 1815 元,增幅达到了 136.77%。泗阳县与泗洪县构成了 2013 年宿迁市的最大组内差距,两地区普通高中教育的生均教育公共财政预算公用经费支出相差 179 元;而 2014 年则依旧为泗阳县与泗洪县构成了最大组内差距,两地区普通高中教育的生均教育公共财政预算公用经费支出相差 1628 元,因此,宿迁市的组内差距在 2013—2014 年则进一步扩大了 1449 元。

此外,苏北各辖市间普通高中教育生均教育公共财政预算公用经费支出亦存在着组间差距,如 2014 年睢宁县普通高中教育生均公共财政预算公用经费支出仅为 203 元,相较于金湖县的 15083 元,两地区的组间差距为 14880 元,反映出苏北地区徐州市与淮安市在普通高中教育生均公共财政预算公用经费支出上的较大差距。

四、江苏省普通高中教育区域均衡发展的改进建议

总体而言,2014 年江苏省普通高中教育经费总投入增长较为快速,生均教育经费增长显著。江苏省普通高中教育经费的运行未来可做如下改进:

(一)稳步提高普通高中教育的生均拨款水平,逐步化解普通高中的债务风险

各级财政应逐步提高投入水平,积极化解普通高中学校的基本建设债务,建立和完善以财政投入为主、其他多种渠道为辅的高中阶段教育经费投入的保障机制,有效防范高中学校的财务风险,促进高中阶段学校的健康发展,全面提高普通高中教育的教学质量。

在学校办学方面,各辖市要大力实施普通高中教育质量提升和特色建设工程、基本化解基础建设债务,引导高中学校科学规划、勤俭办学、优质与特色并重。省级财政应加大奖补力度,引导和督促辖市、区县逐步提高高中教育的财政投入水平。

在化解基础建设的债务风险方面,可以通过建立以政府为主导的风险化解机制,完善普通高中教育经费的保障机制,建立健全普通高中新债防控机制等途径积极化解债务风险。

(二)加强统筹规划,逐步缩小普通高中地区的差距

在未来普通高中教育经费投入中,应充分注意到江苏省当前普通高中教育经费在苏南、苏中、苏北地区间的非均衡发展特点,从全面推进江苏省教育现代化建设的总体战略出发,根据各辖市的经济、教育发展的实际情况,分别确定不同区域普通高中教育的发展目标、重点、规模以及速度,统筹兼顾,制定出既有利于全局又有利于各辖区发展的相互协调、相互促进的政策,以尽快缩小区域差距。

第六章　中等职业教育均衡发展状况分析与评价

一、各省辖市普通中等职业教育发展基本概况

2014 年,除个别辖市以外,江苏省下辖各市的普通中等职业教育,大体上在 2013 年的基础上,产生了不同程度的下滑。具体来看,南京市普通中等职业学校的数量在 2013—2014 年保持不变,均为 24 所;中等职业教育招生人数由 2013 年的 18500 人,略微下降到了 2014 年的 18033 人,减少了 467 人,降幅为 2.52%;而毕业生人数则由 2013 年的 17100 人,增长到了 2014 年的 18233 人,新增 1133 名中等职业教育的毕业生,增幅为 6.63%;而在校生人数由 2013 年的 56300 人,减少到了 2014 年的 53615 人,缩减了 2685 人,降幅为4.77%;专任教师数则由 2013 年的 3500 人,小幅上升到了 2014 年的 3553 人,新增了 53 名中等职业教育的的专任教师,相应的增幅为 1.51%。

表 6−1　2014 年各辖市普通中等职业教育发展基本情况

省辖市	学校数（所）		招生人数（人）		毕业生数（人）		在校生数（人）		专任教师数（人）	
	2013 年	2014 年	2013 年	2014 年	2013 年	2014 年	2013 年	2014 年	2013 年	2014 年
南京	24	24	18500	18033	17100	18233	56300	53615	3500	3553
苏州	24	23	18700	19225	18700	18567	55700	55514	4200	4364
无锡	20	21	13600	14806	17800	15173	43800	42356	3800	3874
南通	5	5	15700	17411	14600	15566	46700	53394	900	643
徐州	10	10	16200	12647	13700	11260	48100	42389	1700	1648
常州	12	12	12500	12243	13300	13224	38500	36896	2800	2716
盐城	7	6	10100	8650	17300	9980	28400	25347	1200	1135
淮安	14	15	15000	15103	21000	17402	50700	51945	2400	2855
扬州	10	10	16300	13965	18000	15036	49900	47175	1700	1629
泰州	4	9	4400	3895	7400	7044	16200	13742	1100	1742
镇江	12	12	6800	6449	8100	5764	22000	20246	1600	1667
连云港	9	9	12900	12067	11700	13667	43000	36268	1600	1604
宿迁	18	18	24400	19493	34900	23056	67600	61102	3100	2844

苏州市的中等职业学校数由 2013 年的 24 所,略微下降到了 2014 年的 23 所,减少了 1 所,降幅为 4.17%;中等职业学校招生人数由 2013 年的 18700 人,略微增长到了 2014 年的 19225 人,增长了 525 人,增幅为 2.81%;毕业人数由 2013 年的 18700 人,下降到了 2014 年的 18567 人,减少了 133 人,降幅为 0.71%;在校生人数由 2013 年的 55700 人,下降到了 2014 年的 55514 人,缩减了 186 人,降幅为 0.33%;而专任教师数由 2013 年的 4200 人,小幅上升到了 2014 年的 4363 人,新增了 163 名中等职业教育的专任教师,相应的增幅为 3.88%。

无锡市的中等职业学校数由 2013 年的 20 所,小幅上升到了 2014 年的 21 所,新增了 1 所,增幅为 5%;中等职业学校的招生人数由 2013 年的 13600 人,增长到了 2014 年的 14806 人,增加了 1206 人,增幅达到了 8.87%;毕业人数由 2013 年的 17800 人,下降到 2014 年的 15173 人,减少了 2627 人,降幅达到了 14.76%;中等职业教育的在学人数由 2013 年的 43800 人,下降到了 2014 年的 42356 人,减少了 1444 人,降幅达到了 3.30%;而专职教师数则由 2013 年的 3800 人,小幅增长至 2014 年的 3874 人,新增了 74 名专任教师,增幅为 1.95%。

南通市中等职业学校数在 2013—2014 年保持不变,均为 5 所;而中等职业教育的招生人数则由 2013 年的 15700 人,大幅上涨到了 2014 年的 17411 人,增长了 1711 人,增幅达到了 10.90%;毕业生数则由 2013 年的 14600 人,增长到到了 2014 年的 15566 人,增长部分达 966 人,相应的增幅为 6.62%;而在学人数则由 2013 年的 46700 人,增长到了 2014 年的 53394 人,增长了 6694 人,增幅达到了 14.33%;专任教师数则由 2013 年的 900 人,下降到 2014 年的 643 人,流失了 257 名中等职业教育的专任教师,降幅达到了 28.56%。

徐州市中等职业学校数在 2013—2014 年维持不变,均为 10 所;中等职业教育的招生人数则由 2013 年的 16200 人,大幅下降到 2014 年的 12647 人,减少了 3553 人,降幅达到了 21.93%;毕业生数则由 2013 年的 13700 人,大幅下降到 2014 年的 11267 人,减少了 2433 人,降幅达到了 17.76%;在学人数则由 2013 年的 48100 人,大幅下降到 2014 年的 42389 人,减少了 5711 人,降幅达到了 11.87%;专任教师数由 2013 年的 1700 人,略微下降到 2014 年的 1648 人,流失了 52 名中等职业教育的专任教师,降幅为 3.06%。

常州中等职业学校数在 2013—2014 年维持不变,均为 12 所;中等职业教育的招生人数由 2013 年的 12500 人,下降到 2014 年的 12243 人,减少了 257 人,降幅为 2.06%;毕业生人数由 2013 年的 13300 人,下降到了 2014 年的 13224 人,减少了 76 人,降幅为 0.57%;而在学人数则由 2013 年的 38500 人,下降到 2014 年的 36896 人,减少了 1604 人,降幅达到了 4.17%;专任教师数由 2013 年的 2800 人,略微下降到了 2014 年的 2716 人,流失了 84 名中等职业教育的专任教师,相应的降幅为 3%。

盐城市的中等职业学校数由 2013 年的 7 所,略微下降到了 2014 年的 6 所,减少了 1 所,降幅为 14.29%;中等职业教育的招生人数由 2013 年的 10100 人,下降到 2014 年的 8650 人,减少了 1450 人,降幅达到了 14.36%;毕业生人数由 2013 年的 17300 人,大幅下降到了 2014 年的 9980 人,减少了 7320 名毕业生,相应的降幅达到了 42.31%;中等职业教育的在学人数由 2013 年的 28400 人,下降到了 2014 年的 25347 人,减少了 3053 人,降幅达到了 10.75%;专任教师则数由 2013 年的 1200 人,略微下降到了 2014 年的 1135 人,减少了 65 名中等职业教育的专任教师,降幅为 5.42%。

淮安市的中等职业学校数由 2013 年的 14 所,小幅上升到了 2014 年的 15 所,新增了 1 所,增幅为 7.14%;中等职业学校的招生人数由 2013 年的 15000 人,略微上涨到了 2014 年的 15103 人,增长了 103 人,相应的增幅为 0.69%;毕业生人数由 2013 年的 21000 人,缩减至 2014 年的 17402 人,缩减了 3598 人,降幅达到了 17.13%;中等职业教育的在学人数由 2013 年的 50700 人,增长到了 2014 年的 51945 人,增长了 1245 人,增幅为 2.46%;专任教师数则由 2013 年的 2400 人,增长到了 2014 年的 2855 人,新增了 455 名中等职业教育的专任教师,增幅达到了 18.96%。

扬州市的中等职业学校数在 2013—2014 年保持不变,均为 10 所;高中等职业教育的招生人数由 2013 年的 16300 人,缩减至 2014 年的 13965 人,减少了 2335 人,降幅达到了 14.33%;毕业生人数由 2013 年的 18000 人,缩减至 2014 年的 15036 人,减少了 2964 名毕业生,降幅达到了 16.47%;中等职业教育的在学人数由 2013 年的 49900 人,缩减至 2014 年的 47175 人,减少了 2725 人,降幅达到了 5.46%;而专任教师数由 2013 年的 1700 人,下降到 2014 年的 1629 人,减少了 71 名中等职业教育的专任教师,降幅为 4.18%。

泰州市的中等职业学校数由 2013 年的 4 所,大幅增长到 2014 年的 9 所,新增了 5 所,相应的增幅为 125%;中等职业教育的招生人数由 2013 年的 4400 人,下降到了 2014 年的 3895 人,减少了 505 人,降幅达到了 11.48%;毕业生人数则由 2013 年的 7400 人,缩减至 2014 年的 7044 人,减少了 356 名毕业生,降幅为 4.81%;而在学人数由 2013 年的 16200 人,大幅下降到 2014 年的 13742 人,缩减了 2458 人,降幅达到了 15.17%;而专任教师数却由 2013 年的 1100 人,大幅增长到了 2014 年的 1742 人,新增了 642 名中等职业教育的专任教师,相应增幅达到了 58.36%。

镇江市中等职业学校数在 2013—2014 年维持不变,均为 12 所;招生人数则由 2013 年的 6800 人,降低到了 2014 年的 6449 人,减少了 351 人,降幅为 5.16%;毕业生人数由 2013 年的 8100 人,缩减至 2014 年的 5764 人,减少了 2336 名中等职业教育的毕业生,降幅则达到了 28.84%;而中等职业教育的在学人数由 2013 年的

22000 人,下降到了 2014 年的 20246 人,减少了 1754 人,降幅达到了 7.97%;专任教师数则由 2013 年的 1600 人,略微增长到了 2014 年的 1667 人,新增了 67 名中等职业教育的专任教师,增幅为 4.19%。

连云港市中等职业学校数在 2013—2014 年维持不变,均为 9 所;中等职业教育的招生人数由 2013 年的 12900 人,下降到了 2014 年的 12067 人,减少了 833 人,相应降幅为 6.46%;毕业生人数由 2013 年的 11700 人,增长到了 2014 年的 13667 人,新增了 1967 名中等职业教育的毕业生,增幅达到了 16.81%;而在学人数由 2013 年的 43000 人,大幅下降到了 2014 年的 36268 人,减少了 6732 人,降幅达到了 15.66%;专任教师数则由 2013 年的 1600 人,略微增长到了 2014 年的 1604 人,仅仅新增了 4 名中等职业教育的专任教师,相应的增幅为 0.25%。

宿迁市中等职业学校数在 2013—2014 年维持不变,均为 18 所;中等职业教育的招生人数由 2013 年的 24400 人,下降到了 2014 年的 19493 人,减少招生 4907 人,降幅达到了 20.11%;毕业生人数由 2013 年的 34900 人,缩减至 2014 年的 23056 人,减少了 11844 名中等职业教育的毕业生,降幅达到了 33.94%;而在学人数则由 2013 年的 67600 人,下降到了 2014 年的 67102 人,减少了 498 人,降幅为 0.74%;专任教师数则由 2013 年的 3100 人,下降到了 2014 年的 2844 人,减少了 256 名中等职业教育的专任教师,相应的降幅为 8.26%。

二、江苏省普通中等职业教育财政投入分析

2014 年,江苏省政府持续加强对普通中等职业教育经费的投入力度,加强相关政策的进一步完善与落实,规范对中等职业学校教育经费的使用管理,不断开拓中等职业教育发展的新格局。

(一)各辖市普通中等职业教育生均公共财政预算教育事业费支出变动

2014 年,江苏省普通中等职业教育的生均公共财政预算教育事业费为 9885 元,相较于 2013 年的 9737 元,增长了 148 元,较 2013 年增长了 1.53 个百分点。具体到各辖市方面,南京市普通中等职业教育生均公共财政预算教育事业费由 2013 年的 11749 元,增长到 2014 年的 12914 元,增长了 1165 元,增幅为 9.92%。无锡市普通中等职业教育的生均公共财政预算教育事业费由 2013 年的 15459 元,略微下降到了 2014 年的 12179 元,缩减了 3280 元,降幅为 21.22%。徐州市普通中等职业教育的生均公共财政预算教育事业费由 2013 年的 14591 元,大幅下降到了 2014 年的 9825 元,减少了 4766 元,降幅达到了 32.66%。常州市普通中等职业教育的生均公共财政预算教育事业费由 2013 年的 12435 元,下降到了 2014 年的 9757 元,下降部分达到了 2678 元,降幅为 21.54%。苏州市普通中等职业教育的生均公共财政预算教育事业费由 2013 年的 11879 元,略微增长到了 2014 年的 12969 元,增加部分达到了 1090 元,增幅达到了 9.18%。南通市普通中等职业教

育的生均公共财政预算教育事业费由 2013 年的 12234 元,上升到了 2014 年的
13865 元,增长了 1631 元,增幅为 13.33%。连云港市普通中等职业教育的生均公
共财政预算教育事业费由 2013 年的 8100 元,增长到了 2014 年的 8428 元,增加了
328 元,增幅为 4.05%。淮安市普通中等职业教育的生均公共财政预算教育事业
费由 2013 年的 8152 元,略微增长到了 2014 年的 9157 元,增长了 1005 元,增幅为
12.33%。盐城市普通中等职业教育的生均公共财政预算教育事业费由 2013 年的
5816 元,增长到了 2014 年的 6905 元,增长部分达到了 1089 元,增幅达到了
18.72%。扬州市普通中等职业教育的生均公共财政预算教育事业费由 2013 年的
6869 元,增长到 2014 年的 7388 元,增长了 519 元,增幅为 7.56%。镇江市普通中
等职业教育的生均公共财政预算教育事业费由 2013 年的 13677 元,大幅增长到
2014 年的 15818 元,增长了 2141 元,增幅为 15.65%。泰州市普通中等职业教育的
生均公共财政预算教育事业费由 2013 年的 7752 元,略微增长到 2014 年的 8912
元,增长了 1161 元,增幅为 14.96%。宿迁市普通中等职业教育的生均公共财政预
算教育事业费由 2013 年的 4782 元,大幅增长到了 2014 年的 6286 元,增长部分达
到了 1504 元,相应增幅为 31.45%。

表 6‐2　2014 年各辖市普通中等职业教育生均公共财政预算教育事业费支出及增长情况

(元)

地　　区	2013 年	2014 年	增长率(%)
江苏省	9737	9885	1.53
南京市	11749	12914	9.92
无锡市	15459	12179	−21.22
徐州市	14591	9825	−32.66
常州市	12435	9757	−21.54
苏州市	11879	12969	9.18
南通市	12234	13865	13.33
连云港市	8100	8428	4.05
淮安市	8152	9157	12.33
盐城市	5816	6905	18.72
扬州市	6869	7388	7.56
镇江市	13677	15818	15.65
泰州市	7752	8912	14.96
宿迁市	4782	6286	31.45

就各辖市普通中等职业教育生均公共财政预算教育事业费的支出情况而言，南京市、苏州、南通市、连云港市、淮安市、盐城市、扬州市、镇江市、泰州市以及宿迁市呈正向增长趋势。其中，镇江市以2141元增长的绝对值、盐城市以18.72%的增幅列各市之首;而无锡市、徐州市以及常州市则呈现出负增长的态势，普通中等职业教育生均公共财政预算教育事业费，与上年相比均呈现出不同程度的降低，徐州市以4766元的绝对值与32.66%的负增长速度，列各负增长市之首。

(二)各辖市普通中等职业生均公共财政预算公用经费支出变动

2014年，江苏省普通中等职业教育生均公共财政预算公用经费支出为3416元，相较于2013年的3180元有了小幅增长，增长部分为236元，增长率为7.44%。具体到各辖市方面，南京市普通中等职业教育生均公共财政预算公用经费由2013年的2281元，略微增长到了2014年的3203元，增长了922元，增幅达到了40.02%。无锡市普通中等职业教育生均公共财政预算公用经费由2013年的4926元，大幅下降到了2014年的2405元，减少了2521元，降幅为51.18%。徐州市普通中等职业教育生均公共财政预算公用经费由2013年的6313元，大幅下降到了2014年的2590元，缩减了3723元，降幅达到了58.97%。常州市普通中等职业教育生均公共财政预算公用经费由2013年的4961元，大幅下降到了2014年的2670元，下降部分达2291元，降幅达到了46.18%。苏州市普通中等职业教育生均公共财政预算公用经费由2013年的4029元，上升到2014年的4664元，增长了635元，增幅为15.76%。南通市普通中等职业教育生均公共财政预算公用经费由2013年的2741元，大幅增长到了2014年的6381元，增加了3640元，增幅达到了132.80%。连云港市普通中等职业教育生均公共财政预算公用经费由2013年的3802元，大幅下降到了2014年的2034元，减少了1768元，降幅达到了46.50%。淮安市普通中等职业教育生均公共财政预算公用经费由2013年的3241元，大幅上升到了2014年的5054元，增长部分达到了1813元，增幅达到了55.94%。盐城市普通中等职业教育生均公共财政预算公用经费由2013年的744元，大幅增长到了2014年的1809元，增长部分达到了1065元，增幅则达到了143.15%。扬州市普通中等职业教育生均公共财政预算公用经费由2013年的1968元，增长到2014年的2754元，增长了786元，增幅为39.94%。镇江市普通中等职业教育生均公共财政预算公用经费由2013年的3722元，大幅增长到了2014年的5841元，增长了2119元，增幅达到了56.93%。泰州市普通中等职业教育生均公共财政预算公用经费由2013年的2265元，小幅增长到了2014年的2478元，增长了213元，增幅为9.40%。宿迁市普通中等职业教育的生均公共财政预算公用经费由2013年的1906元，增长到2014年的2496元，增长了590元，增幅达到了30.95%。

表6‑3 2013—2014年普通中等职业教育生均公共财政预算公用经费支出及增长情况

（元）

地　　区	2013 年	2014 年	增长率(%)
江苏省	3180	3416	7.44
南京市	2281	3203	40.42
无锡市	4926	2405	−51.18
徐州市	6313	2590	−58.97
常州市	4961	2670	−46.18
苏州市	4029	4664	15.76
南通市	2741	6381	132.80
连云港市	3802	2034	−46.50
淮安市	3241	5054	55.94
盐城市	744	1809	143.15
扬州市	1968	2754	39.94
镇江市	3722	5841	56.93
泰州市	2265	2478	9.40
宿迁市	1906	2496	30.95

就各辖市普通中等职业教育生均公共财政预算公用经费支出的增长情况而言,南京市、苏州市、南通市、淮安市、盐城市、扬州市、镇江市、泰州市以及宿迁市呈正向增长趋势。其中,南通市以3640元增长的绝对值、盐城市以143.15%的增幅列各市之首;而无锡市、徐州市、常州市以及连云港市呈现出负增长的态势,普通中等职业教育生均公共财政预算公用经费支出,与上年相比均呈现出不同程度的降低。其中,徐州市以3723元的绝对值与58.97%的负增长速度,列各负增长市之首。

三、江苏省中等职业教育区域均衡发展状况评价

（一）普通中等职业教育发展的区域均衡状况评价

2013—2014年,江苏省各辖区在普通中等职业教育的发展上,苏南、苏中、苏北地区表现出一定的非均衡性,其中,苏南地区包括了南京市、苏州市、无锡市、常州市与镇江市;苏中地区涵盖了南通市、扬州市与泰州市;苏北地区则由徐州市、盐城市、淮安市、连云港市、宿迁市构成。具体来看,2013年,苏南、苏中、苏北地区普通中等职业学校数为92所、19所以及58所,分别占比总体规模的54.44%、11.24%以及34.32%;2014年苏南、苏中、苏北地区普通中等职业学校数则为92所、24所以及58所,在总体规模中的占比为52.87%、13.79%以及33.34%。苏南与苏北地区普通中等职业学校数在2013—2014年维持不变,均为92所与58所,

占全省总体规模的比重则分别下降了 1.57 个与 0.98 个百分点;而苏中地区则在 2013—2014 年新增了 5 所普通中等职业学校,占全省总体规模的比重则小幅上升了 2.55 个百分点。

表 6-4　2014 年江苏省普通中等职业教育区域非均衡发展现状

省辖市	学校数(所)		招生人数(人)		毕业生数(人)		在校生数(人)		专任教师数(人)	
	2013 年	2014 年	2013 年	2014 年	2013 年	2014 年	2013 年	2014 年	2013 年	2014 年
苏南	92	92	70100	70756	75000	70961	216300	208627	15900	16174
苏中	19	24	36400	35271	40000	37646	112800	114311	3700	4014
苏北	58	58	78600	67960	98600	75365	237800	217051	10000	10086
总计	169	174	185100	173987	213600	183972	566900	539989	29600	30274

普通中等职业学校的招生人数方面,2013 年苏南、苏中、苏北地区分别招收新生 70100 人、36400 人、78600 人,2014 年各辖区的招生人数分别变动至 75000 人、35271 人以及 67960 人,苏南地区新增招生人数为 656 人,而苏中与苏北地区则分别减少了 1129 人与 10700 人。毕业生人数方面,苏南、苏中、苏北地区分别由 2013 年的 75000 人、40000 人以及 98600 人,下降到了 2014 年的 70961 人、37646 人以及 75365 人,各辖区减少的人数分别为 4039 人、2354 人以及 23235 人,相应的降幅分别为 5.39%、5.89% 以及 23.56%。

在校生人数方面,除苏中地区外,苏南与苏北地区均呈负增长的态势。其中,苏南地区由 2013 年的 216300 人,下降到了 2014 年的 208627 人,减少了 7673 人,降幅达到了 3.55%;而苏北地区则由 2013 年的 237800 人,下降到了 2014 年的 217051 人,减少了 20749 人,降幅达到了 8.73%,苏中地区则由 2013 年的 112800 人,小幅增长到了 2014 年的 114311 人,新增了 1511 名中等职业教育的在校生,增幅为 1.34%;

各辖区中等职业教育的专任教师数则呈现出正增长的趋势,苏南地区普通中等职业教育的专任教师数由 2013 年的 15900 人,略微上涨到了 2014 年的 16174 人,新增 274 名普通中等职业教育的专任教师,相应的增幅为 1.72%;苏中地区则由 2013 年的 3700 人,小幅上升到了 2014 年的 4014 人,新增了 314 名专任教师,增幅为 8.49%;而苏北地区则由 2013 年的 10000 人,略微增长到了 2014 年的 10086 人,仅新增 86 名普通中等职业教育的专任教师,增幅仅为 0.86%。

基于苏南、苏北、苏中地区普通中等职业教育的学校数、招生人数、毕业生数、在校生数以及专任教师数的比较,江苏省普通中等职业教育的非均衡发展主要表现为中等职业学校数、在学人数以及专任教师数的分布不均,苏南地区普通中等职业教育的师生比由 2013 年的 1∶13.6,下降到了 2014 年的 1∶12.90;苏中地区普通中等职业教育的师生比由 2013 年的 1∶30.49,下降到了 2014 年的 1∶28.48;而苏北地区普通中等职业教育的师生比则由 2013 年的 1∶23.78,下降到了 2014 年的 1∶21.52,苏中与苏北地区普通中等职业教育的在校生数远高于苏南地区,虽然师生比呈现出不断下降的趋势,但相较于苏南地区,苏北与苏中地区在师资力量储备上仍远远不足。

(二)普通中等职业教育生均公共财政预算教育事业费的区域均衡发展评价

2014 年,江苏省普通中等职业教育生均公共财政预算教育事业费在苏南、苏中、苏北地区间,表现出一定的区域差异。其中,南京市、苏州市、无锡市、常州市、镇江市构成的苏南地区,生均公共财政预算教育事业费的均值由 2013 年的 13040 元,略微下降到了 2014 年的 12727 元,下降部分达到了 313 元,相应降幅为2.46%;南通、扬州、泰州三市构成的苏中地区,生均公共财政预算教育事业费的均值由 2013 年的 8952 元,大幅增长到了 2014 年的 10055 元,增长部分为 1103 元,增幅达到了 12.32%;徐州市、盐城市、淮安市、连云港市、宿迁市构成的苏北地区,生均公共财政预算教育事业费的均值由 2013 年的 8288 元,小幅下降到了 2014 年的 8120 元,减少了 168 元,相应的降幅为 2.03%。

表 6-5　2014 年江苏省普通中等职业教育生均公共财政预算教育事业费的区域差异 (元)

区　　域	2013 年	2014 年	增长率(%)
苏南	13040	12727	−2.46
苏中	8952	10055	12.32
苏北	8288	8120	−2.03
均值	10093	10301	2.06

从绝对量上看,苏中地区普通中等职业教育生均公共财政预算教育事业费增长最为显著,2013 年苏南地区与苏中地区普通中等教育生均公共财政预算教育事业费相差 4088 元,但由于苏中地区的大幅度增长以及苏南地区的负增长态势,2014 年苏南与苏中地区的区域差距缩小到了 2672 元;与此同时,2013 年苏中地区生均公共财政预算教育事业费,与苏北地区间的差距为 664 元,但由于苏中地区的大幅增长与苏北地区的负增长态势,致使苏中与苏北地区高中教育生均公共财政预算教育事业费的差距在 2014 年进一步扩大到了 1935 元。此外,由于苏南地区的负增长速度大于苏北地区,因而造成了苏南与苏北生均公共财政预算教育事业费的区域差距进一步缩小,两地间的投入差距由 2013 年的 4752 元,缩小到了 2014年的 4607 元。

(三)普通中等职业教育生均公共财政预算教育事业费的组内均衡发展评价

1. 苏南地区普通中等职业教育生均公共财政预算教育事业费的组内差异

苏南地区由南京、无锡、苏州、常州、镇江四市构成,剔除南京市,普通中等职业教育的生均公共财政预算教育事业费,在苏南地区间存在着一定的组内差距:

表6-6 2014年苏南地区普通中等职业教育生均公共财政预算教育事业费的组内差异

（元）

区　　域	2013 年	2014 年	增长率(%)
江阴市	12346	15193	23.06
宜兴市	12952	17023	31.43
常熟市	14700	15070	2.52
张家港市	10012	11664	16.50
昆山市	22683	22351	−1.46
太仓市	12722	12304	−3.29
溧阳市	6338	8544	34.81
金坛市	8487	10884	28.24
丹阳市	16090	21360	32.75
扬中市	14659	16255	10.89
句容市	9925	10250	3.27

　　具体来看,无锡市下辖江阴与宜兴两个县级市,其中,江阴市普通中等职业教育生均公共财政预算教育事业费由 2013 年的 12346 元,增长到了 2014 年的 15193 元,增加部分达到了 2847 元,相应增幅为 23.06%;而宜兴市则由 2013 年的 12952 元,增长到了 2014 年的 17023 元,增长部分达到了 4071 元,相应增幅达到了 31.43%,江阴市与宜兴市的差距由 2013 年的 606 元,进一步扩大到了 2014 年的 2010 元。

　　苏州市下辖常熟市、张家港市、昆山市、太仓市四个县级市,其中,常熟市普通中等职业教育的生均公共财政预算教育事业费由 2013 年的 14700 元,略微增长至 2014 年的 15070 元,增长了 370 元,增幅为 2.52%;张家港市则由 2013 年的 10012 元,大幅增长到了 2014 年的 11664 元,增长部分达到了 1652 元,相应的增幅达到了 16.50%;昆山市由 2013 年的 22683 元,小幅降到了 2014 年的 22351 元,缩减部分达到了 332 元,降幅为 1.46%;而太仓市则由 2013 年的 12722 元,略微下降到了 2014 年的 12304 元,减少部分为 418 元,降幅为 3.29%。2013 年,苏州地区普通中等职业教育生均公共财政预算教育事业费差距最大的为张家港市与昆山市,两市普通中等职业教育生均公共财政预算教育事业费的极差为 12671 元,而 2014 年依旧为张家港市与昆山市,两地区间的极差为 10687 元。相较于 2013 年,苏州地区 2014 年的组内极差略微缩小了 1984 元,显示出一定的均衡发展态势。

　　常州市下辖溧阳市与金坛市两个县级市,其中,溧阳市普通中等职业教育的生均公共财政预算教育事业费由 2013 年的 6338 元,大幅增长到了 2014 年的 8544 元,增长部分达 2206 元,增幅为 34.81%;而金坛市则由 2013 年的 8487 元,大幅增长到了 2014 年的 10884 元,增长部分达到了 2397 元,增幅为 28.84%,溧阳市与金坛市的生均差距由 2013 年的 2149 元,略微扩大到了 2014 年的 2340 元。

镇江市下辖丹阳、扬中、句容三个县级市,其中,丹阳市普通中等职业教育的生均公共财政预算教育事业费由 2013 年的 16090 元,大幅增长到了 2014 年的 21360 元,增长部分达到了 5279 元,相应的增幅达到了 32.75%;扬中市由 2013 年的 14659 元,增长到了 2014 年的 16255 元,增长部分达到了 1596 元,相应的增幅为 10.89%;句容市则由 2013 年的 9925 元,略微增长到了 2014 年的 10250 元,增长部分为 325 元,相应增幅为 3.27%。2013 年,丹阳市与句容市构成了镇江地区普通中等职业教育生均公共财政预算教育事业费的最大组内差距为 6165 元,而 2014 年则依旧为丹阳市与句容市构成的最大组内差距,且两地区的组内差距进一步扩大至 11110 元。

由此可见,苏南地区各辖市内部,普通中等职业教育生均公共财政预算教育事业费用的差距呈不断扩大的趋势,并且苏南各辖市间的组间差距也不容忽视,如 2014 年溧阳市普通中等职业教育的生均公共财政预算教育事业费用为 8544 元,相较于昆山市的 22351 元,两地区间的极差达到了 13807 元,反映了苏南地区的常州市与苏州市间较大的组间差距。

2. 苏中地区普通中等职业教育生均公共财政预算教育事业费的组内差异

苏中地区由南通、扬州、泰州三市构成,义务教育阶段下,普通中等职业教育的生均公共财政预算教育事业费,在苏中地区间存在着一定的组内差距:

表 6-7　2014 年苏中地区普通中等职业教育生均公共财政预算教育事业费的组内差异

（元/%）

区　　域	2013 年	2014 年	增长率（%）
海安县	10148	12956	27.67
如东县	13367	13800	3.24
启东市	14074	14751	4.81
如皋市	10119	9591	−5.22
海门市	12325	13326	8.12
宝应县	7858	9703	23.48
仪征市	14283	12004	−15.96
高邮市	14251	14412	1.13
兴化市	5395	6653	23.32
靖江市	12042	13536	12.41
泰兴市	4990	5491	10.04

具体来看,南通市下辖海安、如东两县以及启东、如皋、海门三个县级市,其中,海安县普通中等职业教育的生均公共财政预算教育事业费由 2013 年的 10148 元,

大幅增长到了 2014 年的 12956 元,增长部分为 2808 元,增幅达到了 27.67％;如东县则由 2013 年的 13367 元,略微增长到了 2014 年的 13800 元,增长部分为 433 元,增幅为 3.24％;启东市则由 2013 年的 14074 元,小幅上涨到了 2014 年的 14751 元,仅增长了 677 元,增幅仅为 4.81％;而如皋市由 2013 年的 10119 元,缩减至 2014 年的 9591 元,减少了 528 元,降幅为 5.22％;而海门市则由 2013 年的 12325 元,略微增长到了 2014 年的 13326 元,增长了 1001 元,相应的增幅为 8.12％。启东市与如皋市在普通中等职业教育生均公共财政预算教育事业费上 3955 元的差距,构成了 2013 年南通市最大的组内差距,而启东市与如皋市依旧构成了 2014 年南通市的最大组内差距,两地区的组内差距的极值为 5160 元,相较于 2013 年,进一步扩大了 1205 元。

扬州市下辖宝应县、仪征市与高邮市两个县级市,其中,宝应县普通中等职业教育生均公共财政预算教育事业费由 2013 年的 7858 元,大幅增长到了 2014 年的 9703 元,增加部分达到了 1845 元,相应的增幅达到了 23.48％;仪征市则由 2013 年的 14283 元,大幅下降到了 2014 年的 12004 元,缩减部分为 2279 元,相应的降幅为 15.96％;而高邮市则由 2013 年的 14251 元,略微增长到了 2014 年的 14412 元,仅增长了 161 元,增幅为 1.13％。宝应县与仪征市构成了 2013 年扬州市的最大组内差距,两地区普通中等职业教育的生均教育公共财政预算事业费相差 6425 元;而宝应县与高邮市则构成了 2014 年的最大组内差距,两地区普通中等职业教育的生均教育公共财政预算事业费相差 4709 元。因此,扬州市的组内差距在 2013—2014 年略微缩小了 1716 元。

泰州市下辖兴化、靖江、泰兴三个县级市,其中,兴化市普通中等职业教育生均公共财政预算教育事业费由 2013 年的 5395 元,大幅增长到了 2014 年的 6653 元,增长部分为 1258 元,增幅达到了 23.32％;靖江市则由 2013 年的 12042 元,增长到了 2014 年的 13536 元,增长部分为 1494 元,增幅为 12.41％;而泰兴市则由 2013 年的 4990 元,增长到了 2014 年的 5491 元,增长了 501 元,相应增幅为 10.04％。靖江市与泰兴市构成了 2013 年泰州市的最大组内差距,两地区普通中等职业教育的生均教育公共财政预算事业费相差 7052 元;而靖江市与泰兴市依旧构成了 2014 年的最大组内差距,两地区普通中等职业教育的生均教育公共财政预算事业费相差 8045 元,由此可见,泰州市的组内差距在 2013—2014 年进一步扩大了 993 元。

同样,苏中地区各辖市内部,普通中等职业教育生均公共财政预算教育事业费用的差距呈不断扩大的趋势,并且苏中各辖市间的组间差距也不容忽视,如 2014 年泰兴市普通中等职业教育生均公共财政预算教育事业费用为 5491 元,相较于启东市的 14751 元,两地区的组间差距为 9260 元,反映出苏中地区泰州市与南通市的普通中等职业教育生均公共财政预算教育事业费较大的组间差距。

3. 苏北地区普通中等职业教育生均公共财政预算教育事业费的组内差异

苏北地区由徐州、盐城、淮安、连云港、宿迁五市构成,普通中等职业教育生均公共财政预算教育事业费在苏北五市内部存在着如下差异:

表 6-8　2014 年苏北地区普通中等职业教育生均公共财政预算教育事业费的组内差异

（元）

区　　域	2013 年	2014 年	增长率(%)
丰县	9282	8644	−6.87
沛县	6210	4664	−24.90
睢宁县	9467	6389	−32.51
新沂市	15828	9199	−41.88
邳州市	4512	4888	8.33
响水县	6447	6495	0.74
滨海县	9143	9748	6.62
阜宁县	11972	14202	18.63
射阳县	13013	15600	19.88
建湖县	9038	10553	16.76
东台市	12874	44092	242.49
大丰市	15465	22919	48.20
涟水县	2574	3005	16.74
洪泽县	5138	3984	−22.46
盱眙县	4301	5116	18.95
金湖县	5558	5406	−2.73
赣榆县	6192	7597	22.69
东海县	5223	7266	39.12
灌云县	5112	5103	−0.18
灌南县	4478	5245	17.13
沭阳县	4758	6904	28.08
泗阳县	5177	6927	33.80
泗洪县	4531	7491	65.33

具体来看,徐州市下辖丰县、沛县、睢宁县三个县以及新沂市、邳州市两个县级市,除邳州市外,各县与县级市普通中等职业教育生均公共财政预算公用经费支出在 2013—2014 年均呈不同程度的负增长态势。其中,丰县普通中等职业教育生均公共财政预算教育事业费的支出由 2013 年的 9282 元,小幅下降到了 2014 年的 8644 元,缩减了 638 元,降幅为 6.87%;而沛县则由 2013 年的 6210 元,大幅下降到

了 2014 年的 4664 元,缩减部分的达到了 1546 元,相应的降幅为 24.90%;睢宁县由 2013 年的 9467 元,大幅下降到了 2014 年的 6389 元,缩减部分达到了 3078 元,相应降幅为 32.51%;新沂市普通中等职业教育生均公共财政预算教育事业费则由 2013 年的 15828 元,大幅下降到了 2014 年的 9199 元,减少了 6629 元,降幅达到了 41.88%;而邳州市则由 2013 年的 4512 元,略微增长到了 2014 年的 4888 元,增长部分达到了 376 元,相应的增幅为 8.33%。新沂市与邳州市则构成了 2013 年徐州市的最大组内差距,两地区普通中等职业教育生均教育公共财政预算教育事业费相差 11316 元;而新沂市与邳州市依旧构成了 2014 年的最大组内差距,两地区普通中等职业教育的生均教育公共财政预算教育事业费相差 4311 元,因此,徐州市的组内差距在 2013—2014 年大幅缩小了 7005 元。

盐城市下辖响水县、滨海县、阜宁县、射阳县、建湖县以及东台与大丰两个县级市,各县与县级市普通中等职业教育生均公共财政预算教育事业费在 2013—2014 年均呈正增长的态势。其中,响水县普通中等职业教育的生均公共财政预算教育事业费由 2013 年的 6447 元,略微增长到了 2014 年的 6495 元,仅增长了 48 元,增幅仅为 0.74%;滨海县由 2013 年的 9143 元,小幅增长到了 2014 年的 9748 元,增长部分为 605 元,相应增幅为 6.62%;阜宁县则由 2013 年的 11972 元,增长到了 2014 年的 14202 元,增长部分为 2230 元,增幅为 18.63%;射阳县由 2013 年的 13013 元,大幅增长到了 2014 年的 15600 元,增长部分达 2587 元,相应的增幅为 19.88%;建湖县则由 2013 年的 9038 元,略微增长到了 2014 年的 10553 元,增长部分为 1495 元,相应的增幅为 16.76%;东台市则由 2013 年的 12874 元,大幅增长到了 2014 年的 44092 元,增长部分达到了 31218 元,增幅为 242.49%;而大丰市则由 2013 年的 15465 元,大幅增长至 2014 年的 22919 元,增长了 7454 元,相应增幅为 48.20%。响水县与大丰市构成了 2013 年盐城市的最大组内差距,两地区普通中等职业教育生均教育公共财政预算教育事业费相差 9018 元;而响水县与东台市则构成了 2014 年盐城最大组内差距,两地区普通中等职业教育的生均教育公共财政预算教育事业费相差 37597 元。因此,盐城市的组内差距在 2013—2014 年进一步扩大了 28579 元。

淮安市下辖涟水、洪泽、盱眙、金湖四县,除洪泽县与金湖县外,各县普通中等职业教育生均公共财政预算教育事业费在 2013—2014 年均为正增长。其中,涟水县普通中等职业教育生均公共财政预算教育事业费支出由 2013 年的 2574 元,略微增长到了 2014 年的 3005 元,增长部分为 431 元,增幅为 16.74%;而洪泽县由 2013 年的 5138 元,大幅下降到了 2014 年的 3984 元,缩减部分达到了 1154 元,相应的降幅为 22.46%;盱眙县则由 2013 年的 4301 元,略微增长到了 2014 年的 5116 元,增长了 815 元,增幅达到了 18.95%;而金湖县则由 2013 年的 5558 元,小幅下降到了 2014 年的 5406 元,缩减部分仅为 152 元,相应的降幅为 2.73%。涟水县与金湖县构成了 2013 年淮安的最大组内差距,两地区普通中等职业教育生均教育公共财政预算教育事业费相差 2984 元;而涟水县与金湖县依旧构成了 2014 年的最大组内差距,两地区普通中等职业教育的生均教育公共财政预算教育事业费相差 2401 元,可见,淮安市的组内差距在 2013—2014 年略微缩小了 583 元。

连云港市下辖赣榆、东海、灌云与灌南四县,除灌云县以外,各县普通中等职业教育生均公共财政预算教育事业费在 2013—2014 年均表现出正增长的态势。其中,赣榆县的普通中等职业教育生均公共财政预算教育事业费由 2013 年的 6192 元,小幅增长到了 2014 年的 7597 元,增长了 1405 元,增幅为 22.69%;东海县由 2013 年的 5223 元,大幅增长到了 2014 年的 7266 元,上涨了 2043 元,增幅达到了 39.12%;而灌云县则由 2013 年的 5112 元,略微下降到了 2014 年的 5103 元,减少部分达 9 元,相应的降幅为 0.18%;而灌南县则由 2013 年的 4478 元,大幅增长到了 2014 年的 5245 元,增长了 767 元,增幅达到了 17.13%。赣榆县与灌南县构成了 2013 年连云港市的最大组内差距,两地区普通中等职业教育生均教育公共财政预算教育事业费相差 1714 元;而赣榆县与灌云县则构成了 2014 年的最大组内差距,两地区普通中等职业教育的生均教育公共财政预算教育事业费相差 2494 元,由此判断,连云港市的组内差距在 2013—2014 年进一步扩大了 780 元。

宿迁市下辖沭阳、泗阳、泗洪三县,各县普通中等职业教育生均公共财政预算教育事业费在 2013—2014 年均为正增长。其中,沭阳县普通中等职业教育生均公共财政预算教育事业费由 2013 年的 4758 元,大幅增长到了 2014 年的 6904 元,增长部分达到了 2146 元,相应增幅为 28.08%;泗阳县则由 2013 年的 5177 元,大幅增长到了 2014 年的 6927 元,增长了 1750 元,相应的增幅为 33.80%;而泗洪县则由 2013 年的 4531 元,大幅攀升到了 2014 年的 7491 元,增长了 2960 元,增幅达到了 65.33%。泗阳县与泗洪县构成了 2013 年宿迁市的最大组内差距,两地区普通中等职业教育的生均教育公共财政预算教育事业费相差 646 元;而沭阳县与泗洪县构成了 2014 年的最大组内差距,两地区普通中等职业教育的生均教育公共财政预算教育事业费相差 587 元,因此,宿迁市的组内差距在 2013—2014 年略微缩小了 59 元。

同样,苏北地区各辖市内部的普通中等职业教育生均公共财政预算教育事业费用的差距虽不断缩小。各辖市的组间差距仍不容忽视,如 2014 年涟水县普通中等职业教育生均公共财政预算教育事业费仅为 3005 元,相较于大丰市的 22919 元,两地区的组间差距为 19914 元,反映出苏北地区淮安市与盐城市在普通中等职业教育生均公共财政预算教育事业费上的较大差距。

(四)普通中等职业教育生均公共财政预算公用经费的区域均衡发展评价

2014 年,江苏省普通中等职业教育生均公共财政预算公用经费在苏南、苏中、苏北地区间,表现出一定的区域差异。其中,南京市、苏州市、无锡市、常州市、镇江市构成的苏南地区,普通中等职业教育生均公共财政预算公用经费的均值由 2013 年的 3984 元,小幅下降到了 2014 年的 3757 元,缩减部分达到了 227 元,相应降幅为 5.70%;南通、扬州、泰州三市构成的苏中地区,普通中等职业教育生均公共财政预算公用经费的均值由 2013 年的 2235 元,大幅增长到了 2014 年的 3871 元,增长部分达到了 1636 元,增幅为 73.20%;徐州市、盐城市、淮安市、连云港市、宿迁市构成的苏北地区,普通中等职业教育生均公共财政预算公用经费的均值由 2013 年的 3201 元,小幅下降到了 2014 年的 2797 元,减少部分达 404 元,相应的降幅为 12.62%。

表 6-9　2014 年江苏省普通中等职业教育生均公共财政预算公用经费的区域差异　(元)

区　　域	2013 年	2014 年	增长率(%)
苏南	3984	3757	−5.70
苏中	2235	3871	73.20
苏北	3201	2797	−12.62
均值	3140	3475	10.67

从绝对量上看,苏中地区普通中等职业教育生均公共财政预算公用经费增长最为显著,2013 年苏南地区与苏中地区在中等职业教育生均公共财政预算公用经费相差 1749 元,但由于苏中地区的大幅度增长,2014 年苏中地区反超苏南,两地区间的区域差距缩小至 114 元;与此同时,2013 年苏中地区生均公共财政预算教育事业费,与苏北地区间的差距为 966 元,但由于苏中地区的增幅高于苏北地区,致使苏中地区反超苏北地区,两地区在中等职业教育生均公共财政预算公用经费上的差距在 2014 年为 1074 元。此外,由于苏北地区普通中等职业教育生均公共财政预算公用经费,在 2013—2014 年的负增长速率快于苏南地区,因而造成了苏南、苏北间的区域差距进一步扩大,两地的差距由 2013 年的 783 元,扩大至 2014 年的 960 元。

(五)普通中等职业教育生均公共财政预算公用经费的组内均衡发展评价

1. 苏南地区普通中等职业教育生均公共财政预算公用经费的组内差异

苏南地区由南京、无锡、苏州、常州、镇江四市构成,剔除南京市以外,普通中等职业的教育生均公共财政预算公用经费,在苏南地区间存在着一定的组内差距:

表 6-10　2014 年苏南地区普通中等职业教育生均公共财政预算公用经费的组内差异

(元)

区　　域	2013 年	2014 年	增长率(%)
江阴市	1041	1963	88.57
宜兴市	741	2229	200.81
常熟市	2488	2707	8.80

续　表

区　　域	2013 年	2014 年	增长率(%)
张家港市	1225	3103	153.31
昆山市	10530	8315	−21.04
太仓市	2339	2752	17.66
溧阳市	501	961	91.82
金坛市	503	505	0.40
丹阳市	2964	7612	156.82
扬中市	1997	1913	−4.21
句容市	2342	1609	−31.30

　　具体来看,无锡市下辖江阴与宜兴两个县级市,其中,江阴市普通中等职业教育生均公共财政预算公用经费由 2013 年的 1041 元,增长到了 2014 年的 1963 元,增加部分达到了 922 元,相应增幅为 88.57%;而宜兴市则由 2013 年的 741 元,大幅增长到了 2014 年的 2229 元,增长部分达到了 1488 元,相应增幅为 200.81%,江阴与宜兴市的差距由 2013 年的 300 元,略微缩小到了 2014 年的 266 元,表现出一定的均衡发展趋势。

　　苏州市下辖常熟市、张家港市、昆山市、太仓市四个县级市,其中,常熟市普通中等职业教育的生均公共财政预算公用经费由 2013 年的 2488 元,略微增长到了 2014 年的 2707 元,增长了 219 元,增幅为 8.80%;张家港市则由 2013 年的 1225 元,大幅增长到了 2014 年的 3103 元,增长部分达到了 1878 元,相应的增幅达到了 153.31%;昆山市由 2013 年的 10530 元,大幅下降到了 2014 年的 8315 元,缩减部分达到了 2215 元,降幅达到了 21.04%;而太仓市则由 2013 年的 2339 元,小幅上升到了 2014 年的 2752 元,增长了 413 元,增幅为 17.66%。2013 年,苏州地区普通中等职业教育生均公共财政预算公用经费差距最大的为张家港市与昆山市,两市普通中等职业教育生均公共财政预算公用经费的极差为 19835 元,而 2014 年则为昆山市与常熟市,两地区间的极差为 5608 元。相较于 2013 年,苏州地区 2014 年的组内差距大幅缩小了 14227 元,显示出一定的均衡发展态势。

　　常州市下辖溧阳市与金坛市两个县级市,其中,溧阳市普通中等职业教育的生均公共财政预算公用经费由 2013 年的 501 元,上升到了 2014 年的 961 元,增长部分为 460 元,增幅为 91.82%;而金坛市则由 2013 年的 503 元,略微增长到了 2014 年的 505 元,仅增长了 2 元,增幅仅为 0.40%,溧阳市与金坛市的生均差距由 2013 年的 2 元,进一步扩大到了 2014 年的 456 元。

　　镇江市下辖丹阳、扬中、句容三个县级市,其中,丹阳市普通中等职业教育的生均公共财政预算公用经费由 2013 年的 2964 元,大幅攀升至了 2014 年的 7612 元,增长部分达到了 4648 元,增幅达到了 156.82％;扬中市由 2013 年的 1997 元,略微下降到了 2014 年的 1913 元,缩减了 84 元,相应的降幅为 4.21％;句容市则由 2013 年的 2342 元,大幅下降到了 2014 年的 1609 元,缩减部分达 733 元,相应降幅达到了 31.30％。2013 年,丹阳市与扬中市构成了镇江地区普通中等职业教育生均公共财政预算公用经费的最大组内差距,两地区的教育投入相差 967 元,而丹阳市与句容市则构成了 2014 年扬州市的最大组内差距,且两地区的组内差距进一步扩大到了 6003 元。

由此可见,苏南地区各辖市内部,普通中等职业教育生均公共财政预算公用经费的差距分布并不均衡,且各辖市间的组间差距仍然不容忽视,如 2014 年金坛市普通中等职业教育的生均公共财政预算公用经费仅为 505 元,相较于昆山市的 8315 元,两地区间的极差达到了 7810 元,反映了苏南地区常州市与苏州市间较大的组间差距。

2. 苏中地区普通中等职业教育生均公共财政预算公用经费的组内差异

苏中地区由南通、扬州、泰州三市构成,普通中等职业教育的生均公共财政预算公用经费,在苏中地区间存在着一定的组内差距:

表 6－11　2014 年苏中地区普通中等职业教育生均公共财政预算公用经费的组内差异

（元）

区　　　域	2013 年	2014 年	增长率（％）
海安县	4315	4622	7.11
如东县	2342	4088	74.55
启东市	744	2109	183.47
如皋市	1274	1183	－7.14
海门市	1142	1860	62.87
宝应县	3495	2676	－23.43
仪征市	9670	8439	－12.73
高邮市	9321	10104	8.40
兴化市	2084	2307	10.70
靖江市	2233	2581	15.58
泰兴市	2098	2341	11.58

具体来看,南通市下辖海安、如东两县以及启东、如皋、海门三个县级市,其中,海安县普通中等职业教育的生均公共财政预算公用经费由 2013 年的 4315 元,略微增长到 2014 年的 4622 元,增长了 307 元,增幅仅为 7.11％;如东县则由 2013 年的 2342 元,大幅增长到 2014 年的 4088 元,增长部分为 1746 元,增幅达到了

74.55%；启东市则由 2013 年的 744 元，大幅增长到了 2014 年的 2109 元，增长了 1365 元，增幅达到了 183.47%；如皋市由 2013 年的 1274 元，略微下降到了 2014 年的 1183 元，减少了 91 元，降幅为 7.14%；海门市则由 2013 年的 1142 元，大幅增长到了 2014 年的 1860 元，增长部分达到了 718 元，增幅为 62.87%。海安县与启东市在普通中等职业教育生均公共财政预算公用经费上 3571 元的差距，构成了 2013 年南通市最大的组内差距，而海安县与如皋市则构成了 2014 年南通市的最大组内差距，两地区的组内差距的极值为 3439 元，相较于 2013 年，略微缩小了 132 元。

扬州市下辖宝应县、仪征市与高邮市两个县级市，其中，宝应县普通中等职业教育生均公共财政预算公用经费由 2013 年的 3495 元，大幅下降到了 2014 年的 2676 元，缩减部分达到了 819 元，相应的降幅为 23.43%；仪征市则由 2013 年的 9670 元，大幅缩减至 2014 年的 8439 元，减少部分达到了 1231 元，降幅为 12.73%；而高邮市则由 2013 年的 9321 元，略微增长到了 2014 年的 10104 元，增长了 783 元，增幅为 8.40%。宝应县与仪征市构成了 2013 年扬州市的最大组内差距，两地区普通中等职业教育生均教育公共财政预算公用经费相差 6175 元；而宝应县与高邮市则构成了 2014 年的最大组内差距，两地区普通中等职业教育生均教育公共财政预算公用经费相差 7428 元。因此，扬州市的组内差距在 2013—2014 年进一步扩大了 1253 元。

泰州市下辖兴化、靖江、泰兴三个县级市，其中，兴化市普通中等职业教育生均公共财政预算公用经费支出由 2013 年的 2084 元，略微增长到 2014 年的 2387 元，增加了 303 元，增幅达到了 10.70%；靖江市则由 2013 年的 2233 元，增长到了 2014 年的 2581 元，增长部分达到了 348 元，增幅达到了 15.58%；而泰兴市则由 2013 年的 2098 元，增长到 2014 年的 2341 元，增加了 243 元，相应增幅为 11.58%。靖江市与兴化市构成了 2013 年泰州市的最大组内差距，两地区的生均教育公共财政预算公用经费支出相差 149 元；而靖江市与兴化市依旧构成了 2014 年的最大组内差距，两地区普通中等职业教育生均教育公共财政预算公用经费相差 274 元，由此可见，泰州市的组内差距在 2013—2014 年略微扩大了 125 元。

同样，苏中各辖市间仍存在不同程度的组间差距，如 2014 年如皋市生均公共财政预算公用经费仅为 1183 元，相较于高邮市的 10104 元，两地区的组间差距为 8921 元，反映出苏中地区南通市与扬州市在普通中等职业教育的生均公共财政预算公用经费存在较大差距。

3. 苏北地区普通中等职业教育生均公共财政预算公用经费的组内差异

苏北地区由徐州、盐城、淮安、连云港、宿迁五市构成，普通中等职业教育生均公共财政预算公用经费支出，在苏北五市内部存在着如下差异：

表 6-12　2014 年苏北地区普通中等职业教育生均公共财政预算公用经费的组内差异

(元)

区　域	2013 年	2014 年	增长率(%)
丰县	3813	4680	22.74
沛县	2558	2269	−11.30
睢宁县	3282	2081	−36.59
新沂市	11354	4319	−61.96
邳州市	1817	2114	16.35
响水县	2888	4014	38.99
滨海县	2729	2836	3.92
阜宁县	5824	7886	35.41
射阳县	4535	7904	74.29
建湖县	2212	2919	31.96
东台市	4309	35798	730.77
大丰市	8590	16503	92.12
涟水县	975	1226	25.74
洪泽县	2151	1766	−17.90
盱眙县	1425	1425	0.00
金湖县	1348	1155	−14.32
赣榆县	3329	3605	8.29
东海县	2421	3607	48.99
灌云县	2364	2431	2.83
灌南县	899	1817	102.11
沭阳县	2109	3102	47.08
泗阳县	766	1089	42.17
泗洪县	1920	2579	34.32

　　具体来看,徐州市下辖丰县、沛县、睢宁县三个县以及新沂市、邳州市两个县级市,除沛县与睢宁县外,各县与县级市普通中等职业教育生均公共财政预算公用经费支出在 2013—2014 年均为正增长。其中,丰县普通中等职业教育生均公共财政预算公用经费支出由 2013 年的 3813 元,小幅增长到了 2014 年的 4680 元,增长了867 元,增幅仅为 22.74%;而沛县则由 2013 年的 2558 元,大幅下降到了 2014 年的2269 元,缩减部分的达到了 289 元,相应的降幅为 11.30%;睢宁县由 2013 年的3282 元,大幅下降到了 2014 年的 2081 元,缩减部分达到了 1201 元,相应降幅为36.59%;新沂市普通中等职业教育生均公共财政预算公用经费支出则由 2013 年

的 11354 元,大幅下降到了 2014 年的 4319 元,缩减了 7035 元,降幅达到了 61.96%;而邳州市则由 2013 年的 1817 元,小幅上涨到了 2014 年的 2114 元,增长了 297 元,相应的增幅为 16.35%。新沂市与邳州市则构成了 2013 年徐州市的最大组内差距,两地区普通中等职业教育生均教育公共财政预算公用经费支出相差 9537 元;而丰县与睢宁县则构成了 2014 年的最大组内差距,两地区普通中等职业教育的生均教育公共财政预算公用经费支出相差 2599 元,因此,徐州市的组内差距在 2013—2014 年大幅缩小了 6938 元。

盐城市下辖响水县、滨海县、阜宁县、射阳县、建湖县以及东台与大丰两个县级市,各县与县级市普通中等职业教育生均公共财政预算公用经费支出在 2013—2014 年均为正向增长。其中,响水县普通中等职业教育的生均公共财政预算公用经费支出由 2013 年的 2888 元,增长到 2014 年的 4014 元,增长了 1126 元,增幅为 38.99%;滨海县由 2013 年的 2729 元,略微增长到了 2014 年的 2836 元,增长了 107 元,相应增幅为 3.92%;阜宁县则由 2013 年的 5824 元,大幅攀升至 2014 年的 7826 元,增长部分达到了 2004 元,增幅达到了 35.41%;射阳县由 2013 年的 4535 元,大幅增长到了 2014 年的 7904 元,增长部分达到了 3369 元,相应的增幅为 74.29%;建湖县则由 2013 年的 2212 元,增长到了 2014 年的 2919 元,增长了 707 元,增幅为 31.96%;东台市则由 2013 年的 4309 元,大幅增长到了 2014 年的 35798 元,增长部分达到了 31489 元,增幅则达到了 730.77%;而大丰市则由 2013 年的 8590 元,大幅增长至 2014 年的 16503 元,增长了 7913 元,相应增幅达到了 92.12%。建湖县与大丰市构成了 2013 年盐城市的最大组内差距,两地区普通中等职业教育生均教育公共财政预算公用经费支出相差 6378 元;而滨海县与东台市则构成了 2014 年盐城最大组内差距,两地区普通中等职业教育的生均教育公共财政预算公用经费支出相差 32962 元。因此,盐城市的组内差距在 2013—2014 年进一步扩大了 26584 元。

淮安市下辖涟水、洪泽、盱眙、金湖四县,除洪泽县与金湖县外,各县普通中等职业教育生均公共财政预算公共经费支出在 2013—2014 年均为正增长。其中,涟水县普通中等职业教育生均公共财政预算公用经费支出由 2013 年的 975 元,略微增长到了 2014 年的 1226 元,增长部分为 251 元,增幅为 25.74%;洪泽县由 2013 年的 2151 元,下降到了 2014 年的 1766 元,减少了 385 元,相应的降幅为 17.90%;盱眙县普通中等职业教育生均公共财政预算在 2013—2014 年维持不变,均为 1425 元;而金湖县则由 2013 年的 1348 元,下降到了 2014 年的 1155 元,缩减了 193 元,相应的降幅达到了 14.32%。涟水县与洪泽县构成了 2013 年淮安的最大组内差距,两地区普通中等职业教育生均教育公共财政预算公用经费支出相差 1176 元;而洪泽县与金湖县则构成了 2014 年的最大组内差距,两地区普通中等职业教育的生均教育公共财政预算公用经费支出相差 611 元,可见,淮安市的组内差距在

2013—2014 年缩小了 565 元。

连云港市下辖赣榆、东海、灌云与灌南四县，各县普通中等职业教育生均公共财政预算公用经费支出在 2013—2014 年均表现出正增长的态势。其中，赣榆县的普通中等职业教育生均公共财政预算公用经费支出由 2013 年的 3329 元，增长到了 2014 年的 3605 元，增长了 276 元，增幅为 8.29%；东海县由 2013 年的 2421 元，大幅增长到了 2014 年的 3607 元，上涨了 1186 元，增幅达到了 48.99%；而灌云县则由 2013 年的 2364 元，略微增长到了 2014 年的 2431 元，仅增长了 67 元，相应的增幅为 2.83%；而灌南县则由 2013 年的 899 元，大幅增长到了 2014 年的 1817 元，增长部分达到了 918 元，增幅则达到了 102.11%。赣榆县与灌南县构成了 2013 年连云港市的最大组内差距，两地区普通中等职业教育生均教育公共财政预算公用经费支出相差 2430 元；而东海县与灌南县则构成了 2014 年的最大组内差距，两地区普通中等职业教育的生均教育公共财政预算公用经费支出相差 1790 元，由此判断，连云港市的组内差距在 2013—2014 年略微缩小了 640 元。

宿迁市下辖沐阳、泗阳、泗洪三县，各县普通中等职业教育生均公共财政预算公用经费支出在 2013—2014 年均为正增长。其中，沐阳县普通中等职业教育生均公共财政预算公用经费支出由 2013 年的 2109 元，增长到了 2014 年的 3102 元，增长部分达到了 993 元，相应增幅为 47.08%；泗阳县则由 2013 年的 766 元，略微增长到了 2014 年的 1089 元，仅增长了 323 元，相应的增幅为 42.17%；而泗洪县则由 2013 年的 1920 元，大幅攀升到了 2014 年的 2579 元，增长了 659 元，增幅达到了 34.32%。沐阳县与泗阳县构成了 2013 年宿迁市的最大组内差距，两地区普通中等职业教育的生均教育公共财政预算公用经费支出相差 1343 元；而 2014 年则依旧为沐阳县与泗阳县构成了最大组内差距，两地区普通中等职业教育的生均教育公共财政预算公用经费支出相差 2013 元，因此，宿迁市的组内差距在 2013—2014 年则进一步扩大了 670 元。

此外，苏北各辖市间普通中等职业教育生均教育公共财政预算公用经费支出亦存在着组间差距，如 2014 年泗阳县普通中等职业教育生均公共财政预算公用经费支出仅为 1089 元，相较于东台市的 35798 元，两地区的组间差距为 34709 元，反映出苏北地区宿迁市与盐城市在普通中等职业教育生均公共财政预算公用经费支出上的较大差距。

四、江苏省普通中等职业教育区域均衡发展的改进建议

总体而言，2014 年江苏省普通中等职业教育经费总投入增长较为快速，生均教育经费增长显著。江苏省普通中等职业教育经费的运行未来可做如下改进：

（一）提高中等职业教育经费管理的科学化、规范化水平

完善教育经费保障机制和教育投入增长的监督制度，建立市县教育经费增长

考核制度和教育投入公告制度。在财政大幅增加教育投入的同时,要用好、管理好教育经费的使用。坚持依法理财,严格贯彻国家财政资金管理的法律条文,创新管理制度,改善管理方式。江苏省政府应加强各市县财政、教育部门的教育经费绩效管理,加大对教育经费支出的监察力度,加强对财政教育经费使用全过程的监管,规范收费行为。

（二）加强对经济欠发达地区中等职业教育的财政支持,不断缩小区域差距

江苏省政府应努力建立以省级政府拨款为主要方式,多种渠道筹措的中等职业教育经费投入体制,以求有力地促进各地区中等职业教育的发展,并不断完善对家庭经济困难学生的资助体系,推进各辖区的教育公平,不断缩小教育经费投入的区域差异,促进辖区中等职业教育的协调发展。

（三）多渠道筹措资金,形成中等职业学校办学多元化的新格局

随着我国社会主义市场经济的发展,社会财富在民间的积累已经达到了这样一种程度:民富已经能够贡献于教育事业的发展。多渠道的资金筹措方式不仅必要,而且业已成为可能。同时,江苏省政府应参照国家政策足额征收教育附加和地方教育附加,按照规定全额用于教育事业的发展,进一步落实土地出让收入用于教育发展的相关规定。此外,中等职业教育可通过校企合作,面向行业、企业培养特色人才的方式,获取多渠道经费的支持,从而更好地发展中等职业教育。

第七章 高等教育均衡发展状况分析与评价

一、各省辖市普通高等教育发展基本概况

2014 年,除个别辖市以外,江苏省下辖各市的普通高等专业教育,总体上呈不断发展的态势。具体来看,南京市普通高等教育的学校在 2013—2014 年保持不变,均为 44 所;高等教育招生人数由 2013 年的 192500 人,略微上升到了 2014 年的 195244 人,增长了 2744 人,增幅为 1.43%;而毕业生人数则由 2013 年的 236100人,增长到了 2014 年的 239052 人,新增 2952 名高等教育的毕业生,增幅为1.25%;而在校生人数由 2013 年的 807500 人,下降到了 2014 年的 805338 人,缩减了 2162人,降幅为 0.27%;专任教师数则由 2013 年的 48200 人,小幅下降到了 2014 年的47749 人,减少了 451 名高等教育的的专任教师,相应的降幅为 0.94%。

表 7-1 2014 年各辖市普通高等教育发展基本情况

省辖市	学校数(所)		招生人数(人)		毕业生数(人)		在校生数(人)		专任教师数(人)	
	2013 年	2014 年	2013 年	2014 年	2013 年	2014 年	2013 年	2014 年	2013 年	2014 年
南京	44	44	192500	195244	236100	239052	807500	805338	48200	47749
苏州	20	21	60700	61852	49400	52220	201900	209479	10700	11316
无锡	12	12	35500	35371	32800	31270	111400	114240	5900	6053
南通	6	8	22500	24122	20800	22771	76300	80895	4400	4939
徐州	9	9	36900	36805	34800	35666	136300	137239	7600	7734
常州	9	9	31300	32493	29700	29432	106300	108557	5000	5256
盐城	5	5	15400	15176	15400	14376	54900	56080	3000	3023
淮安	6	6	18800	18470	19400	18955	66900	67289	3400	3382
扬州	5	6	22700	23260	25100	24598	81700	80955	5000	4883
泰州	5	3	13400	13437	14200	14541	49100	49305	2700	2801
镇江	5	5	22200	22656	21700	22403	83100	84214	5200	5324
连云港	3	3	10400	10144	10400	10506	37600	38119	1900	1916
宿迁	2	3	5100	4961	4200	4602	17500	17616	1000	939

苏州市普通高等教育的学校数由 2013 年的 20 所,略微上升到了 2014 年的 21

所,新增了1所高等学校,增幅为5%;高等学校招生人数由2013年的60700人,略微增长到了2014年的61852人,增长了1152人,增幅为1.90%;毕业人数由2013年的49400人,增长到了2014年的52220人,增长了2820人,增幅为5.71%;在校生人数由2013年的201900人,增长到了2014年的209479人,增长了7579人,增幅达到了3.75%;而专任教师数由2013年的10700人,小幅上升到了2014年的11316人,新增了616名高等教育的专任教师,相应的增幅达到了5.76%。

无锡市普通高等教育的学校数在2013—2014年保持不变,均为12所;高等学校的招生人数由2013年的35500人,略微下降到了2014年的35371人,减少了129人,降幅为0.36%;毕业人数由2013年的32800人,下降到2014年的31270人,减少了1530人,降幅达到了4.66%;高等教育的在学人数由2013年的111400人,略微增长到了2014年的114240人,增长了2840人,相应的增幅达到了2.55%;而专职教师数则由2013年的5900人,小幅增长至2014年的6053人,新增了153名专任教师,增幅为2.73%。

南通市高等教育的学校数由2013年的6所,增长到了2014年的8所,新增了2所高等学校,增幅为33.33%;而高等教育的招生人数则由2013年的22500人,大幅上涨到了2014年的24122人,增长了1622人,增幅达到了7.21%;毕业生数则由2013年的20800人,大幅增长到了2014年的22771人,增长部分达1971人,相应的增幅达到了9.48%;而在学人数则由2013年的76300人,大幅增长到了2014年的80895人,增长了4595人,增幅达到了6.02%;专任教师数则由2013年的4400人,增长到了2014年的4939人,新增了539名高等专业教育的专任教师,相应的增幅达到了12.25%。

徐州市高等教育的学校数在2013—2014年维持不变,均为9所;而高等教育的招生人数则由2013年的36900人,小幅下降到2014年的36805人,减少了95人,降幅为0.26%;毕业生数则由2013年的34800人,略微增长到了2014年的35666人,增长了866人,增幅达到了2.49%;在学人数则由2013年的136300人,增长到了2014年的137239人,增长了939人,增幅为0.69%;而专任教师数由2013年的7600人,略微增长到了2014年的7734人,新增了134名中高等教育的专任教师,增幅为1.76%。

常州普通高等教育的学校数在2013—2014年维持不变,均为9所;高等教育的招生人数由2013年的31300人,小幅增长到了2014年的32493人,增长了1193人,增幅为3.81%;毕业生人数由2013年的29700人,略微下降到了2014年的29432人,减少了268人,降幅为0.9%;而在学人数则由2013年的106300人,增长到了2014年的108557人,增长了2257人,相应增幅达到了2.12%;专任教师数由2013年的5000人,略微上升到了2014年的5256人,新增了256名中高等教育的专任教师,相应的增幅为5.12%。

　　盐城市普通高等教育的学校数在 2013—2014 年维持不变,均为 5 所;高等教育的招生人数由 2013 年的 15400 人,略微下降到了 2014 年的 15176 人,减少了 224 人,降幅为 1.45%;毕业生人数由 2013 年的 15400 人,大幅下降到了 2014 年的 14376 人,减少了 1024 名毕业生,相应的降幅达到了 6.65%;而高等教育的在学人数由 2013 年的 54900 人,大幅增长到了 2014 年的 56080 人,增长了 1180 人,增幅达到了 2.15%;专任教师则数由 2013 年的 3000 人,略微上升到了 2014 年的 3023 人,新增了 23 名高等教育的专任教师,相应的增幅为 0.77%。

　　淮安市普通高等教育的学校数在 2013—2014 年维持不变,均为 6 所;普通高校的招生人数由 2013 年的 18800 人,略微下降到了 2014 年的 18470 人,减少了 330 人,相应的降幅为 1.76%;毕业生人数由 2013 年的 19400 人,缩减至 2014 年的 18955 人,减少了 445 人,降幅达到了 2.29%;高等教育的在学人数由 2013 年的 66900 人,增长到了 2014 年的 67289 人,增长了 389 人,增幅为 0.58%;专任教师数则由 2013 年的 3400 人,略微下降到了 2014 年的 3382 人,减少了 18 名高等教育的专任教师,相应的降幅为 0.53%。

　　扬州市普通高等教育学校数由 2013 年的 5 所,小幅上升到了 2014 年的 6 所,新增了 1 所普通高校,增幅为 20%;普通高校的招生人数由 2013 年的 22700 人,略微上升到了 2014 年的 23260 人,增长了 560 人,增幅为 2.47%;毕业生人数由 2013 年的 25100 人,缩减至 2014 年的 24598 人,减少了 502 名毕业生,降幅达到了 2%;普通高等教育的在学人数由 2013 年的 81700 人,缩减至 2014 年的 80955 人,减少了 745 人,降幅为 0.91%;而专任教师数由 2013 年的 5000 人,略微下降到 2014 年的 4883 人,减少了 117 名中普通高等教育的专任教师,降幅为 2.34%。

　　泰州市普通高等学校数由 2013 年的 5 所,下降到了 2014 年的 3 所,减少了 2 所普通高等学校,相应的降幅达到了 40%;普通高等教育的招生人数由 2013 年的 13400 人,略微增长到了 2014 年的 13437 人,增长了 37 人,增幅仅为 0.28%;毕业生人数则由 2013 年的 14200 人,略微增长到了 2014 年的 14541 人,新增了 341 名普通高校的毕业生,相应的增幅为 2.40%;而在学人数由 2013 年的 49100 人,略微增长到了 2014 年的 49305 人,仅增加了 205 人,增幅仅为 0.42%;而专任教师数却由 2013 年的 2700 人,小幅增长到了 2014 年的 2801 人,新增了 101 名普通高等教育的专任教师,相应增幅为 3.74%。

　　镇江市普通高等教育的学校数在 2013—2014 年维持不变,均为 5 所;招生人数则由 2013 年的 22200 人,增长到了 2014 年的 22656 人,新增招生人数为 456 人,相应的增幅为 2.05%;毕业生人数由 2013 年的 21700 人,小幅上升到了 2014 年的 22403 人,新增了 703 名普通高等教育的毕业生,增幅为 3.24%;而普通高等教育的在学人数则由 2013 年的 83100 人,小幅上升到了 2014 年的 84214 人,增长了 1114 人,增幅达到了 1.34%;专任教师数则由 2013 年的 5200 人,略微增长到了

2014 年的 5324 人,新增了 124 名普通高等教育的专任教师,增幅为 2.38%。

连云港市普通高等教育的学校数在 2013—2014 年维持不变,均为 3 所;普通高等教育的招生人数由 2013 年的 10400 人,略微下降到了 2014 年的 10144 人,减少了 256 人,相应降幅为 2.46%;毕业生人数由 2013 年的 10400 人,略微增长到了 2014 年的 10506 人,新增了 106 名高校毕业生,增幅达到了 1.02%;而在学人数由 2013 年的 37600 人,大幅增长到了 2014 年的 38119 人,增加了 519 人,增幅达到了 1.38%;专任教师数则由 2013 年的 1900 人,略微增长到了 2014 年的 1916 人,仅仅新增了 16 名普通高等教育的专任教师,相应的增幅为 0.84%。

宿迁市普通高等教育的学校数由 2013 年的 2 所,增长到 2014 年的 3 所,新增 1 所高等学校,增幅为 50%;普通高等教育的招生人数由 2013 年的 5100 人,下降到了 2014 年的 4961 人,减少招生 139 人,降幅为 2.73%;毕业生人数由 2013 年的 4200 人,增长到了 2014 年的 4602 人,新增了 402 名普通高等教育的毕业生,相应的增幅达到了 9.57%;而在学人数则由 2013 年的 17500 人,略微增长到 2014 年的 17616 人,增长了 116 人,增幅为 0.66%;专任教师数则由 2013 年的 1000 人,下降到了 2014 年的 939 人,减少了 61 名普通高等教育的专任教师,相应的降幅为 6.1%。

二、江苏省普通高等教育财政投入分析

2014 年,江苏省政府持续加强对普通高等教育经费投入的投入力度,加强相关政策的进一步完善与落实,规范高等学校教育经费的使用管理,不断开拓高等教育发展的新格局。

(一)各辖市普通高等教育生均公共财政预算教育事业费支出变动

2014 年,江苏省普通高等教育的生均公共财政预算教育事业费为 15728 元,相较于 2013 年的 14837 元,增长了 891 元,较 2013 年上涨了 6.01 个百分点。具体到各辖市方面,南京市普通高等教育生均公共财政预算教育事业费由 2013 年的 12225 元,增长到 2014 年的 18785 元,增长了 6560 元,增幅达到了 53.66%。无锡市普通高等教育的生均公共财政预算教育事业费由 2013 年的 36594 元,大幅下降到了 2014 年的 13130 元,缩减了 23464 元,降幅达到了 64.12%。徐州市普通高等教育的生均公共财政预算教育事业费由 2013 年的 10354 元,小幅增长到了 2014 年的 10511 元,增长了 157 元,增幅仅为 1.52%。常州市普通高等教育的生均公共财政预算教育事业费由 2013 年的 15556 元,大幅下降到了 2014 年的 8484 元,下降部分达到了 7072 元,降幅达到了 45.46%。苏州市普通高等教育的生均公共财政预算教育事业费由 2013 的 13746 元,增长到了 2014 年的 16509 元,增加部分达到了 2763 元,增幅达到了 20.10%。南通市普通高等教育的生均公共财政预算教育事业费由 2013 年的 10825 元,大幅上升到了 2014 年的 13395 元,增长了 2570

元,增幅达到了 23.74％。连云港市普通高等教育的生均公共财政预算教育事业费由 2013 年的 4766 元,小幅下降到了 2014 年的 4210 元,缩减了 556 元,降幅为 11.67％。扬州市普通高等教育的生均公共财政预算教育事业费由 2013 年的 6482 元,大幅增长到了 2014 年的 9947 元,增长了 3465 元,增幅达到了 53.46％。镇江市普通高等教育的生均公共财政预算教育事业费由 2013 年的 11803 元,大幅增长到 2014 年的 13253 元,增长了 1450 元,增幅为 12.29％。泰州市普通高等教育的生均公共财政预算教育事业费由 2013 年的 7860 元,大幅增长到了 2014 年的 12540 元,增长了 7680 元,增幅达到了 59.54％。

表 7－2 2014 年各辖市普通高等教育生均公共财政预算教育事业费支出及增长情况（元）

地　　区	2013 年	2014 年	增长率（％）
江苏省	14837	15728	6.01
南京市	12225	18785	53.66
无锡市	36594	13130	−64.12
徐州市	10354	10511	1.52
常州市	15556	8484	−45.46
苏州市	13746	16509	20.10
南通市	10825	13395	23.74
连云港市	4766	4210	−11.67
淮安市	—	—	—
盐城市	—	—	—
扬州市	6482	9947	53.46
镇江市	11803	13253	12.29
泰州市	7860	12540	59.54
宿迁市	—	—	—

就各辖市普通高等教育生均公共财政预算教育事业费的支出情况而言,南京市、徐州市、苏州市、南通市、扬州市、镇江市、泰州市以及宿迁市呈正向增长趋势。其中,南京市以 6560 元增长的绝对值与 53.66％的增幅列各市之首;而无锡市、常州市以及连云港市则呈现出负增长的态势,普通高等教育生均公共财政预算教育事业费,与上年相比均呈现出不同程度的降低,无锡市以 23464 元的绝对值与 64.12％的负增长速度,列各负增长市之首。

（二）各辖市普通高等教育生均公共财政预算公用经费支出变动

2014 年,江苏省普通高等教育生均公共财政预算公用经费支出为 6941 元,相较于 2013 年的 8501 元有了大幅下降,下降部分达到了 1560 元,降幅为18.35％。具体到各辖市方面,南京市普通高等教育生均公共财政预算公用经费由 2013 年的

5486 元,大幅增长到了 2014 年的 11339 元,增长了 5853 元,增幅达到了 106.69％。无锡市普通高等教育生均公共财政预算公用经费由 2013 年的 29563 元,大幅下降到了 2014 年的 267 元,减少了 29296 元,降幅达到了 99.10％。徐州市普通高等教育生均公共财政预算公用经费由 2013 年的 2668 元,略微增长到了 2014 年的 2804 元,增长了 136 元,增幅为 5.10％。常州市普通高等教育生均公共财政预算公用经费由 2013 年的 3906 元,小幅下降到了 2014 年的 3829 元,缩减了 77 元,降幅为 1.97％。苏州市普通高等教育生均公共财政预算公用经费由 2013 年的 5000 元,上升到 2014 年的 6178 元,增长了 1178 元,增幅为 23.56％。南通市普通高等教育生均公共财政预算公用经费由 2013 年的 1038 元,大幅增长到了 2014 年的 3386 元,增加了 2348 元,增幅达到了 226.20％。连云港市普通高等教育生均公共财政预算公用经费由 2013 年的 369 元,略微上升到了 2014 年的 480 元,增长了 111 元,增幅为 30.08％。扬州市普通高等教育生均公共财政预算公用经费由 2013 年的 2053 元,增长到 2014 年的 3712 元,增长了 1659 元,增幅达到了 80.81％。镇江市普通高等教育生均公共财政预算公用经费由 2013 年的 2437 元,小幅下降到了 2014 年的 2305 元,缩减了 132 元,降幅为 5.42％。泰州市普通高等教育生均公共财政预算公用经费由 2013 年的 1819 元,大幅增长到了 2014 年的 6230 元,增长了 4411 元,增幅则达到了 242.50％。

表 7-3 2013—2014 年普通高等教育生均公共财政预算公用经费支出及增长情况 （元）

地　区	2013 年	2014 年	增长率(％)
江苏省	8501	6941	−18.35
南京市	5486	11339	106.69
无锡市	29563	267	−99.10
徐州市	2668	2804	5.10
常州市	3906	3829	−1.97
苏州市	5000	6178	23.56
南通市	1038	3386	226.20
连云港市	369	480	30.08
淮安市	—	—	—
盐城市	—	—	—
扬州市	2053	3712	80.81
镇江市	2437	2305	−5.42
泰州市	1819	6230	242.50
宿迁市	—	—	—

就各辖市普通高等教育生均公共财政预算公用经费支出的增长情况而言,南

京市、徐州市、苏州市、南通市、连云港市、扬州市以及泰州市呈正向增长趋势。其中,南京市以 5853 元增长的绝对值、南通市以 226.20％的增幅列各市之首;而无锡市、常州市以及镇江市则呈现出负增长的态势,普通高等教育生均公共财政预算公用经费支出,与上年相比均呈现出不同程度的降低。其中,无锡市以 29296 元的绝对值与 99.10％的负增长速度,列各负增长市之首。

三、江苏省高等教育区域均衡发展状况评价

(一)普通高等教育发展的区域均衡状况评价

2013—2014 年,江苏省各辖区在普通高等教育的发展上,苏南、苏中、苏北地区表现出一定的非均衡性,其中,苏南地区包括了南京市、苏州市、无锡市、常州市与镇江市;苏中地区涵盖了南通市、扬州市与泰州市;苏北地区则由徐州市、盐城市、淮安市、连云港市、宿迁市构成。具体来看,2013 年,苏南、苏中、苏北地区普通高校数为 90 所、16 所以及 25 所,分别占比总体规模的 68.7％、12.21％以及 19.09％;2014 年苏南、苏中、苏北地区普通高校数则为 91 所、17 所以及 26 所,在总体规模中的占比为 67.91％、12.69％以及 19.4％。

表 7 - 4 2014 年江苏省普通高等教育区域非均衡发展现状

省辖市	学校数(所)		招生人数(人)		毕业生数(人)		在校生数(人)		专任教师数(人)	
	2013 年	2014 年	2013 年	2014 年	2013 年	2014 年	2013 年	2014 年	2013 年	2014 年
苏南	90	91	342200	344916	369700	374377	1310200	1321828	75000	75698
苏中	16	17	58600	60819	60100	61910	207100	211155	12100	12623
苏北	25	26	86600	85556	84200	84105	313200	316343	16900	16994
总计	131	134	487400	491291	514000	520392	1830500	1849326	104000	105315

普通高校招生人数方面,2013 年苏南、苏中、苏北地区分别招收新生 342200 人、58600 人、86600 人,2014 年各辖区的招生人数分别变动至 344916 人、60819 人以及 85556 人,苏南、苏中地区新增招生人数分别为 2716 人与 2219 人,而苏北地区则减少了 1044 人。毕业生人数方面,苏南、苏中分别由 2013 年的 369700 人与 60100 人,增长到了 2014 年的 374377 人与 61910 人,分别增长了 4677 人与 1810 人,而苏北地区则由 2013 年的 84200 人,略微下降到了 2014 年的 84105 人,减少了 95 人。在校生人数方面,苏南、苏中、苏北地区在 2013—2014 年均呈正增长的态势。其中,苏南地区由 2013 年的 1310200 人,增长到了 2014 年的 1321828 人,增长了 11628 人,增幅为 0.89％;苏北地区由 2013 年的 313200 人,增长到了 2014 年的 316343 人,增长了 3143 人,增幅为 1％,苏中地区则由 2013 年的 207100 人,小幅增长到了 2014 年的 211155 人,新增了 4055 名普通高校的在校生,增幅为 1.96％;

各辖区普通高等教育的专任教师数则呈现出正增长的趋势,苏南地区普通高等教育的专任教师数由 2013 年的 75000 人,略微上涨到了 2014 年的 75698 人,新增 698 名普通高等教育的专任教师,相应的增幅为 0.93％;苏中地区则由 2013 年的 12100 人,小幅上升到了 2014 年的 12623 人,新增了 523 名专任教师,增幅达到了 4.32％;而苏北地区则由 2013 年的 16900 人,略微增长到了 2014 年的 16994 人,仅新增 94 名普通高等教育的专任教师,增幅仅为 0.56％。

基于苏南、苏北、苏中地区普通高等教育的学校数、招生人数、毕业生数、在校生数以及专任教师数的比较,江苏省普通高等教育的非均衡发展主要表现为普通高校的学校数、在学人数以及专任教师数的分布不均,苏南地区普通高等教育的师生比由 2013 年的 1∶17.47,下降到了 2014 年的 1∶17.46;苏中地区普通高等教育的师生比由 2013 年的 1∶17.12,下降到了 2014 年的 1∶16.73;而苏北地区普通高等教育的师生比则由 2013 年的 1∶18.53,上升到了 2014 年的 1∶18.61。因此,相较于苏南、苏中地区不断下降的师生比,苏北地区在普通高等教育师资处理力量上远远不足。

（二）普通高等生均公共财政预算教育事业费的区域均衡发展评价

2014 年,江苏省普通搞定教育生均公共财政预算教育事业费在苏南、苏中、苏北地区间,表现出一定的区域差异。其中,南京市、苏州市、无锡市、常州市、镇江市构成的苏南地区,生均公共财政预算教育事业费的均值由 2013 年的 17985 元,大幅下降到了 2014 年的 14032 元,下降部分达到了 3953 元,相应降幅为达到了 21.98％;南通、扬州、泰州三市构成的苏中地区,生均公共财政预算教育事业费的均值由 2013 年的 8389 元,大幅增长到了 2014 年的 11961 元,增长部分达到了 3572 元,增幅达到了 42.58％;徐州市与连云港市构成的苏北地区(缺失淮安市、盐城市、宿迁市生均公共财政预算教育事业的数据),生均公共财政预算教育事业费的均值由 2013 年的 7560 元,小幅下降到了 2014 年的 7361 元,减少了 199 元,相应的降幅为 2.63％。

表 7-5　2014 年江苏省普通高等教育生均公共财政预算教育事业费的区域差异　　（元）

区　　域	2013 年	2014 年	增长率（％）
苏南	17985	14032	−21.98
苏中	8389	11961	42.58
苏北	7560	7361	−2.63
均值	11311	11118	−1.71

从绝对量上看,苏中地区普通高等教育生均公共财政预算教育事业费增长最为显著,2013 年苏南地区与苏中地区普通高等教育生均公共财政预算教育事业费相差 9596 元,但由于苏中地区的大幅度增长以及苏南地区的负增长态势,2014 年

苏南与苏中地区的区域差距缩小到了 2071 元;与此同时,2013 年苏中地区生均公共财政预算教育事业费,与苏北地区间的差距为 829 元,但由于苏中地区的大幅增长与苏北地区的负增长态势,致使苏中与苏北地区高中教育生均公共财政预算教育事业费的差距在 2014 年进一步地扩大到了 4600 元。此外,由于苏南地区的负增长速度高于苏北地区,因而造成了苏南与苏北生均公共财政预算教育事业费的区域差距进一步缩小,两地间的投入差距由 2013 年的 10425 元,缩小到了 2014 年的 6671 元。

(三)普通高等教育生均公共财政预算公用经费的区域均衡发展评价

2014 年,江苏省普通高等教育生均公共财政预算公用经费在苏南、苏中、苏北地区间,表现出一定的区域差异。其中,南京市、苏州市、无锡市、常州市、镇江市构成的苏南地区,普通高等教育生均公共财政预算公用经费的均值由 2013 年的 9728 元,大幅下降到了 2014 年的 4784 元,缩减部分达到了 4494 元,相应降幅达到了 48.44%;南通、扬州、泰州三市构成的苏中地区,普通高等教育生均公共财政预算公用经费的均值由 2013 年的 1637 元,大幅增长到了 2014 年的 4443 元,增长部分达了 2806 元,增幅则达到了 171.41%;徐州市与连云港市构成的苏北地区(缺失淮安市、宿迁市以及盐城市生均公共财政预算公用经费的数据),普通高等教育生均公共财政预算公用经费的均值由 2013 年的 1519 元,小幅上升到了 2014 年的 1642 元,增加部分达 123 元,相应的增幅为 8.10%。

表 7-6　2014 年江苏省普通高等教育生均公共财政预算公用经费的区域差异　　(元)

区　　域	2013 年	2014 年	增长率(%)
苏南	9278	4784	−48.44
苏中	1637	4443	171.41
苏北	1519	1642	8.10
均值	4145	3623	−12.59

从绝对量上看,苏中地区普通高等教育生均公共财政预算公用经费增长最为显著,2013 年苏南地区与苏中地区在中等职业教育生均公共财政预算公用经费相差 7641 元,但由于苏中地区的大幅度增长与苏南地区的快速下降,两地区间的区域差距在 2014 年缩小到了 341 元;与此同时,2013 年苏中地区生均公共财政预算教育事业费,与苏北地区间的差距为 118 元,但由于苏中地区的增幅高于苏北地区,致使两地区普通高等教育生均公共财政预算公用经费上的差距在 2014 年扩大到了 2801 元。此外,由于苏南地区普通高等教育生均公共财政预算公用经费在2013—2014 年的负增长态势,因而缩小了苏南、苏北间的地区差距,两地差距由 2013 年的 7759 元,缩小到了 2014 年的 3142 元。

四、江苏省普通高等教育区域均衡发展的改进建议

总体而言,2014 年江苏省普通高等教育经费总投入较去年有所增长,而有关普通高等教育的经费运行在未来可做如下改进:

首先,应逐步提高高等教育的经费保障水平,建立高等教育经费的稳定增长机制,逐步提高高等教育生均财政拨款的基本标准,保持省财政对地方本科院校的投入力度,保障不同类型高校的分类有序发展,提高高等教育经费的使用效率,夯实高等教育强省的财政基础。

其次,由于各地区间的经济发展水平和财政支付能力存在显著差异,各省辖市的高等教育经费投入也存在着显著差异,苏南地区、苏中地区、苏北地区普通高等学校总投入呈梯次下降。苏南地区经济发展水平较高,因而充分保障了对辖区普通高等学校的教育经费投入,地区普通高校各项经费投入均为全省最大;而苏北地区经济发展水平相对落后,辖区高等教育经费投入明显落后于苏南与苏中地区,但在政府的大力扶植下,部分地区教育经费投入与苏南、苏中地区的差距正逐步缩小。因此,江苏省应在保证各地区教育投入水平的同时,缩小各辖区的区域差异,促进江苏省高等教育的协同发展,从而全面提高全省普通高校发展水平,促进教育公平的实现。

第三篇
教育均衡发展的对策建议

第八章　促进全省教育均衡发展的对策建议

2014 年,江苏省教育事业发展取得了长足的发展,各级、各类教育在入学率(巩固率)、在校生规模、师资规模和教育财政投入经费方面均有了较大幅度的提高,为全省教育事业现代化发展奠定了基础。然而,在全省各级各类教育发展过程中依旧存在区域间、层级间和城乡间非均衡的情况。《江苏省中长期教育改革和发展规划纲要(2010—2020 年)》明确要求:各级政府要坚持基本公共教育服务均等化,健全覆盖城乡的现代教育体系,公共教育资源向经济薄弱地区、农村地区、薄弱学校倾斜,重点推进区域内义务教育均衡发展,加快缩小城乡、校际教育发展差距,努力办好每一所学校,教好每一个学生,让人民群众共享教育改革发展成果。在经济"新常态"背景下,江苏省可以从以下几个方面进行改革,从而缩小城乡、区域和学校之间的教育资源配置、教育质量和办学水平等差距,保障每个适龄学生都能接受适合自身发展的良好教育。

一、强化政府主体地位,促进多元化办学机制

各级政府要切实把教育均衡摆在优先发展的战略地位,从科学发展观的高度,从推进本地经济、社会全面、协调、可持续发展的全局,来认识教育均衡的战略地位和作用,认识教育均衡发展对构建和谐社会的意义和价值。要将教育均衡发展作为构建和谐社会的重要指标,纳入经济、社会发展的整体框架;将教育均衡发展作为政府体现"三个代表"的重要思想,为本地区人民办实事、谋实惠、求幸福的重要内容,并在实际工作中认真加以推进、实施和落实。要进一步落实教育均衡发展在国民经济、社会发展中的重中之重地位,不断强化政府责任,充分发挥各级政府的统筹和协调作用。要把教育发展水平、均衡程度等,列入各级领导干部目标责任制和政绩考核的重要内容。

在强化各级政府办学主体地位的同时,要通过制度安排和政策扶持,调动各种社会力量办学积极性,实现办学主体的多元化,促进教育事业均衡发展。在教育投入相对不足、公共教育资源有限的情况下,要把公共教育资源配置到最需要的地区和人群中,要以有限的投入创造最大限度的均衡。在保证均衡的前提下,要充分考虑教育投入和资源配置的效益,要充分考虑教育资金分配和使用的长期效用和社会效用,在教育硬件设备基本满足需要的前提下,应在教育教学软件配置、教师培

养、课程改革、提高教育水平等方面加大投入。政府的教育投入要能够拉动社会、民间和家庭对教育的投入,要通过制度安排和政策设计,形成社会多方面办学的积极性和主动性,形成办学主体多元化的格局;要采取多种方式,如建立教育基金、建立股份制集团等,扩大教育融资渠道,推动教育均衡的发展。

二、加大教育财政投入,完善财政投入制度

2014 年,江苏省教育财政投入的过程中,行政命令式投入方式带来的增长掩盖了制度层面上存在的问题,教育财政投入制度供求的不均衡状态,呼唤着更加合理和完善的顶层设计。在经济"新常态"下,江苏省政府部门应该积极发挥教育财政投入制度的牵引作用,从"行政命令式驱动"走向"制度创新驱动"。

第一,要强化省级政府的教育财政投入责任,完善教育财政转移支付制度。2014 年 9 月,新《预算法》已主张建设由省级政府统筹管理使用的一般性转移支付体系,强调了省级政府在教育等领域基本公共服务的支出责任。经济"新常态"背景下,江苏省在建立教育财政投入长效机制的过程中,首先应该明确各级政府在教育支出中的责任,强化省级政府的综合统筹作用,效仿美国等联邦制国家,建立起以省级统筹的自下而上的教育财政转移支付模式。省级统筹的自下而上的教育财政转移支付制度,可以有效确立各级政府教育财政投入责任,扭转以往由中央政府核定各项教育财政支出标准的"顶层设计"做法,形成由省政府自下而上制订本地区教育财政支出标准的模式。一方面,可以使得省级政府拥有一部分专项资金克服地方政府"非均衡化效应"[①],硬化地方教育财政预算约束;另一方面,省级政府还可以根据本地区教育财政支出标准的实施情况,完善对基层的转移支付体系,从而满足辖区内不同地区教育财政投入的异质性需求,努力发挥出预算内教育经费的"粘蝇纸"效应,从而提高教育财政投入的均衡性、稳定性和可持续性。第二,在江苏省还可以通过对生均教育成本的标准化测算,建立以生均经费为标准的教育财政预算管理制度,并以此作为地市政府财政性教育经费的拨款标准。目前,江苏省尚未制定相应的生均经费标准,因此,在未来的生均经费标准制定过程中,可以采用"生均经费递增法"和"学科生均综合定额法"[②]等方式对经费进行测算。参照美国等发达国家生均经费预算的先进经验,江苏省生均预算应该包括:教师工资、课本和器材支出以及公用与维修服务费等支出项目,预算内容包括基本支出和项目支出两个部分,且以基本支出预算为主,旨在保障教育财政投入充足的同时,促

---

① 北京大学刘明兴教授(2013)将地方非均衡化效应定义为:一是县乡政权、基层的公共事业部门以及村集体的运转经费紧张;二是基层的公务员、事业编制人员、村干部的工资待遇得不到保障,诱发体制内的不稳定性因素。

② "生均经费递增法"是以省级为单位,根据调查出的各阶段学生规模乘以当年的生均经费,然后结合年度财政收入增长比例这一权数,计算出下一年度教育财政投入规模。

进区域教育的均衡发展。

三、根据各地经济状况，实行差异化的发展

针对江苏省苏北、苏中和苏南地区经济的差异化发展，在统筹教育事业均衡发展的过程中，对发达地区允许发展得更快一些，通过实施"优质工程"，努力追求教育事业特别是基础教育的优质化。苏南等发达地区要率先实施免费义务教育，积极推进城乡义务教育一体化，创造条件积极推广小班化教学，进一步提高教育现代化水平，努力构建优质化的义务教育体系。同时，要大力发展中等职业教育和普通高中教育，高水平地普及高中阶段教育。

对欠发达的苏北和苏中地区，要做强基础教育、做大中等职业教育，通过实施"强体工程"，不断提高义务教育质量。苏中地区的基础教育有着良好的基础，要从本地区的实际情况出发，尽快实施全部免费义务教育，不断提高教师的工资待遇。要着力做强基础教育，促进学校的均衡化、标准化、现代化和个性化建设。同时，要做大中等职业教育，要根据本地产业结构特点，创办服务于当经济发展需要的中等职业学校，不断提高高中阶段教育的普及率，为义务教育的均衡发展创造良好的环境和条件。对于苏北经济薄弱地区教育均衡发展的首要任务是提高巩固率和入学率，控制学生流失和辍学，切实解决留守儿童的上学问题，确保每一个孩子能够接受免费的九年义务教育。同时，要继续改善各级各类学校的办学条件，解决布局调整中出现的问题，提高教师的工资待遇，保证教师工资的全额、按时发放，并在稳定教师队伍的基础上不断提高教师的业务水平。

四、改善农村办学条件，努力缩小城乡差距

针对江苏省城乡教育事业发展的非均衡性，各级政府应该从农村教育的实际情况及未来发展需要出发，制定农村教育合格学校标准，合理规划，分阶段实施，大力推进农村合格学校建设工程。以省为单位，制订适合本地区社会经济发展水平的教育办学基本条件和统一的建设标准。这个标准应当从学校建制、场地与校舍、设备与设施、经费与保障、校长与教师、课程与管理、奖励与惩罚等若干方面做出明确的量化要求和具体的发展标准。在关注硬件指标体系建设的同时，更多地关注校长配备、师资质量、课程管理、奖惩机制等学校发展的软件因素，从而促进教育均衡的持续稳定健康发展。

此外，各级政府还应该进一步抓好中小学布局调整工作，提高学校的办学规模，促进各级各类教育的均衡发展。一定的办学规模是教育均衡发展的保证，也是有效实施教育管理的基础。随着入学高峰期的退去，学龄人数将逐年下降，必将面临新一轮的布局调整任务，其重点应是彻底取消办学点，就初中阶段教育而言，全省各乡镇都应只保留一所初中，而小学阶段教育则要联片办学，发达地区可集中办

好一到两所中心小学。各地应根据实际情况早作规划,提前启动,确保义务教育均衡发展。要扩大农村普通高中的办学规模,加大农村普通高中的投资力度,改善农村普通高中的办学条件。同时,要根据"为经济结构调整、产业优化升级和科技进步服务,为发展开放型经济服务,为促进就业和再就业服务,为农业、农村、农民服务,为推进区域共同发展服务"的要求,大力发展高中阶段的农村职业教育,把它作为服务经济社会全局、促进职业教育均衡发展的长远战略加以规划和实施,使职业教育与普通高中教育的比例逐步达到相当的水平。

五、推进教师对口支援,促进教师均衡配置

针对苏北、苏中和苏南地区教学质量存在的差距,省级政府应该加大教师对口支援力度,通过制度安排,鼓励城市优秀教师到农村艰苦地区支教,同时为农村教师到城市名校学习提供机会,充分发挥名校及名师资源的辐射作用。为了缩小校际之间的差距,采取教师定期交流制度是一项基本的策略。一般 3—5 年,各校间进行师资轮换调整,保证了各校间师资力量和教学水平的相对均衡,特别对偏僻地区薄弱学校状况的改善,作用更为显著。各地应当出台有关教师城乡轮岗的政策,把到农村任教年限作为教师职称评定及岗位晋升的必要条件,以改善和提高农村尤其是贫困地区的师资水平。同时,要加大苏南、苏北教师对口支援的力度,鼓励发达地区教师到苏北贫困农村任教,一轮任教时间不低于 2 年,支教期间应给予这些教师专项补助,使之安心并乐于在异地农村任教,从而促进区域间教育事业的均衡发展。

在推进教师对口支援,促进教师均衡配置的过程中,可以尝试实施教师工资的级差制度,鼓励优秀教师向农村地区尤其是老少边穷地区流动。日本《义务教育国库负担法》规定都、道、府、县发放偏僻地区津贴所需实际经费的一般由国家负担,偏僻地区津贴的每月实际支付额度由工资和扶养津贴的金额之和乘以偏僻地区的偏僻级别率得出。偏僻地区的级别分为五级,一级率为 8%,二级率为 12%,三级率为 16%,四级率为 20%,五级率为 25%。南京市借鉴日本的做法,已着手制定地方法规,明确规定市、区县、乡镇应当承担的津贴比例,开始了教师级差工资制的试点。这样,教师在不同等级的区域工作,就可以按照系数获得相应的津贴。特殊津贴制度有利于鼓励教师在贫困、落后地区从事教育工作。可以考虑将山区、偏僻地区、贫困地区设计成若干等级,根据这些等级设置相应的津贴系数,越是偏僻地区、穷困地区,津贴系数越高,从而促进区域之间的教育事业均衡发展。